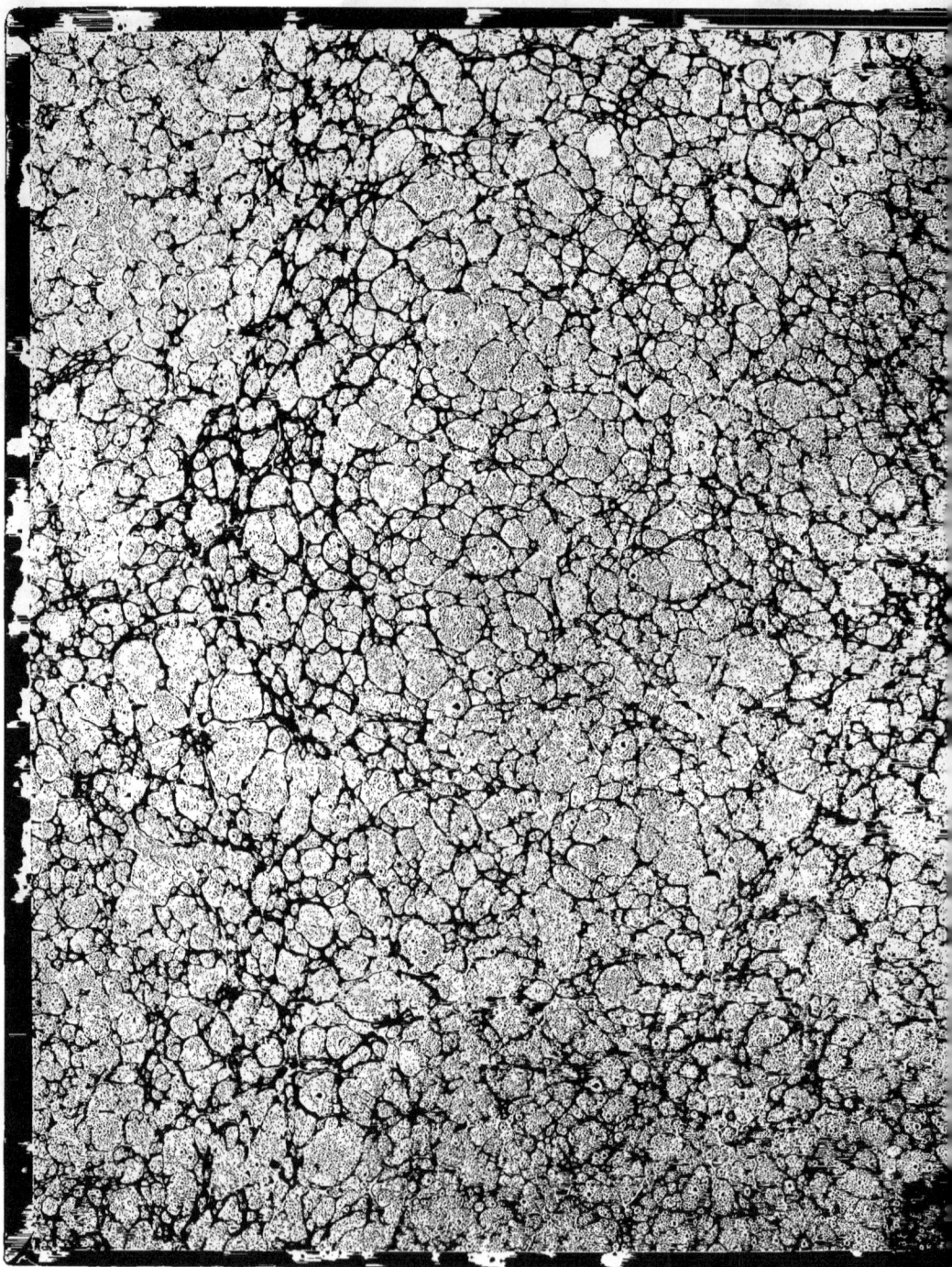

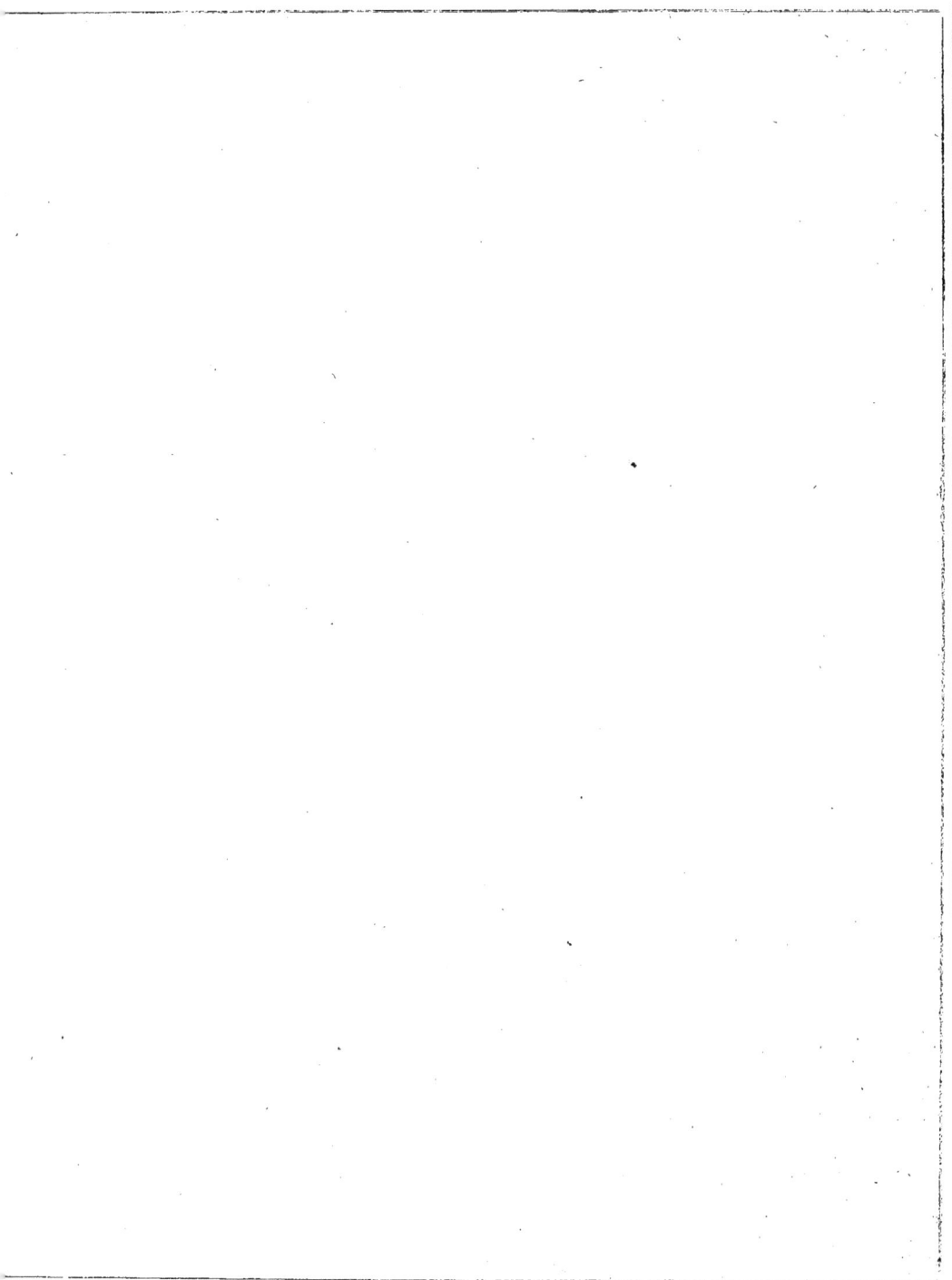

V

ENCYCLOPÉDIE

COMMERCIALE.

ENCYCLOPÉDIE

COMMERCIALE,

DÉDIÉE

A MM. LES BANQUIERS, NÉGOCIANS, FABRICANS, AGENS DE CHANGE, COURTIERS, etc. ;

Par J. F. G. PALAISEAU,

Auteur de la Métrologie universelle et de plusieurs Ouvrages de commerce, Inspecteur
de la Maison-Centrale de Loos (Nord).

Le Commerce est l'âme des états , puisqu'il produit
l'abondance générale et fait la richesse des particuliers.

(*Dédicace.*)

Prix : 6 fr.

A NISMES ,

CHEZ GAUDE, IMPRIMEUR-LIBRAIRE, BOULEVART SAINT-ANTOINE.

JUILLET 1828.

Les formalités exigées par la loi ayant été remplies, on saisira et on poursuivra, comme contrefaçon, tout exemplaire non revêtu de la signature ci-dessous.

Par délégation de M. J. F. G. PALAISEAU,

L. Colomb-menard

À Messieurs les Banquiers, Négocians, Fabricans, Agens de change, Courtiers, Marchands, etc., de France et de l'Étranger.

MESSIEURS ,

LE COMMERCE , l'une des principales sources de l'opulence des nations , associe , non seulement tous les hommes réunis sous un même gouvernement, mais encore les peuples éloignés par la plus grande distance , et ceux divisés par des mœurs différentes ; la providence ayant voulu qu'ils eussent entr'eux des relations , en distribuant dans les diverses contrées de la terre des productions à leur usage. Le Commerce est donc l'âme des états , puisqu'il produit l'abondance générale et fait la richesse des particuliers. Mais , pour le rendre florissant , y maintenir la bonne foi , la sécurité , et y éviter les méprises sur le prix et la valeur des deniers et marchandises , il est essentiel , et même indispensable , de connaître les changes étrangers , les arbitrages de banque et de marchandises , et les différences des poids , des mesures et des monnaies , comparées et rapportées à des proportions connues. Sans ces connaissances , il est impossible de s'entendre et de se faire une idée juste de la grandeur et de la richesse des empires.

C'est donc , sous les auspices d'une classe d'hommes aussi instruite et éclairée qu'utile à l'état et à la société , que paraît cet Ouvrage , qui a pour but de rendre plus clairs , plus simples et plus faciles tous les calculs de banque et de commerce.

Daignez agréer , MESSIEURS , mes salutations respectueuses.

. J. F. G. PALAISEAU.

AVANT - PROPOS.

PLUSIEURS Ouvrages traitent des poids et mesures, anciens, nouveaux et étrangers, avec plus ou moins d'étendue, mais la plupart présentent les rapports avec les nouveaux seulement, sans comparer les nouveaux et étrangers avec les anciens ; ce qui nécessite des opérations fort longues pour connaître tous les rapports qui existent entr'eux. Les tableaux que renferme cet Ouvrage présentent, non seulement le rapport des livres étrangères en kilogramme et en livre poids de marc, mais le rapport du kilogramme et de la livre poids de marc en livres étrangères, ainsi que la valeur de la livre poids métrique et de la livre poids de marc en grains. Après le rapport du kilogramme en poids usuel, en poids de marc et en poids de table, se trouve le rapport du poids usuel en poids de marc, en poids de table et en kilogramme, comme aussi le rapport du poids de marc en poids de table, en poids métrique et en poids usuel, et finalement le rapport du poids de table en kilogramme, en poids usuel et en poids de marc ; ce qui démontre assez combien cela est commode et facilite les opérations.

La valeur des toises, pieds et pouces de Paris en mètre et des mètres en toises, pieds, pouces, lignes et fractions de ligne, soit courantes, carrées et cubes, et ces mesures comparées et réduites en mesures étrangères ; la réduction pour les mesures de capacité des villes des quatre parties du monde, en litre ; le tableau des mesures itinéraires, et le rapport des différentes lieues anciennes, leur valeur en toises, en kilomètres et myriamètres ; la table des principales villes du globe et de leur plus courte distance de Paris ; celle de la progression des poids et de la taxe des lettres et paquets ; la dimension des nouvelles mesures pour les liquides, celle des bariques pour le vin et l'eau-de-vie, leur contenance en litre et pouces cubes de Paris ; le tableau pour les distillateurs et marchands d'eau-de-vie, contenant deux cent trente-un mouillages pour réduire des degrés supérieurs en degrés inférieurs, et le prix revenant ; la table des intérêts simples et composés, et le tableau des jours dont se compose un compte d'intérêt quelconque ; le tarif en or et en argent auquel doivent être payées, au change, les espèces de France et les espèces étrangères ; le rapport du titre et du poids ancien des monnaies d'or et d'argent des puissances des quatre parties du monde, avec le titre et le poids nouveau français, et leur valeur en franc ; le cours des changes du royaume de France avec les principales places de l'Europe, les usances et jours de grâce des lettres de change de ces places : toutes ces matières d'un intérêt si réel rendent cet Ouvrage d'une utilité générale.

Division des nouveaux Poids et Mesures.

Les mesures de superficie, agraires ou d'arpentage, de solidité, de capacité et de pesanteur, dérivent du mètre carré ou mètre cube, ou de ses multiples et sous-multiples, ainsi qu'il suit :

MYRIA   signifie   10,000 fois l'unité, ou dix mille.

KILO   —   1,000 fois l'unité, ou mille.

HECTO   —   100 fois l'unité, ou cent.

DÉCA   —   10 fois l'unité, ou dix.

UNITÉ   —   1 fois l'unité, ou un, principe des nombres.

DÉCI   —   0,1 ou 1/10 de l'unité, ou dixième.

CENTI   —   0,01 ou 1/100 de l'unité, ou centième.

MILLI   —   0,001 ou 1/1000 de l'unité, ou millième.

(Les quatre premiers mots dérivent du grec, et les trois derniers du latin).

On voit clairement que ces différens ordres de parties de l'unité forment une progression décroissante depuis le myria jusqu'au milli, où chaque terme est successivement divisé par 10, et en raison décuple depuis le milli jusqu'au myria par la multiplication successive de chaque terme par 10.

Le MÈTRE est l'unité des mesures linéaires ou de longueur, base du système métrique.

L'ARE (décamètre carré) est l'unité des mesures agraires ou d'arpentage.

Le STÈRE (mètre cube) est l'unité des mesures de solidité.

Le LITRE (décimètre cube) est l'unité des mesures de capacité pour les liquides et matières sèches.

Le GRAMME (poids d'un centimètre cube) est l'unité des mesures de pesanteur.

ENCYCLOPÉDIE

COMMERCIALE.

CHAPITRE PREMIER.

ARTICLE PREMIER.

Poids ou Mesures de pesanteur.

Il y avait en France, avant l'introduction du nouveau système des poids et mesures, quatre livres différentes ; Savoir :

La livre de 18 onces, qui valait 10368 grains.
—   de 16   —   —   9216   —
—   de 14   —   —   8064   —
—   de 12   —   —   6912   —   (Introduite par Charlemagne).

Le quintal ancien était de 100 livres poids de marc (livre de 16 onces).

Ces différentes livres sont remplacées par le 1/2 kilogramme, ou livre usuelle ; il vaut 9413 grains 57 centièmes du poids ancien, ou 500 grammes.

Le myria-gramme (poids de 10 décim. cubes), vaut 10000 grammes, ou 188271 grains . . . . 5 dix.
Le kilo-gramme (poids du décimètre cube). —   1000   —   , ou 18827   —   . . . . 15 cent.
L'hecto-gramme (poids de 100 centim. cubes). —   100   —   , ou 1882   —   . . . 715 millièm.
Le déca-gramme (poids de 10 centim. cubes. —   10   —   , ou 188   —   . . 2715 dix milli.
Le gramme (poids d'un centimètre cube). —   1   —   , ou   18   —   . . 82715 cent mill.
Le déci-gramme . . . . —   01 ou $\frac{1}{10}$ de gramme 1   —   . 882715 millionn.
Le centi-gramme . . . . —   001 ou $\frac{1}{100}$ —   0   —   1882715 dix mm.
Le milli-gramme . . . . —   0001 ou $\frac{1}{1000}$ —   0   —   01882715 cent mm.

	livres	onces	gros	grains	centièmes	
Le myriagramme vaut	20	6	6	63	82	Poids de marc, livre de 16 onces.
Le kilogramme vaut	2	»	5	35	15	
L'hectogramme vaut	»	3	2	10	71	
Le décagramme vaut	»	»	2	44	26	

1000 kilogrammes, poids d'un mètre cube, remplacent le tonneau de mer.

5 myriagrammes peuvent remplacer l'ancien quintal.

Un million de livres de 18 onces (poids ancien) $=$ 550694 kilog., ou 1101388 liv. usuelles.
Un million de kilogrammes . . . . . . $=$ 1815890 livres de 18 onces.
Un million de livres de 16 onces (poids ancien) $=$ 489506 kilog., ou 979012 livres usuelles.
Un million de kilogrammes . . . . . . $=$ 2042877 livres de 16 onces.
Un million de livres de 14 onces . . . . $=$ 428318 kilog., ou 856636 livres usuelles.
Un million de kilogrammes . . . . . . $=$ 2334716 livres de 14 onces.
Un million de livres de 12 onces . . . . $=$ 367129 kilog., ou 734258 livres usuelles.
Un million de kilogrammes . . . . . . $=$ 2723835 livres de 12 onces.

Pour convertir les livres (poids de marc) en kilogrammes, multipliez les livres (poids de marc) par 0,489506, et retranchez 6 chiffres sur la droite. Le produit sera la réponse.

Pour convertir les kilogrammes en livres de 16 onces (poids de marc), multipliez les kilogrammes par 2,042877 et retranchez 6 chiffres sur la droite. Le produit sera la réponse.

EXEMPLE.

8000 livres (poids de marc) à convertir en kilogrammes.

Nombre fixe . . . 0,489506 Multiplicande.
Livres à convertir 8000 Multiplicateur.
Produit . . . . 3916|048000

Après avoir retranché les 6 chiffres indiqués, les 8000 livres (poids de marc) font 3916 kilogrammes, ou 7832 livres usuelles.
Convertissons les 3916 kilogrammes en livres (poids de marc).

Nombre fixe. 2,042877
Kilogrammes à convertir 3916

12 257262
20 42877
1838 5893
6128 631
Produit. . . . 7999|906332

Réponse : 7999 livres 9/10

La différence est de 1/10 de livre, ce qui provient de la fraction négligée aux kilogrammes.

RÉDUCTION DU POIDS MÉTRIQUE.

10 kilogrammes font 1 myriagramme ; 100 kilogrammes font un quintal métrique.

Kilogrammes.	Grammes.	EN POIDS USUEL.				EN POIDS DE MARC.				EN POIDS DE TABLE.			
		Livres.	Onces.	Gros.	Centièm.s	Livres.	Onces.	Gros.	Grains.	Livres.	Onces.	Gros.	Grains.
»	1	»	»	»	25	»	»	»	18	»	»	»	22
»	2	»	»	»	51	»	»	»	37	»	»	»	44
»	5	»	»	1	28	»	»	1	22	»	»	1	38
»	7	»	»	1	79	»	»	1	59	»	»	2	10
»	10	»	»	2	56	»	»	2	44	»	»	3	7
»	20	»	»	5	12	»	»	5	16	»	»	6	14
»	30	»	»	7	68	»	»	7	60	»	1	1	21
»	40	»	1	2	24	»	1	2	33	»	1	4	28
»	50	»	1	4	80	»	1	5	5	»	1	7	36
»	60	»	1	7	36	»	1	7	49	»	1	2	43
»	70	»	2	1	92	»	2	2	21	»	2	5	50
»	80	»	2	4	48	»	2	4	66	»	3	»	57
»	90	»	2	7	4	»	2	7	38	»	3	3	64
»	100	»	3	1	60	»	3	2	10	»	3	7	»
»	200	»	6	3	20	»	6	4	21	»	7	6	»
»	300	»	9	4	80	»	9	6	32	1	1	5	»
»	400	»	12	6	40	»	13	»	42	»	15	4	»
»	500	1	»	»	»	1	»	2	53	1	3	3	»
»	600	1	3	1	60	1	3	4	64	1	7	2	»
»	700	1	6	3	20	1	6	7	2	1	11	1	»
»	800	1	9	4	80	1	10	1	13	1	15	»	»
»	900	1	12	6	40	1	13	3	24	2	2	7	»
1	»	2	»	»	»	2	»	5	35	2	6	6	»
2	»	4	»	»	»	4	1	2	70	4	13	4	»
3	»	6	»	»	»	6	2	»	33	7	4	2	»
4	»	8	»	»	»	8	2	5	68	9	11	»	»
5	»	10	»	»	»	10	3	3	31	12	1	6	»
6	»	12	»	»	»	12	4	»	66	14	8	4	»
7	»	14	»	»	»	14	4	6	30	16	15	2	»
8	»	16	»	»	»	16	5	3	65	19	6	»	»
9	»	18	»	»	»	18	6	1	28	21	12	6	»
10	»	20	»	»	»	20	6	6	63	24	3	4	»
11	»	22	»	»	»	22	7	4	26	26	10	2	»
12	»	24	»	»	»	24	8	1	61	29	1	»	»
13	»	26	»	»	»	26	8	7	24	31	7	6	»

RÉDUCTION DU POIDS MÉTRIQUE.

Kilogrammes.	EN POIDS USUEL.				EN POIDS DE MARC.				EN POIDS DE TABLE.			
	Livres.	Onces.	Gros.	Centièm.	Livres.	Onces.	Gros.	Grains.	Livres.	Onces.	Gros.	Grains.
14	28	»	»	»	28	9	4	60	33	14	4	»
15	30	»	»	»	30	10	2	23	36	5	2	»
16	32	»	»	»	32	10	7	58	38	12	»	»
17	34	»	»	»	34	11	5	21	41	2	6	»
18	36	»	»	»	36	12	2	56	43	9	4	»
19	38	»	»	»	38	13	»	19	46	»	2	»
20	40	»	»	»	40	13	5	55	48	7	»	»
21	42	»	»	»	42	14	3	18	50	13	6	»
22	44	»	»	»	44	15	»	53	53	4	4	»
23	46	»	»	»	46	15	6	16	55	11	2	»
24	48	»	»	»	49	»	3	51	58	2	»	»
25	50	»	»	»	51	1	1	14	60	8	6	»
26	52	»	»	»	53	1	6	49	62	15	4	»
27	54	»	»	»	55	2	4	13	65	6	2	»
28	56	»	»	»	57	3	1	48	67	13	»	»
29	58	»	»	»	59	3	7	11	70	3	6	»
30	60	»	»	»	61	4	4	46	72	10	4	»
31	62	»	»	»	63	5	2	9	75	1	2	»
32	64	»	»	»	65	5	7	44	77	8	»	»
33	66	»	»	»	67	6	5	7	79	14	6	»
34	68	»	»	»	69	7	2	43	82	5	4	»
35	70	»	»	»	71	8	»	6	84	12	2	»
36	72	»	»	»	73	8	5	41	87	3	»	»
37	74	»	»	»	75	9	3	4	89	9	6	»
38	76	»	»	»	77	10	»	39	92	»	4	»
39	78	»	»	»	79	10	6	2	94	7	2	»
40	80	»	»	»	81	11	3	38	96	14	»	»
41	82	»	»	»	83	12	1	1	99	4	6	»
42	84	»	»	»	85	12	6	36	101	11	4	»
43	86	»	»	»	87	13	3	71	104	2	2	»
44	88	»	»	»	89	14	1	34	106	9	»	»
45	90	»	»	»	91	14	6	69	108	15	6	»
46	92	»	»	»	93	15	4	32	111	6	4	»
47	94	»	»	»	96	»	1	68	113	13	2	»
48	96	»	»	»	98	»	7	31	116	4	»	»
49	98	»	»	»	100	1	4	66	118	10	6	»
50	100	»	»	»	102	2	2	29	121	1	4	»
51	102	»	»	»	104	2	7	64	123	8	2	»

RÉDUCTION DU POIDS MÉTRIQUE.

Kilogrammes.	EN POIDS USUEL.				EN POIDS DE MARC.				EN POIDS DE TABLE.			
	Livres.	Onces.	Gros.	Centièm.*	Livres.	Onces.	Gros.	Grains.	Livres.	Onces.	Gros.	Grains.
52	104	»	»	»	106	3	5	27	125	15	»	»
53	106	»	»	»	108	4	2	62	128	5	6	»
54	108	»	»	»	110	5	»	26	130	12	4	»
55	110	»	»	»	112	5	5	61	133	3	2	»
56	112	»	»	»	114	6	3	24	135	10	»	»
57	114	»	»	»	116	7	»	59	138	»	6	»
58	116	»	»	»	118	7	6	22	140	7	4	»
59	118	»	»	»	120	8	3	57	142	14	2	»
60	120	»	»	»	122	9	1	21	145	5	»	»
61	122	»	»	»	124	9	6	56	147	11	6	»
62	124	»	»	»	126	10	4	19	150	2	4	»
63	126	»	»	»	128	11	1	54	152	9	2	»
64	128	»	»	»	130	11	7	17	155	»	»	»
65	130	»	»	»	132	12	4	52	157	6	6	»
66	132	»	»	»	134	13	2	15	159	13	4	»
67	134	»	»	»	136	13	7	51	162	4	2	»
68	136	»	»	»	138	14	5	14	164	11	»	»
69	138	»	»	»	140	15	2	49	167	1	6	»
70	140	»	»	»	143	»	»	12	169	8	4	»
71	142	»	»	»	145	»	5	47	171	15	2	»
72	144	»	»	»	147	1	3	10	174	6	»	»
73	146	»	»	»	149	2	»	45	176	12	6	»
74	148	»	»	»	151	2	6	9	179	3	4	»
75	150	»	»	»	153	3	3	44	181	10	2	»
76	152	»	»	»	155	4	1	7	184	1	»	»
77	154	»	»	»	157	4	6	42	186	7	6	»
78	156	»	»	»	159	5	4	5	188	14	4	»
79	158	»	»	»	161	6	1	40	191	5	2	»
80	160	»	»	»	163	6	7	4	193	12	»	»
81	162	»	»	»	165	7	4	39	196	2	6	»
82	164	»	»	»	167	8	2	2	198	9	4	»
83	166	»	»	»	169	8	7	37	201	»	2	»
84	168	»	»	»	171	9	5	»	203	7	»	»
85	170	»	»	»	173	10	2	35	205	13	6	»
86	172	»	»	»	175	10	7	70	208	4	4	»
87	174	»	»	»	177	11	5	34	210	11	2	»
88	176	»	»	»	179	12	2	69	213	2	»	»
89	178	»	»	»	181	13	»	32	215	8	6	»

RÉDUCTION DU POIDS MÉTRIQUE.

Kilogrammes.	EN POIDS USUEL.				EN POIDS DE MARC.				EN POIDS DE TABLE.			
	Livres.	Onces.	Gros.	Centièm.s	Livres.	Onces.	Gros.	Grains.	Livres.	Onces.	Gros.	Grains.
90	180	»	»	»	183	13	5	67	217	15	4	»
91	182	»	»	»	185	14	3	30	220	6	2	»
92	184	»	»	»	187	15	»	65	222	13	»	»
93	186	»	»	»	189	15	6	28	225	3	6	»
94	188	»	»	»	192	»	3	64	227	10	4	»
95	190	»	»	»	194	1	1	27	230	1	2	»
96	192	»	»	»	196	1	6	62	232	8	»	»
97	194	»	»	»	198	2	4	25	234	14	6	»
98	196	»	»	»	200	3	1	60	237	5	4	»
99	198	»	»	»	202	3	7	23	239	12	2	»
100	200	»	»	»	204	4	4	59	242	3	»	»
200	400	»	»	»	408	9	1	46	484	6	»	»
300	600	»	»	»	612	13	6	33	726	9	»	»
400	800	»	»	»	817	2	3	20	968	12	»	»
500	1000	»	»	»	1021	7	»	7	1210	15	»	»
600	1200	»	»	»	1225	11	4	66	1453	2	»	»
700	1400	»	»	»	1430	»	1	53	1695	5	»	»
800	1600	»	»	»	1634	4	6	40	1937	8	»	»
900	1800	»	»	»	1838	9	3	27	2179	11	»	»
1000	2000	»	»	»	2042	14	»	14	2421	14	»	»
2000	4000	»	»	»	4085	12	»	28	4843	12	»	»
3000	6000	»	»	»	6128	10	»	42	7265	10	»	»
4000	8000	»	»	»	8171	8	»	56	9687	8	»	»
5000	10000	»	»	»	10214	6	»	70	12109	6	»	»
6000	12000	»	»	»	12257	4	1	12	14531	4	»	»
7000	14000	»	»	»	14300	2	»	26	16953	2	»	»
8000	16000	»	»	»	16343	»	1	40	19375	»	»	»
9000	18000	»	»	»	18385	14	1	54	21796	14	»	»
10000	20000	»	»	»	20428	12	1	68	24218	12	»	»

RÉDUCTION DU POIDS USUEL.

POIDS USUEL.				EN POIDS DE MARC.				EN POIDS DE TABLE.				En Kilogrammes.	En Grammes.
Livres.	Onces.	Gros.	Centièm.ˢ	Livres.	Onces.	Gros.	Grains.	Livres.	Onces.	Gros.	Grains.		
»	»	»	1	»	»	»	»	»	»	»	»	»	»
»	»	»	2	»	»	»	1	»	»	»	1	»	»
»	»	»	3	»	»	»	2	»	»	»	2	»	»
»	»	»	4	»	»	»	2	»	»	»	3	»	»
»	»	»	5	»	»	»	3	»	»	»	4	»	»
»	»	»	6	»	»	»	4	»	»	»	5	»	»
»	»	»	7	»	»	»	5	»	»	»	6	»	»
»	»	»	8	»	»	»	5	»	»	»	6	»	»
»	»	»	9	»	»	»	6	»	»	»	7	»	»
»	»	»	10	»	»	»	7	»	»	»	8	»	»
»	»	»	20	»	»	»	14	»	»	»	17	»	»
»	»	»	30	»	»	»	22	»	»	»	26	»	1
»	»	»	40	»	»	»	29	»	»	»	34	»	1
»	»	»	50	»	»	»	36	»	»	»	43	»	1
»	»	»	60	»	»	»	44	»	»	»	52	»	2
»	»	»	70	»	»	»	51	»	»	»	60	»	2
»	»	»	80	»	»	»	58	»	»	»	69	»	3
»	»	»	90	»	»	»	66	»	»	1	6	»	3
»	»	1	»	»	»	1	1	»	»	1	15	»	3
»	»	2	»	»	»	2	3	»	»	2	30	»	7
»	»	3	»	»	»	3	4	»	»	3	45	»	11
»	»	4	»	»	»	4	6	»	»	4	60	»	15
»	»	5	»	»	»	5	7	»	»	6	3	»	19
»	»	6	»	»	»	6	9	»	»	7	18	»	23
»	»	7	»	»	»	7	10	»	1	»	33	»	27
»	1	»	»	»	1	»	12	»	1	1	49	»	31
»	2	»	»	»	2	»	24	»	2	»	27	»	62
»	3	»	»	»	3	»	37	»	3	5	4	»	93
»	4	»	»	»	4	»	49	»	4	6	54	»	125
»	5	»	»	»	5	»	61	»	6	»	31	»	156
»	6	»	»	»	6	»	2	»	7	2	9	»	187
»	7	»	»	»	7	»	14	»	8	3	58	»	218
»	8	»	»	»	8	»	26	»	9	5	36	»	250
»	9	»	»	»	9	»	39	»	10	7	13	»	281
»	10	»	»	»	10	1	51	»	12	»	63	»	312
»	11	»	»	»	11	1	63	»	13	2	40	»	243
»	12	»	»	»	12	2	4	»	14	4	18	»	375
»	13	»	»	»	13	2	16	»	15	5	67	»	406

RÉDUCTION DU POIDS USUEL.

POIDS USUEL.				EN POIDS DE MARC.				EN POIDS DE TABLE.				En Kilogrammes.	En Grammes.
Livres.	Onces.	Gros.	Centièm.s	Livres.	Onces.	Gros.	Grains.	Livres.	Onces.	Gros.	Grains.		
»	14	»	»	»	14	2	28	1	»	7	45	»	437
»	15	»	»	»	15	2	41	1	2	1	22	»	468
1	»	»	»	1	»	2	53	1	3	3	»	»	500
2	»	»	»	2	»	5	35	2	6	6	»	1	»
3	»	»	»	3	1	»	16	3	10	1	»	1	500
4	»	»	»	4	1	2	70	4	13	4	»	2	»
5	»	»	»	5	1	5	51	6	»	7	»	2	500
6	»	»	»	6	2	»	33	7	4	2	»	3	»
7	»	»	»	7	2	3	15	8	7	5	»	3	500
8	»	»	»	8	2	5	68	9	11	»	»	4	»
9	»	»	»	9	3	»	50	10	14	3	»	4	500
10	»	»	»	10	3	3	31	12	1	6	»	5	»
11	»	»	»	11	3	6	13	13	5	1	»	5	500
12	»	»	»	12	4	6	66	14	8	4	»	6	»
13	»	»	»	13	4	3	48	15	11	7	»	6	500
14	»	»	»	14	4	6	30	16	15	2	»	7	»
15	»	»	»	15	4	9	11	18	2	5	»	7	500
16	»	»	»	16	5	3	65	19	6	»	»	8	»
17	»	»	»	17	5	6	46	20	9	3	»	8	500
18	»	»	»	18	6	1	28	21	12	6	»	9	»
19	»	»	»	19	6	4	9	23	»	1	»	9	500
20	»	»	»	20	6	6	63	24	3	4	»	10	»
21	»	»	»	21	7	1	45	25	6	7	»	10	500
22	»	»	»	22	7	4	26	26	10	2	»	11	»
23	»	»	»	23	7	7	8	27	13	5	»	11	500
24	»	»	»	24	8	1	61	29	1	»	»	12	»
25	»	»	»	25	8	4	43	30	4	3	»	12	500
26	»	»	»	26	8	7	24	31	7	6	»	13	»
27	»	»	»	27	9	2	6	32	11	1	»	13	500
28	»	»	»	28	9	4	60	33	14	4	»	14	»
29	»	»	»	29	9	7	41	35	1	7	»	14	500
30	»	»	»	30	10	2	23	36	5	2	»	15	»
31	»	»	»	31	10	5	4	37	8	5	»	15	500
32	»	»	»	32	10	7	58	38	12	»	»	16	»
33	»	»	»	33	11	2	39	39	15	3	»	16	500
34	»	»	»	34	11	5	21	41	2	6	»	17	»
35	»	»	»	35	12	»	3	42	6	1	»	17	500
36	»	»	»	36	12	2	56	43	9	4	»	18	»

RÉDUCTION DU POIDS USUEL.

POIDS USUEL.				EN POIDS DE MARC.				EN POIDS DE TABLE.				En Kilogrammes.	En Grammes.
Livres.	Onces.	Gros.	Centièm.s	Livres.	Onces.	Gros.	Grains.	Livres.	Onces.	Gros.	Grains.		
37	»	»	»	37	12	5	38	44	12	7	»	18	500
38	»	»	»	38	13	»	19	46	»	2	»	19	»
39	»	»	»	39	13	3	1	47	3	5	»	19	500
40	»	»	»	40	13	5	55	48	7	»	»	20	»
41	»	»	»	41	14	»	36	49	10	3	»	20	500
42	»	»	»	42	14	3	18	50	13	6	»	21	»
43	»	»	»	43	14	5	71	52	1	1	»	21	500
44	»	»	»	44	15	»	53	53	4	4	»	22	»
45	»	»	»	45	15	3	34	54	7	7	»	22	500
46	»	»	»	46	15	6	16	55	11	2	»	23	»
47	»	»	»	48	»	»	70	56	14	5	»	23	500
48	»	»	»	49	»	3	51	58	2	»	»	24	»
49	»	»	»	50	»	6	33	59	5	3	»	24	500
50	»	»	»	51	1	1	14	60	8	6	»	25	»
51	»	»	»	52	1	3	68	61	12	1	»	25	500
52	»	»	»	53	1	6	49	62	15	4	»	26	»
53	»	»	»	54	2	1	31	64	2	7	»	26	500
54	»	»	»	55	2	4	13	65	6	2	»	27	»
55	»	»	»	56	2	6	66	66	9	5	»	27	500
56	»	»	»	57	3	1	48	67	13	»	»	28	»
57	»	»	»	58	3	4	29	69	»	3	»	28	500
58	»	»	»	59	3	7	11	70	3	6	»	29	»
59	»	»	»	60	4	1	64	71	7	1	»	29	500
60	»	»	»	61	4	4	46	72	10	4	»	30	»
61	»	»	»	62	4	7	28	73	15	7	»	30	500
62	»	»	»	63	5	2	9	75	1	2	»	31	»
63	»	»	»	64	5	4	63	76	4	5	»	31	500
64	»	»	»	65	5	7	41	77	8	»	»	32	»
65	»	»	»	66	6	2	26	78	11	3	»	32	500
66	»	»	»	67	6	5	7	79	14	6	»	33	»
67	»	»	»	68	6	7	61	81	2	1	»	33	500
68	»	»	»	69	7	2	43	82	5	4	»	34	»
69	»	»	»	70	7	5	24	83	8	7	»	34	500
70	»	»	»	71	8	»	6	84	12	2	»	35	»
71	»	»	»	72	8	2	59	85	15	5	»	35	500
72	»	»	»	73	8	5	41	87	3	»	»	36	»
73	»	»	»	74	9	»	22	88	6	3	»	36	500
74	»	»	»	75	9	3	4	89	9	6	»	37	»

RÉDUCTION DU POIDS USUEL.

POIDS USUEL.				EN POIDS DE MARC.				EN POIDS DE TABLE.				En Kilogrammes.	En Grammes.
Livres.	Onces.	Gros.	Centièm.s	Livres.	Onces.	Gros.	Grains.	Livres.	Onces.	Gros.	Grains.		
75	»	»	»	76	9	5	58	90	13	1	»	37	500
76	»	»	»	77	10	»	39	92	»	4	»	38	»
77	»	»	»	78	10	3	21	93	3	7	»	38	500
78	»	»	»	79	10	6	2	94	7	2	»	39	»
79	»	»	»	80	10	8	56	95	10	5	»	39	500
80	»	»	»	81	11	3	38	96	14	»	»	40	»
81	»	»	»	82	11	6	19	98	1	3	»	40	500
82	»	»	»	83	12	1	1	99	4	6	»	41	»
83	»	»	»	84	12	3	54	100	8	1	»	41	500
84	»	»	»	85	12	6	36	101	11	4	»	42	»
85	»	»	»	86	13	1	17	102	14	7	»	42	500
86	»	»	»	87	13	3	71	104	2	2	»	43	»
87	»	»	»	88	13	6	53	105	5	5	»	43	500
88	»	»	»	89	14	1	34	106	9	»	»	44	»
89	»	»	»	90	14	4	16	107	12	3	»	44	500
90	»	»	»	91	14	6	69	108	15	6	»	45	»
91	»	»	»	92	15	1	51	110	3	1	»	45	500
92	»	»	»	93	15	4	32	111	6	4	»	46	»
93	»	»	»	94	15	7	14	112	9	7	»	46	500
94	»	»	»	96	»	1	68	113	13	2	»	47	»
95	»	»	»	97	»	4	49	115	»	5	»	47	500
96	»	»	»	98	»	7	31	116	4	»	»	48	»
97	»	»	»	99	1	2	12	117	7	3	»	48	500
98	»	»	»	100	1	4	66	118	10	6	»	49	»
99	»	»	»	101	1	7	47	119	13	9	»	49	500
100	»	»	»	102	2	2	29	121	1	4	»	50	»
200	»	»	»	204	4	4	59	242	3	»	»	100	»
300	»	»	»	306	6	7	16	363	4	4	»	150	»
400	»	»	»	408	9	1	46	484	6	»	»	200	»
500	»	»	»	510	11	4	3	605	7	4	»	250	»
600	»	»	»	612	13	6	33	726	9	»	»	300	»
700	»	»	»	715	»	»	62	847	10	4	»	350	»
800	»	»	»	817	2	3	20	968	12	»	»	400	»
900	»	»	»	919	4	5	49	1089	13	4	»	450	»
1000	»	»	»	1021	7	»	7	1210	15	»	»	500	»
2000	»	»	»	2042	14	»	14	2421	14	»	»	1000	»
3000	»	»	»	3064	5	»	21	3632	13	»	»	1500	»
4000	»	»	»	4085	12	»	28	4843	12	»	»	2000	»

RÉDUCTION DU POIDS USUEL.

POIDS USUEL.				EN POIDS DE MARC.				EN POIDS DE TABLE.				En Kilogrammes.	En Grammes.
Livres.	Onces.	Gros.	Centièm.'	Livres.	Onces.	Gros.	Grains.	Livres.	Onces.	Gros.	Grains.		
5000	»	»	»	5107	3	»	35	6054	11	»	»	2500	»
6000	»	»	»	6128	10	»	42	7265	10	»	»	3000	»
7000	»	»	»	7150	1	»	49	8476	9	»	»	3500	»
8000	»	»	»	8171	8	»	56	9607	8	»	»	4000	»
9000	»	»	»	9192	15	»	63	10898	7	»	»	4500	»
10000	»	»	»	10214	6	»	70	12100	6	»	»	5000	»

RÉDUCTION DU POIDS DE MARC.

POIDS DE MARC.				EN POIDS DE TABLE.				En Kilogrammes.	En Grammes.	EN POIDS USUEL.			
Livres.	Onces.	Gros.	Grains.	Livres.	Onces.	Gros.	Grains.			Livres.	Onces.	Gros.	Centièm.
»	»	»	1	»	»	»	1	»	»	»	»	»	1
»	»	»	2	»	»	»	2	»	»	»	»	»	2
»	»	»	3	»	»	»	3	»	»	»	»	»	4
»	»	»	4	»	»	»	4	»	»	»	»	»	5
»	»	»	5	»	»	»	5	»	»	»	»	»	6
»	»	»	6	»	»	»	7	»	»	»	»	»	8
»	»	»	7	»	»	»	8	»	»	»	»	»	9
»	»	»	8	»	»	»	9	»	»	»	»	»	10
»	»	»	9	»	»	»	10	»	»	»	»	»	12
»	»	»	10	»	»	»	11	»	»	»	»	»	13
»	»	»	11	»	»	»	13	»	»	»	»	»	14
»	»	»	12	»	»	»	14	»	»	»	»	»	16
»	»	»	24	»	»	»	28	»	1	»	»	»	32
»	»	»	36	»	»	»	42	»	1	»	»	»	48
»	»	»	48	»	»	»	56	»	2	»	»	»	65
»	»	»	60	»	»	»	71	»	3	»	»	»	81
»	»	1	»	»	»	1	13	»	3	»	»	»	97
»	»	2	»	»	»	2	26	»	7	»	»	1	95
»	»	3	»	»	»	3	40	»	11	»	»	2	93
»	»	4	»	»	»	4	53	»	15	»	»	3	91
»	»	5	»	»	»	5	66	»	19	»	»	4	89
»	»	6	»	»	»	7	8	»	22	»	»	5	87
»	»	7	»	»	»	8	21	»	26	»	»	6	85
»	1	»	»	»	1	1	34	»	30	»	»	7	83
»	2	»	»	»	2	2	69	»	61	»	1	7	66
»	3	»	»	»	3	4	32	»	91	»	2	7	49
»	4	»	»	»	4	5	67	»	122	»	3	7	32
»	5	»	»	»	5	7	30	»	152	»	4	7	16
»	6	»	»	»	7	»	65	»	183	»	5	6	99
»	7	»	»	»	8	2	28	»	214	»	6	6	82
»	8	»	»	»	9	3	62	»	244	»	7	6	65
»	9	»	»	»	10	5	25	»	275	»	8	6	48
»	10	»	»	»	11	6	60	»	305	»	9	6	32
»	11	»	»	»	13	»	23	»	336	»	10	6	15
»	12	»	»	»	14	1	58	»	367	»	11	5	98
»	13	»	»	»	15	3	21	»	397	»	12	5	81
»	14	»	»	1	»	4	56	»	428	»	13	5	64
»	15	»	»	1	1	6	18	»	458	»	14	5	48

RÉDUCTION DU POIDS DE MARC.

POIDS DE MARC.				EN POIDS DE TABLE.				En Kilogrammes.	En Grammes.	EN POIDS USUEL.			
Livres.	Onces.	Gros.	Grains.	Livres.	Onces.	Gros.	Grains.			Livres.	Onces.	Gros.	Centièm.˙
1	»	»	»	1	2	7	53	»	489	»	15	5	31
2	»	»	»	2	5	7	35	»	979	1	15	2	62
3	»	»	»	3	8	7	17	1	468	2	14	7	94
4	»	»	»	4	11	6	71	1	958	3	14	5	25
5	»	»	»	5	14	6	52	2	447	4	14	2	56
6	»	»	»	7	1	6	34	2	937	5	13	7	88
7	»	»	»	8	4	6	16	3	426	6	13	5	19
8	»	»	»	9	7	5	70	3	916	7	13	2	50
9	»	»	»	10	10	5	51	4	405	8	12	7	82
10	»	»	»	11	13	5	53	4	895	9	12	5	13
11	»	»	»	13	»	5	15	5	384	10	12	2	44
12	»	»	»	14	3	4	69	5	874	11	11	7	76
13	»	»	»	15	6	4	51	6	363	12	11	5	7
14	»	»	»	16	9	4	32	6	853	13	11	2	38
15	»	»	»	17	12	4	14	7	342	14	10	7	70
16	»	»	»	18	15	3	68	7	832	15	10	5	1
17	»	»	»	20	2	3	50	8	321	16	10	2	32
18	»	»	»	21	5	3	31	8	811	17	9	7	64
19	»	»	»	22	8	3	13	9	300	18	9	4	95
20	»	»	»	23	11	2	67	9	790	19	9	2	26
21	»	»	»	24	14	2	49	10	279	20	8	7	58
22	»	»	»	26	1	2	30	10	769	21	8	4	89
23	»	»	»	27	4	2	12	11	258	22	8	2	21
24	»	»	»	28	7	1	66	11	748	23	7	7	52
25	»	»	»	29	10	1	48	12	237	24	7	4	83
26	»	»	»	30	13	1	30	12	727	25	7	2	15
27	»	»	»	32	»	1	11	13	216	26	6	7	46
28	»	»	»	33	3	»	65	13	706	27	6	4	77
29	»	»	»	34	6	»	47	14	195	28	6	2	9
30	»	»	»	35	9	»	29	14	685	29	5	7	40
31	»	»	»	36	12	»	10	15	174	30	5	4	71
32	»	»	»	37	14	7	64	15	664	31	5	2	3
33	»	»	»	39	1	7	46	16	153	32	4	7	34
34	»	»	»	40	4	7	28	16	643	33	4	4	65
35	»	»	»	41	7	7	9	17	132	34	4	1	97
36	»	»	»	42	10	6	63	17	622	35	3	7	28
37	»	»	»	43	13	6	45	18	111	36	3	4	59
38	»	»	»	45	»	6	27	18	601	37	3	1	91

RÉDUCTION DU POIDS DE MARC.

POIDS DE MARC.				EN POIDS DE TABLE.				En Kilogrammes.	Grammes.	EN POIDS USUEL.			
Livres.	Onces.	Gros.	Grains.	Livres.	Onces.	Gros.	Grains.			Livres.	Onces.	Gros.	Centièm.
39	»	»	»	46	3	6	9	19	90	38	2	7	22
40	»	»	»	47	6	5	62	19	580	39	2	4	53
41	»	»	»	48	9	5	44	20	69	40	2	1	85
42	»	»	»	49	12	5	26	20	559	41	1	7	16
43	»	»	»	50	15	5	8	21	48	42	1	4	48
44	»	»	»	52	2	4	61	21	538	43	1	1	79
45	v	»	»	53	5	4	43	22	27	44	»	7	10
46	»	»	»	54	8	4	25	22	517	45	»	4	42
47	»	»	»	55	11	4	7	23	6	46	»	1	73
48	»	»	»	56	14	3	60	23	496	46	15	7	4
49	»	»	»	58	1	3	42	23	985	47	15	4	36
50	»	»	»	59	4	3	24	24	475	48	15	1	67
51	»	»	»	60	7	3	6	24	964	49	14	6	98
52	»	»	»	61	10	2	60	25	454	50	14	4	30
53	»	»	»	62	13	2	41	26	943	51	14	1	61
54	»	»	»	64	»	2	23	26	433	52	13	6	92
55	»	»	»	65	3	2	5	26	922	53	13	4	24
56	»	»	»	66	6	1	59	27	412	54	13	1	55
57	»	»	»	67	9	1	40	27	901	55	12	6	86
58	»	»	»	68	12	1	22	28	391	56	12	4	18
59	»	»	»	69	15	1	4	28	880	57	12	1	49
60	»	»	»	71	2	»	58	29	370	58	11	6	80
61	»	»	»	72	5	»	39	29	859	59	11	4	12
62	»	»	»	73	8	»	21	30	349	60	11	1	43
63	»	»	»	74	11	»	3	30	838	61	10	6	75
64	»	»	»	75	13	7	57	31	328	62	10	4	6
65	»	»	»	77	»	7	39	31	817	63	10	1	37
66	»	»	»	78	3	7	20	32	307	64	9	6	69
67	»	»	»	79	6	7	2	32	796	65	9	4	»
68	»	»	»	80	9	6	56	33	286	66	9	1	31
69	»	»	»	81	12	6	38	33	775	67	8	6	63
70	»	»	»	82	15	6	19	34	265	68	8	3	94
71	»	»	»	84	2	6	1	34	754	69	8	1	25
72	»	»	»	85	5	5	55	35	244	70	7	6	57
73	»	»	»	86	8	5	37	35	733	71	7	3	88
74	»	»	»	87	11	5	18	36	223	72	7	1	19
75	»	»	»	88	14	4	»	36	712	73	6	6	51
76	»	»	»	90	1	4	54	37	202	74	6	3	82

RÉDUCTION DU POIDS DE MARC.

POIDS DE MARC.				EN POIDS DE TABLE.				En Kilogrammes.	En Grammes.	EN POIDS USUEL.			
Livres.	Onces.	Gros.	Grains.	Livres.	Onces.	Gros.	Grains.			Livres.	Onces.	Gros.	Centièm.*
77	»	»	»	91	4	4	36	37	691	75	6	1	13
78	»	»	»	92	7	4	18	38	181	76	5	6	45
79	»	»	»	93	10	3	71	38	670	77	5	3	76
80	»	»	»	94	13	3	53	39	160	78	5	1	7
81	»	»	»	96	»	3	35	39	649	79	4	6	39
82	»	»	»	97	3	3	17	40	139	80	4	3	70
83	»	»	»	98	6	2	70	40	628	81	4	1	2
84	»	»	»	99	9	2	52	41	118	82	3	6	33
85	»	»	»	100	12	2	34	41	607	83	3	3	64
86	»	»	»	101	15	2	16	42	97	84	3	»	96
87	»	»	»	103	2	1	69	42	587	85	2	6	27
88	»	»	»	104	5	1	51	43	76	86	2	3	58
89	»	»	»	105	8	1	33	43	566	87	2	»	90
90	»	»	»	106	11	1	15	44	55	88	1	6	21
91	»	»	»	107	14	»	69	44	545	89	1	3	52
92	»	»	»	109	1	»	50	45	34	90	1	»	84
93	»	»	»	110	4	»	32	45	524	91	»	6	15
94	»	»	»	111	7	»	14	46	13	92	»	3	46
95	»	»	»	112	9	7	68	46	503	93	»	»	78
96	»	»	»	113	12	7	49	46	992	93	15	6	9
97	»	»	»	114	15	7	31	47	482	94	15	3	40
98	»	»	»	116	2	7	13	47	971	95	15	»	72
99	»	»	»	117	5	6	67	48	461	96	14	6	3
100	»	»	»	118	8	6	49	48	950	97	14	3	34
200	»	»	»	237	1	5	26	97	901	195	12	6	69
300	»	»	»	355	10	4	3	146	851	293	11	2	4
400	»	»	»	474	3	2	52	195	802	391	9	5	39
500	»	»	»	592	12	1	29	244	752	489	8	»	74
600	»	»	»	711	5	»	6	293	703	587	6	4	9
700	»	»	»	829	13	6	55	342	654	685	4	7	44
800	»	»	»	948	6	5	32	391	604	783	3	2	79
900	»	»	»	1066	15	4	9	440	555	881	1	6	14
1000	»	»	»	1185	8	2	58	489	505	979	»	1	49
2000	»	»	»	2371	»	5	44	979	11	1958	»	2	99
3000	»	»	»	3556	9	»	30	1468	517	2937	»	4	49
4000	»	»	»	4742	1	3	16	1958	23	3916	»	5	99
5000	»	»	»	5927	9	6	2	2447	529	4895	»	7	48
6000	»	»	»	7113	2	»	60	2937	35	5874	1	»	98

RÉDUCTION DU POIDS DE MARC.

POIDS DE MARC.				EN POIDS DE TABLE.				En Kilogrammes.	En Grammes.	EN POIDS USUEL.			
Livres.	Onces.	Gros.	Grains.	Livres.	Onces.	Gros.	Grains.			Livres.	Onces.	Gros.	Centièm.s
7000	»	»	»	8298	10	3	46	3426	540	6853	1	2	48
8000	»	»	»	9484	2	6	32	3916	46	7832	1	3	98
9000	»	»	»	10669	11	1	18	4405	552	8811	1	5	47
10000	»	»	»	11854	19	4	4	4895	58	9790	1	6	97

RÉDUCTION DU POIDS DE TABLE.

POIDS DE TABLE.				En Kilogrammes.	En Grammes.	En Centigrammes.	EN POIDS USUEL.				EN POIDS DE MARC.				
Livres.	Onces.	Gros.	Grains.				Livres.	Onces.	Gros.	Dix Mill.mes	Livres.	Onces.	Gros.	Grains.	Centièm.
»	»	»	1	»	»	4	»	»	»	114	»	»	»	»	84
»	»	»	2	»	»	9	»	»	»	129	»	»	»	1	69
»	»	»	3	»	»	13	»	»	»	344	»	»	»	2	53
»	»	»	4	»	»	18	»	»	»	459	»	»	»	3	37
»	»	»	5	»	»	22	»	»	»	573	»	»	»	4	22
»	»	»	6	»	»	27	»	»	»	688	»	»	»	5	6
»	»	»	7	»	»	31	»	»	»	803	»	»	»	5	90
»	»	»	8	»	»	36	»	»	»	917	»	»	»	6	75
»	»	»	9	»	»	40	»	»	»	1032	»	»	»	7	59
»	»	»	10	»	»	45	»	»	»	1147	»	»	»	8	43
»	»	»	11	»	»	49	»	»	»	1261	»	»	»	9	28
»	»	»	12	»	»	53	»	»	»	1376	»	»	»	10	12
»	»	»	24	»	1	7	»	»	»	2753	»	»	»	20	24
»	»	»	36	»	1	61	»	»	»	4129	»	»	»	30	37
»	»	»	48	»	2	15	»	»	»	5505	»	»	»	40	49
»	»	»	60	»	2	69	»	»	»	6882	»	»	»	50	61
»	»	1	»	»	3	22	»	»	»	8258	»	»	»	60	73
»	»	2	»	»	6	45	»	»	1	6516	»	»	1	49	46
»	»	3	»	»	9	68	»	»	2	4774	»	»	2	38	20
»	»	4	»	»	12	90	»	»	3	3032	»	»	3	26	93
»	»	5	»	»	16	13	»	»	4	1290	»	»	4	15	66
»	»	6	»	»	19	35	»	»	4	9549	»	»	5	4	40
»	»	7	»	»	22	58	»	»	5	7806	»	»	5	65	13
»	1	»	»	»	25	81	»	»	6	6064	»	»	6	53	86
»	2	»	»	»	51	61	»	1	5	2120	»	1	5	35	72
»	3	»	»	»	77	42	»	2	3	8193	»	2	4	17	58
»	4	»	»	»	103	22	»	3	2	4358	»	3	2	71	45
»	5	»	»	»	129	3	»	4	1	322	»	4	1	53	31
»	6	»	»	»	154	84	»	4	7	6387	»	5	»	35	17
»	7	»	»	»	180	64	»	5	6	2451	»	5	7	17	3
»	8	»	»	»	206	45	»	6	4	8516	»	6	5	70	89
»	9	»	»	»	232	»	»	7	3	4600	»	7	4	53	»
»	10	»	»	»	258	»	»	8	2	600	»	8	3	35	»
»	11	»	»	»	284	»	»	9	»	6700	»	9	2	16	»
»	12	»	»	»	310	»	»	9	7	2800	»	10	»	70	»
»	13	»	»	»	335	»	»	10	5	8800	»	10	7	52	»
»	14	»	»	»	361	»	»	11	4	4900	»	11	6	34	»
»	15	»	»	»	387	»	»	12	3	1000	»	12	5	16	»

RÉDUCTION DU POIDS DE TABLE.

POIDS DE TABLE.				En Kilogrammes.	En Grammes.	EN POIDS USUEL.				EN POIDS DE MARC.			
Livres.	Onces.	Gros.	Grains.			Livres.	Onces.	Gros.	Centièm.s	Livres.	Onces.	Gros.	Grains.
1	»	»	»	»	413	»	13	1	70	»	13	3	70
2	»	»	»	»	826	1	10	3	41	1	10	7	67
3	»	»	»	1	239	2	7	5	11	2	8	3	65
4	»	»	»	1	652	3	4	6	81	3	5	7	63
5	»	»	»	2	64	4	2	»	52	4	3	7	61
6	»	»	»	2	477	4	15	2	22	5	»	7	59
7	»	»	»	2	890	5	12	3	92	5	14	3	56
8	»	»	»	3	303	6	9	5	62	6	11	7	54
9	»	»	»	3	716	7	6	7	33	7	9	3	52
10	»	»	»	4	129	8	4	1	3	8	6	7	50
11	»	»	»	4	542	9	1	2	73	9	4	7	48
12	»	»	»	4	955	9	14	4	44	10	1	7	45
13	»	»	»	5	368	10	11	6	14	10	15	3	43
14	»	»	»	5	781	11	8	7	84	11	12	7	41
15	»	»	»	5	193	12	6	1	55	12	10	3	39
16	»	»	»	6	606	13	3	3	25	13	7	3	37
17	»	»	»	7	19	14	»	4	95	14	5	3	34
18	»	»	»	7	432	14	13	6	66	15	2	7	32
19	»	»	»	7	845	15	11	»	36	16	»	3	30
20	»	»	»	8	258	16	8	2	6	16	13	7	28
21	»	»	»	8	671	17	5	3	77	17	11	3	26
22	»	»	»	9	84	18	2	5	47	18	8	7	23
23	»	»	»	9	497	18	15	7	17	19	6	3	21
24	»	»	»	9	910	19	13	»	88	20	3	7	19
25	»	»	»	10	322	20	10	2	58	21	1	3	17
26	»	»	»	10	735	21	7	4	28	21	14	7	14
27	»	»	»	11	148	22	4	5	99	22	12	3	12
28	»	»	»	11	561	23	1	7	69	23	9	7	10
29	»	»	»	11	974	23	15	1	39	24	7	3	8
30	»	»	»	12	387	24	12	3	10	25	4	7	6
31	»	»	»	12	800	25	9	4	80	26	2	3	3
32	»	»	»	13	213	26	6	6	50	26	15	7	1
33	»	»	»	13	606	27	4	»	21	27	13	2	71
34	»	»	»	14	39	28	1	1	91	28	10	6	69
35	»	»	»	14	452	28	14	3	61	29	8	2	67
36	»	»	»	14	864	29	11	5	32	30	5	6	64
37	»	»	»	15	277	30	8	7	2	31	3	2	62
38	»	»	»	15	690	31	6	»	72	32	»	6	60

RÉDUCTION DU POIDS DE TABLE.

POIDS DE TABLE.				En Kilogrammes.	Grammes.	EN POIDS USUEL.				EN POIDS DE MARC.			
Livres.	Onces.	Gros.	Grains.			Livres.	Onces.	Gros.	Centièm.	Livres.	Onces.	Gros.	Grains.
39	»	»	»	16	103	32	3	2	42	32	14	2	58
40	»	»	»	16	516	33	»	4	13	33	11	6	56
41	»	»	»	16	929	33	13	5	83	34	9	2	53
42	»	»	»	17	342	34	10	7	53	35	6	6	51
43	»	»	»	17	755	35	8	1	24	36	4	2	49
44	»	»	»	18	168	36	5	2	94	37	1	6	47
45	»	»	»	18	581	37	2	4	64	37	15	2	44
46	»	»	»	18	994	37	15	6	35	38	12	6	42
47	»	»	»	19	406	38	13	»	5	39	10	2	40
48	»	»	»	19	819	39	10	1	75	40	7	6	38
49	»	»	»	20	232	40	7	3	46	41	5	2	36
50	»	»	»	20	645	41	4	5	16	42	2	6	33
51	»	»	»	21	58	42	1	6	86	43	»	2	31
52	»	»	»	21	471	42	15	»	57	43	13	6	29
53	»	»	»	21	884	43	12	2	27	44	11	2	27
54	»	»	»	22	297	44	9	3	97	45	8	6	25
55	»	»	»	22	710	45	6	5	68	46	6	2	22
56	»	»	»	23	122	46	3	7	38	47	3	6	20
57	»	»	»	23	535	47	1	1	8	48	1	2	18
58	»	»	»	23	948	47	14	2	79	48	14	6	16
59	»	»	»	24	361	48	11	4	49	49	12	2	14
60	»	»	»	24	774	49	8	6	19	50	9	6	11
61	»	»	»	25	187	50	5	7	90	51	7	2	9
62	»	»	»	25	600	51	3	1	60	52	4	6	7
63	»	»	»	26	13	52	»	3	30	53	2	2	5
64	»	»	»	26	426	52	13	5	»	53	15	6	3
65	»	»	»	26	839	53	10	6	71	54	13	2	»
66	»	»	»	27	252	54	8	»	41	55	10	5	70
67	»	»	»	27	664	55	5	2	12	56	8	1	68
68	»	»	»	28	77	56	2	3	82	57	5	5	66
69	»	»	»	28	490	56	15	5	52	58	3	1	63
70	»	»	»	28	903	57	12	7	22	59	»	5	61
71	»	»	»	29	816	58	10	»	93	59	14	1	59
72	»	»	»	29	729	59	7	2	63	60	11	5	57
73	»	»	»	30	142	60	4	4	33	61	9	1	55
74	»	»	»	30	555	61	1	6	4	62	6	5	52
75	»	»	»	30	968	61	14	7	74	63	4	1	50
76	»	»	»	31	381	62	12	1	44	64	1	5	48

RÉDUCTION DU POIDS DE TABLE.

Livres.	Onces.	Gros.	Grains.	En Kilogrammes.	En Grammes.	Livres.	Onces.	Gros.	Centièm.ˢ	Livres.	Onces.	Gros.	Grains.
77	»	»	»	31	793	63	9	3	15	64	15	1	46
78	»	»	»	32	206	64	6	4	85	65	12	5	44
79	»	»	»	32	619	65	3	6	55	66	10	1	41
80	»	»	»	33	32	66	1	»	26	67	7	5	39
81	»	»	»	33	445	66	14	1	96	68	5	1	37
82	»	»	»	33	858	67	11	3	66	69	2	5	35
83	»	»	»	34	271	68	8	5	37	70	»	1	33
84	»	»	»	34	684	69	5	7	7	70	13	5	30
85	»	»	»	35	97	70	3	»	77	71	11	1	28
86	»	»	»	35	510	71	»	2	48	72	8	5	26
87	»	»	»	35	923	71	13	4	18	73	6	1	24
88	»	»	»	36	335	72	10	5	88	74	3	5	21
89	»	»	»	36	748	73	7	7	59	75	1	1	19
90	»	»	»	37	161	74	5	1	29	75	14	5	17
91	»	»	»	37	574	75	2	2	99	76	12	1	15
92	»	»	»	37	987	75	15	4	70	77	9	5	13
93	»	»	»	38	400	76	12	6	40	78	7	1	10
94	»	»	»	38	813	77	10	»	10	79	4	5	8
95	»	»	»	39	226	78	7	1	81	80	2	1	6
96	»	»	»	39	639	79	4	3	51	80	15	5	4
97	»	»	»	40	52	80	1	5	21	81	13	1	2
98	»	»	»	40	464	80	14	6	92	82	10	4	71
99	»	»	»	40	877	81	12	»	62	83	8	»	69
100	»	»	»	41	290	82	9	2	32	84	5	4	67
200	»	»	»	42	581	165	2	4	64	168	11	1	62
300	»	»	»	123	871	247	11	6	97	253	»	6	57
400	»	»	»	165	161	330	5	1	30	337	6	3	52
500	»	»	»	206	452	412	14	3	61	421	12	»	47
600	»	»	»	247	742	495	7	5	93	506	1	5	42
700	»	»	»	289	32	578	1	»	25	590	7	2	38
800	»	»	»	330	323	660	10	2	58	674	12	7	33
900	»	»	»	371	613	743	3	4	90	759	2	4	28
1000	»	»	»	412	903	825	12	7	22	843	8	1	23
2000	»	»	»	825	806	1651	9	6	45	1687	»	2	46
3000	»	»	»	1238	710	2477	6	5	67	2530	8	3	69
4000	»	»	»	1651	613	3303	3	4	90	3374	»	5	20
5000	»	»	»	2064	516	4129	»	4	12	4217	8	6	42
6000	»	»	»	2477	419	4954	13	3	35	5061	»	7	65

RÉDUCTION DU POIDS DE TABLE.

POIDS DE TABLE.				En Kilogrammes.	En Grammes.	EN POIDS USUEL.				EN POIDS DE MARC.			
Livres.	Onces.	Gros.	Grains.			Livres.	Onces.	Gros.	Centièm.°	Livres.	Onces.	Gros.	Grains.
7000	»	»	»	2890	322	5780	10	2	57	5904	9	1	16
8000	»	»	»	3303	226	6606	7	1	80	6748	9	2	39
9000	»	»	»	3716	129	7432	4	1	2	7591	9	3	62
10000	»	»	»	4129	32	8258	1	»	25	8435	1	5	13

ARTICLE II.

RAPPORT des livres étrangères en kilogrammes et livres (poids de marc), et rapport des kilogrammes et livres (poids de marc) en livres étrangères.

Le kilogramme vaut 18827 grains 15 centièmes. La livre (poids de marc) vaut 9216 grains.

NOMS DES POIDS étrangers.	NOMS des Empires, Royaumes et Villes.	Un million de livres étrangères fait en kilogrammes.	Un million de livres étrangères fait en livres, poids de marc.	Un million de kilogrammes fait en livres étrangères.	Un million de livres, poids de marc, fait en livres étrangères.	Valeur des livres étrangères en grains de France.
La livre, ...	Aix / Bouches du Rhône. France/.	379160	774577	2637410	1291028	7138 1/2
Idem, ...	Aix-la-Chapelle / Prusse /. . .	467576	955200	2138691	1046901	8803 1/10
Idem, ...	Alba / Savoie /.	368844	753503	2711173	1327135	6944 1/4
Idem, ...	Alby / Tarn. France /. . . .	407921	833333	2451452	1200000	7680
Idem, ...	Alexandrie / Piémont /. . .	313043	639507	3194453	1563704	5893 7/10
La livre de 12 onces.	Alicante / Espagne /. . . .	343312	699301	2921313	1430000	6444 3/4
La livre de 18 onces.	Idem.	513468	1048951	1947540	953333	9067 1/8
La livre, poids fournoual.	Allevard / Isère. France /. .	532549	1087932	1877762	919175	10026 1/3
La livre, poids de fonte.	Idem.	552579	1128850	1809694	885856	10403 1/4
La livre	Ancone / Italie /.	421122	860300	2374609	1162385	7928 1/2
La livre, poids du roi.	Angleterre / Royaume d' /. . .	676497	1381999	1478203	723589	12736 1/2
La livre de 112 au quintal.	Idem.	447037	913241	2236949	1095000	8416 4/9
La livre, poids de Troy.	Idem.	373669	763359	2676166	1310000	7035 1/8
La livre.	Annécy / Savoie /.	612920	1282763	1592559	779657	11821 15/16
Idem.	Anvers / Royaume des Pays-Bas /.	470366	960900	2126004	1040692	8855 2/3
Idem, ...	Apt / Vaucluse. France /. . .	397513	812070	2515640	1231421	7484
Idem, ...	Argelès / Hautes-Pyrénées. France /	405290	827958	2467368	1207791	7630 1/2
Idem, ...	Arles / Bouches du Rhône. France/.	391260	799190	2555846	1251101	7366 1/3
La livre, petit poids.	Augsbourg / Allemagne /. . .	463904	947699	2155616	1055187	8734
La livre, gros poids.	Idem.	488668	998289	2046378	1001714	9200 1/4
La livre.	Barcelone / Espagne /. . .	411349	840336	2431023	1190000	7744 5/9
Idem, ...	Bâle / Suisse /.	486862	994599	2053969	1005429	9166 1/3
La livre, poids léger.	Bergame / Italie /. . . .	324199	662300	3084517	1509889	6103 3/4
La livre	Idem.	818363	1671814	1221952	598152	15407 3/4
Idem, ...	Bonn / Allemagne /. . . .	467283	954601	2140033	1047558	8797 3/5
Idem [1]. . . .	Brémen / Allemagne /. . .	494798	1010811	2021018	989305	9315 2/3
Idem, ...	Breslaw / Prusse /. . . .	405237	827850	2467688	1207948	7629 1/2
Idem, ...	Berlin / Prusse /. . . .	468547	957184	2134256	1044731	8821 4/9
Idem, ...	Brignoles / Var. France /. . .	380000	776403	2631579	1288175	7154 1/3
Idem [2]. . . .	Brunswick / Allemagne /. . .	465961	951900	2146104	1050531	8772 3/4
Idem, ...	Bruxelles / Pays-Bas /. . .	463333	946736	2157810	1056161	8725 1/8
La livre de commerce.	Idem.	491811	1004708	2033303	995454	9259 1/3
La livre.	Cambrai / Nord. France /. . .	470000	960152	2127660	1041502	8848 3/4
Idem.	Carpentras / Vaucluse. France /.	400000	817151	2500000	1223765	7530 7/8
Idem, ...	Castres / Tarn. France /. . .	412000	841665	2427186	1188122	7756 3/4
Idem, ...	Chambéry / Savoie /. . . .	418610	855169	2388858	1169360	7881 1/4
Idem, ...	Cologne / Allemagne /. . .	467723	955500	2138018	1046372	8805 7/8
Idem [3]. . . .	Danemarck / Royaume de /. .	499100	1019600	2003607	980777	9396 2/3
Idem, ...	Dantzick / Prusse /. . . .	435618	889914	2295588	1123704	8201 4/9

[1] Le stein vaut 10 livres de Brémen.

[2] Le stein vaut 10 livres de Brunswick. La tonne de beurre vaut 224 livres de Brunswick.

[3] Le lispund vaut 16 livres de Danemarck. Le skippund vaut 320 livres de Danemarck. Le last de commerce vaut 5200 livres de Danemarck.

NOTA. La livre (poids de marc) était en usage dans l'étendue des départemens ci-après, savoir : Ain, Allier, Aube, Bas-Rhin, Calvados, Charente, Charente-Inférieure, Cher, Corse, Côte-d'Or, Doubs, Eure, Eure et Cher, Gironde, Haute-Marne, Jura, Loire-Inférieure, Loiret, Manche, Maine et Loire, Meuse, Moselle, Orne, Pas-de-Calais, Puy-de-Dôme, Seine, Seine et Loire, Seine-Inférieure, Seine et Marne, Seine et Oise, Somme, Yonne.

Suite du Rapport des livres étrangères en kilogrammes, etc.

NOMS DES POIDS étrangers.	NOMS des Empires, Royaumes et Villes.	Un million de livres étrangères fait en kilogrammes.	Un million de livres étrangères fait en livres, poids de marc.	Un million de kilogrammes, poids de marc, fait en livres étrangères.	Un million de livres, poids de marc, fait en livres étrangères.	Valeur des livres étrangères en grains de France.
La livre	Deux-Ponts / Allemagne /. .	496515	1014319	2014038	985884	9348
Idem.	Douai / Nord. France / . .	425000	868222	2352944	1151780	8001 1/2
Idem.	Dresde / Saxe /. . . .	466040	953901	2141603	1048327	8791 2/11
Idem.	Dublin / Irlande /. . .	449088	917431	2226735	1090000	8455
Idem [1]	Dunkerque / Nord. France /.	434890	888427	2299432	1125585	8187 3/4
Idem.	Espagne / Royaume d' / . .	460093	939913	2173474	1063928	8662 1/4
Idem.	Espalion / Aveiron. France /.	407989	833471	2451047	1199802	7681 1/4
Idem.	Florac / Lozère. France / . .	414494	846147	2414328	1181828	7798
Idem.	Florence / Italie /.	339575	693709	2944862	1441527	6393 1/4
Idem.	Francfort-sur-le-Mein/Allemagne/.	499491	1020399	2002036	980009	9404
Idem.	Gap / Hautes-Alpes. France /.	392000	800807	2551021	1248740	7380 1/4
Le peso sottila [2] . .	Gênes / Sardaigne /. . . .	317102	647800	3153563	1543688	5970 1/8
Le peso casso. . . .	Idem.	322045	657898	3105156	1519993	6063 1/5
Le peso grosso [3]. .	Idem.	317689	694000	3147730	1540833	5981 1/5
Le rottolo, poids de douane.	Idem.	544341	1112000	1837324	899281	10248 1/5
Le rottolo, poids de caisse.	Idem.	491807	1004702	2033317	995314	9259 1/3
La livre, poids léger .	Genève / République de /. .	456709	933000	2189578	1071811	8598 1/2
La livre, gros poids .	Idem.	547115	1118001	1827258	894453	10303 1/2
La livre, poids de ville.	Grenoble / Isère. France /	442564	904512	2258541	1105569	8336
La livre, poids de table[4]	Idem.	417347	852588	2396089	1172899	7857 1/3
La livre.	Hambourg / Allemagne / . .	484555	989885	2063751	1010218	9122 3/4
Idem [5]	Hanovre / Allemagne / . .	486911	994699	2053763	1005329	9167 1/6
Idem [6]	Hollande / Pays-Bas /. . .	494080	1009345	2023063	990742	9302 1/8
Idem.	Holstein / Danemarck / . .	434023	988800	2066016	1011327	9112 3/4
Idem.	Irlande / Île Britannique / .	540904	1105000	1848757	904977	10183 2/3
Idem.	Leipsick / Saxe /. . . .	467021	954168	2141004	1048034	8793 2/3
Idem	Libau / en Courlande/. . .	413632	845000	2417605	1183432	7787 1/2
Idem [7]	Liège / Pays-Bas / . . .	472814	965900	2115000	1035304	8901 3/4
Idem.	Lille / Nord. France /. . .	431000	880479	2320186	1135745	8114
Idem.	Livourne / Italie /. . . .	339443	693441	2946000	1442084	6390 3/4
Idem.	Lubeck / Allemagne / . .	483545	987822	2068061	1012338	9103 3/4
Idem.	Lyon / Rhône. France /. . .	418757	855469	2388020	1168950	7884
La livre, pour la soie,	Idem.	458911	937498	2179073	1066669	8639 49/50
La livre.	Madère / Espagne /. . . .	437059	892857	2288022	1120000	8228 3/5
Idem.	Malines / Pays-Bas/ . . .	466206	952400	2144977	1049979	8877 1/3
Idem [8]	Malte / Île de /. . . .	316661	646900	3157948	1545834	5961 4/5
Idem.	Mantoue / Italie /. . . .	279018	570000	3585994	1754386	5253 1/8
Idem.	Marseille / Bouches du R. France/.	388509	793677	2573935	1259958	7314 1/2
Idem.	Mayence / Allemagne /. . .	470686	961553	2125000	1039985	8861 2/3
Idem.	Memmingen / Allemagne / .	511191	1044300	1956216	957529	9624 1/4
La livre, petite.	Milan / Italie /.	326990	668000	3058197	1497006	6156 1/3
La livre, grosse.	Idem.	763140	1559000	1310375	641367	14367 3/4
La livre.	Montauban / Tarn et G.e France/.	425657	869584	2349312	1150002	8014
La livre, carnassière	Idem.	127697	2608692	783104	383334	24042

[1] L'arroba vaut 25 livres d'Espagne.

[2] Le rubro, pour l'or, l'argent, etc., vaut 25 livres sottilis.

[3] Le rottolo vaut 25 pissis grossis. Le cataro vaut 6 rubbis grossis.

[4] Pour la livre, poids de fonte ou de fourneau (voyez Allevart), et pour la livre, poids de Savoie (voyez Genève).

[5] Le stein vaut 10 livres de Hanovre. Le tonneur de beurre vaut 224 livres de Hanovre.

[6] Livre d'Amsterdam.

[7] L'autre livre de Liège est comme celle de Bruxelles (voyez Bruxelles).

[8] Le rottolo fort vaut 2 3/4 de Malte. Le quintal fort de Malte vaut 111 rottolis. Le rottolo faible vaut 2 livres 1/2 de Malte. Le quintal faible de Malte vaut 100 rottolis.

SUITE du Rapport des livres étrangères en kilogrammes, etc.

NOMS DES POIDS étrangers.	NOMS des Empires, Royaumes et Villes.	Un million de livres étrangères fait en kilogrammes.	Un million de livres étrangères fait en livres, poids de marc.	Un million de kilogrammes fait en livres étrangères.	Un million de livres, poids de marc, fait en livres étrangères.	Valeur des livres étrangères en grains de France.
La livre	Moissac /Tarn et Garon e France/.	429156	876712	2330156	1140645	8079 3/4
Idem.	Montélimart /Drôme/.	413999	845749	2412465	1182384	7794 5/8
Idem.	Montpellier /Hérault France/.	414630	847078	2411675	1180529	7806 2/3
Idem [1]	Naples /Royaume de/.	320772	655300	3117470	1526020	6039 2/3
Idem.	Nerva /Russie/.	468427	956938	2134806	1045000	8819 1/7
Idem.	Nice /Comté de/.	311599	634559	3209248	1570946	5866 1/2
Idem.	Nismes /.Gard. France/.	414290	846235	2413792	1181354	7799 9/10
Idem.	Nuremberg /Allemagne/.	508637	1039083	1966038	962387	9576 1/5
Idem.	Palerme et Messine /Sicile/.	313626	640700	3188508	1560793	5904 3/4
Idem.	Parme /Duché de/.	326354	666700	3064160	1499924	6144 1/3
La livre, poids pesant.	Pologne /Royaume de/.	400611	818400	2496185	1221897	7542 1/3
La livre, poids léger.	Idem.	376097	682997	2658958	1301575	7080 2/3
La livre [2]	Portugal /Royaume de/.	458667	937000	2180252	1067236	8635 1/3
Idem.	Puy (Le) /France/.	413500	848815	2406739	1178113	7822 2/3
Le marc, pour l'argent.	Ratisbonne /Allemagne/.	246026	502600	4064618	1989655	463?
La livre, commune.	Idem.	578939	1182702	1727296	845522	10899 3/4
La livre.	Revel /Russie/.	430374	879100	2323362	1137397	8102 3/4
Idem.	Riga /Russie/.	411992	841648	2427233	1188145	7756 2/3
Idem [3].	Rome /Italie/.	339179	691900	2948248	1443109	6385 3/4
Idem.	Rostock /Duché de Mecklenbourg/.	508107	1038000	1968089	963391	9566 1/4
La bercheroot [4].	Russie /Empire de/.	408574	834667	2447535	1198083	7691 1/3
La livre.	Salon /Bouches du R. France/.	411849	846336	2431023	1190000	7744 1/2
Idem.	Sicile /Royaume de/.	316221	646000	3162345	1547987	5953 1/2
Le rottolo sottili.	Idem.	790061	1614000	1265713	615441	14874 2/3
La livre.	Spire /Allemagne/.	489710	1000417	2042016	999584	9219 5/6
Idem.	Suède /Royaume de/.	424918	868056	2353394	1152000	8000
Idem.	Tarascon /Bouches du R. France/.	388109	794860	2576591	1261256	7307
Idem.	Tarbes /Hautes-Pyrénées France/.	405290	827957	2467371	1207793	7630 1/2
Idem.	Thonon /Savoie/.	552580	1128853	1809692	885855	10403 1/2
Idem.	Tortone /Italie/.	324700	663321	3079769	1507565	6113 1/8
Idem.	Tournai /Pays-Bas/.	433213	885000	2308335	1129944	8156 1/8
La livre générale [5].	Turin /Piemont/.	494401	1010000	2022650	990099	9308 1/8
La livre de 18 onces.	Valence /Espagne/.	520251	1063829	1920304	940000	9804 1/4
La livre [6].	Venise /Italie/.	477660	975599	2093541	1024801	8993
Le peso sottili.	Vérone /Italie/.	331640	677500	3015316	1476015	6243 8/9
La livre, gros poids [7].	Vicence /Italie/.	445353	909800	2245412	1099142	8334 3/4
La livre.	Vienne /Autriche/.	560000	1144010	1785715	874118	10543
La livre, poids de crochet.	Vienne /Isère. France/.	456829	933247	2189000	1071528	8601
La livre.	Villefranche /Rhône. France/.	436821	892371	2289269	1120610	8224

[1] Le rutolo vaut 2 livres 78/100 de Naples. Le staro vaut 28 livres 4/5 de Naples. Le cantaro vaut 278 livres de Naples.

[2] L'arroba du Portugal vaut 32 livres de Portugal.

[3] La décima vaut 10 livres de Rome.

[4] La poede vaut 40 livres de Russie. La bercovetz vaut 400 livres de Russie.

[5] Le marc vaut 4630 grains 13/100 de Paris. Le rubbio, dit de 22 livres, vaut 152801 grains 28/100 de Paris. Le rubbio de 25 livres vaut 173629 grains 44/100. Ces deux rubbios sont des poids particuliers, ils ne sont ni marc ni livre générale de Turin.

[6] Pour les pesos grossos et les pesos sotillis (voyez Trieste).

[7] Celle, poids léger, vaut 5700 grains de France.

ARTICLE III.

INSTRUCTION pour le numérotage des fils de coton, en exécution de l'ordonnance du Roi du 26 mai 1819.

Depuis plusieurs années, le Gouvernement ne voyait pas sans peine que, tandis que l'uniformité des mesures était généralement établie, les filatures de coton seules continuaient à prendre, pour règle de la longueur et du poids de leurs écheveaux, l'ancienne aune de Paris et l'ancienne livre, poids de marc.

Mais ce qui ne contribuait pas moins à appeler sa sollicitude sur la nécessité de faire cesser les difficultés qui résultaient de cet état de choses, contraire au vœu de la loi, c'était l'embarras qu'y ajoutait encore la diversité des méthodes suivies dans les fabriques pour régler la longueur des fils dont se composaient les écheveaux, et la confusion que jetait dans le commerce le défaut d'uniformité dans le numérotage.

Le Roi a pourvu à ces inconvéniens par son ordonnance du 26 mai 1819, en exécution de laquelle on va expliquer ici les règles qui doivent être observées dorénavant dans les filatures, pour fixer la longueur et le poids des écheveaux des fils de coton, et les soumettre à un mode uniforme de numérotage, qui, de quelque fabrique que proviennent ces fils, fera connaître immédiatement leur degré de finesse.

On peut déterminer la finesse d'un fil, ou par le poids d'une longueur indiquée, ou par la longueur contenue dans un poids donné.

Dans le premier cas, le numéro est d'autant plus petit que le fil est plus fin; et, dans le second, au contraire, le numéro augmente à mesure que le fil est d'une plus grande ténuité.

C'est ce dernier moyen qui est généralement suivi, et qui est établi définitivement par l'ordonnance du Roi.

Par une des dispositions de cette ordonnance, il est dit que l'écheveau sera composé de dix échevettes de 100 mètres chacune, en sorte que sa longueur totale sera de 1000 mètres; ainsi, toutes les fois qu'on parlera d'un écheveau de fil de coton, on aura l'idée d'un fil de la longueur de 1000 mètres.

La livre métrique, égale au demi-kilogramme ou 500 grammes, sera l'unité de poids pour le numérotage des fils; et le numéro, en indiquant désormais le degré de finesse, fera connaître aussi combien il en faut d'écheveaux de 1000 mètres pour peser une livre nouvelle ou 500 grammes.

Ainsi, par exemple, le n.° 50 indiquera que le fil est d'une finesse telle qu'il en faut 50 écheveaux de 1000 mètres pour peser une livre usuelle ou 500 grammes; et de même pour tous les autres numéros.

Si tous les établissemens qui fabriquent les fils avaient adopté une égale longueur pour leurs écheveaux, le même numéro indiquant, dans toutes les filatures, le même degré de finesse, il n'y aurait pas eu de difficulté : mais les unes ont fait leurs écheveaux de 600 aunes, de 625, de 650, et d'autres de 700; d'autres encore les ont faits de 750; et enfin, dans plusieurs manufactures, leur longueur est de 840 et de 1000 aunes.

Cette diversité de longueur dans les écheveaux formait une pluralité de systèmes de numérotage qui exposait les acheteurs à être trompés ou à se tromper eux-mêmes sur le degré de finesse dont ils avaient besoin; en effet, la simple inspection ne suffit pas pour reconnaître la finesse d'un fil; et, pour la juger sur le numéro, on était obligé d'avoir recours à des tableaux de comparaison des numéros dans les divers systèmes, ou à faire des réductions nécessaires pour savoir exactement quel était, dans tel système, le numéro correspondant à celui qu'on désirait.

Le nouveau mode remédie à tous les inconvéniens, puisqu'il doit être uniforme. Il est déduit immédiatement des mesures métriques, et, comme elles, il doit être observé dans toutes les fabriques françaises. Il est permis d'espérer que, comme elles, il se propagera chez l'étranger.

L'adoption de ce nouveau mode présente d'autant moins de difficultés, que les propriétaires des filatures de coton pourront se servir des dévidoirs hexagones actuellement en usage, sans y faire d'autres changemens, 1.° que de diminuer chaque rayon de l'hexagone d'une quantité suffisante pour que son périmètre soit de millimètres 1428,57, c'est-à-dire, un peu plus de 1428 millimètres et demi, et 2.° de substituer à la roue de 80 dents une roue de 70.

Par ce moyen, 70 tours du dévidoir donneront une échevette de 100 mètres; 10 de ces échevettes composeront un écheveau de 1000 mètres, et le nombre de ces écheveaux, pesant ensemble 500 grammes, donnera le numéro qui, à son tour, désignera le degré de finesse du fil.

Mais, pour que le numérotage soit exact, il faut que chaque écheveau soit d'un degré de finesse semblable, et par conséquent du même poids. Il est donc essentiel de s'assurer d'abord de cette condition, en pesant comparativement plusieurs écheveaux pris au hasard dans les produits d'une même fabrication, et en déterminant en grammes, dixièmes, centièmes et millièmes de gramme, le poids moyen de chaque écheveau. On divisera ensuite par ce poids moyen le poids total 500 grammes, et l'on aura dans le quotient de la division l'expression du numéro qui indiquera le degré de finesse du fil ; résultat dont il faudra que l'exactitude soit confirmée par la pesée du nombre d'écheveaux donné par le numéro, et qui devront, en effet, être ensemble du poids de 500 grammes.

Ces opérations, au surplus, recevront beaucoup de facilité de l'emploi de la première des tables ci-jointes, dont nous expliquerons l'usage.

On se sert, pour déterminer le poids des écheveaux, d'une romaine à quart de cercle destinée spécialement à cet usage ; mais, à défaut d'un instrument de ce genre, on peut aussi employer une petite balance ordinaire assez sensible pour marquer les milligrammes.

Les poids qui conviennent le mieux dans ce dernier cas, sont les poids de forme parallélipipède, de la fabrique de *Fortin*, ajustés comme modèles et sans tolérance; car ce serait en vain que l'on espérerait pouvoir tenir compte des milligrammes dans le poids d'un ou de plusieurs écheveaux, si chaque poids employé à la pesée avait lui-même quelque léger excès, comme il est d'usage d'en laisser dans les poids du commerce sous le nom de tolérance.

Le passage de l'ancien ordre de choses au nouveau pourra jeter d'abord dans quelque embarras par les difficultés que les fabricans qui emploient les fils de coton trouveront à choisir dans le nouveau système les numéros qui exprimèront les degrés de finesse dont ils auront besoin, comparativement à ceux dont ils faisaient précédemment usage.

Cet embarras ne sera que momentané; il cessera aussitôt qu'on se sera habitué au nouveau mode de numérotage ; mais jusque là il est indispensable d'écarter, autant qu'il est possible, tout ce qui pourrait apporter quelque obstacle à l'établissement d'une méthode qui ne peut être que très-profitable au commerce et à l'industrie, en épargnant aux fabricans les calculs longs et pénibles qu'ils seraient obligés de faire pour connaître quel est, dans le système nouveau, le numéro dont ils devront faire usage en remplacement de celui de l'un des anciens systèmes dont ils avaient l'habitude de se servir pour fabriquer telle ou telle étoffe , ou réciproquement ; à quel numéro de l'un des modes anciens correspond celui dont ils auront fait choix dans le nouveau mode de numérotage.

C'est encore un point pour lequel ils trouveront une grande économie de temps et de travail dans l'emploi de la seconde des tables ci-jointes , dont nous allons maintenant expliquer les usages.

EXPLICATION ET USAGE DES TABLES.

La table I présente l'ordre de numérotage des fils de coton , suivant le nouveau système établi par l'ordonnance du Roi ; elle est formée de deux colonnes : la première contient les numéros des fils , et chacun de ces numéros indique le nombre des écheveaux , qui doivent peser ensemble une livre usuelle , ou 500 grammes.

Ainsi, par exemple , le n.º 113 indique qu'il faut 113 écheveaux de fil d'une même ténuité pour peser 500 grammes; il fait connaître en même temps que la finesse de ce fil est d'un degré de plus que celle du n.º 112 , puisqu'il ne faut que 112 écheveaux de celui-ci pour former le même poids de 500 grammes.

Les nombres contenus dans la seconde colonne indiquent le poids de chaque écheveau.

Ainsi le nombre 4,425 qui se trouve à côté du n.º 113 , fait connaître que chacun des 113 écheveaux qui doivent peser ensemble 500 grammes , doit lui-même être du poids de grammes 4,425 , c'est-à-dire , 4 grammes 4 décigrammes 2 centigrammes et 5 milligrammes.

Supposons maintenant, qu'un fabricant de fil ait à déterminer le numéro des fils dont il vient de faire filer un certain nombre d'écheveaux.

Après s'être assuré du poids moyen des écheveaux, en en pesant successivement plusieurs pris au hasard , et l'avoir trouvé, par exemple , de grammes 4,429 , il cherchera dans la table I , colonne 2 , le nombre 4,429 , ou celui qui en diffère le moins, qui est 4,425 , et le nombre 113 qui est à côté , dans la première colonne , sera le numéro qui annoncera le degré de finesse de ce fil.

Il vérifiera le fait en plaçant dans la balance autant d'écheveaux qu'il en faudra pour peser 500 grammes, et il sera convaincu que le n.º 113 est juste, s'il ne peut en effet en mettre ni plus ni moins de 113 sans rompre l'équilibre.

Cette table a été formée en divisant 500 par chacun des nombres qui expriment les numéros : en sorte , par exemple , que 4,425 est le quotient de la division de 500 par 113, et ainsi des autres.

Nous indiquons ici la règle selon laquelle cette table a été dressée , afin que chacun puisse , au besoin , en vérifier les nombres qui pourront l'intéresser , et rectifier les erreurs qui s'y seraient glissées malgré les soins qui ont été données à sa rédaction et à la correction des épreuves de l'impression.

Nous ferons de même , et par de semblables motifs , connaître la marche qui a été suivie dans la construction de la deuxième table.

Le numérotage n'a été conduit que jusqu'à 250 ; mais nous n'avons pas voulu par là fixer des bornes à l'industrie : et , s'il arrivait que l'on parvînt à porter la finesse des fils à un plus haut degré , rien ne serait plus facile que d'ajouter à la table les numéros nécessaires pour indiquer et le nombre des écheveaux qui devraient alors peser 5oo grammes , et le poids de chacun de ces écheveaux.

La table II est destinée à établir la concordance du nouveau numérotage avec l'ancien , selon les diverses mesures usitées précédemment , ou réciproquement.

Elle est composée de huit colonnes ; la première indique le nouveau numérotage , et chacune des sept autres indique l'ancien numérotage correspondant , selon le mode marqué en tête de cette colonne.

Ainsi , par exemple , on peut voir par cette table que le nouveau n.° 57 correspond à 46,96 de l'ancienne mesure , suivant laquelle la longueur de l'écheveau était de 1000 aunes ; qu'il correspond de même à 55,35 de la mesure à 840 aunes , à 62,61 de 75o , et ainsi des autres.

Et réciproquement , si l'on veut savoir à quel numéro du nouveau mode correspond un numéro donné dans l'un des anciens ; soit , par exemple , 107 du système à 65o aunes , on cherchera , dans la colonne timbrée à 65o aunes , le nombre 107 , et , en suivant la ligne horizontale jusqu'à la première colonne , on trouvera que le nouveau numéro correspondant est 85.

La concordance des numéros nouveaux avec les anciens n'a pu être établie en nombres ronds pour ceux-ci , parce qu'il y a toujours quelques petites différences qui sont exprimées par des fractions décimales ; mais on ne doit pas se trouver embarrassé par ces fractions , qui font connaître seulement qu'il y a un petit excès , et qui n'ont été placées ici que pour aider à se déterminer dans le choix des deux numéros entre lesquels on serait incertain , et prévenir aussi l'embarras dans lequel on serait par les lacunes qui se trouvent assez fréquemment.

Supposons , par exemple , qu'un manufacturier accoutumé à employer , pour la fabrication d'une certaine étoffe , du fil au n.° 78 de l'ancienne mesure à 75o aunes , veuille savoir quel est le numéro nouveau qu'il doit choisir.

En suivant la marche que nous venons de tracer , il cherchera , dans la colonne à 75o aunes , ce n.° 78 , mais il ne l'y trouvera pas. Obligé alors de choisir entre les deux numéros inférieur et supérieur celui qui se rapproche le plus de 78 , il verra que c'est 67,99 , nombre qui diffère infiniment peu de 78 ; et le numéro nouveau 71 , correspondant à 77,99 , sera le numéro demandé.

Ces fractions auront d'ailleurs un but d'utilité , sous un rapport qui n'est point à négliger dans les fabriques ; elles serviront à se régler avec une parfaite connaissance de cause dans le prix des fils.

Supposons , par exemple , qu'un fabricant accoutumé à employer , pour certain ouvrage , du fil au n.° 114 de l'échelle ancienne à 65o aunes , ait trouvé que c'est le fil au numéro nouveau 91 qu'il doit prendre : il verra fort bien que le numéro que représente 91 n'est pas 114 juste , mais 114,5 , et , par conséquent , que le fil au n.° 91 a un léger degré de finesse de plus que le fil au numéro ancien 114 ; et ce faible excès de finesse , exprimé par la fraction o,5 , qui est , avec le numéro donné 114 , à très-peu près , dans le rapport de 4 à 1000 , lui fera connaître que sa position ne sera point changée en accédant à une augmentation de prix de 4 p. 1000 , ou 4/10 p. %.

Dans des circonstances inverses , il verra de même qu'il est fondé à réclamer une diminution de prix.

La règle , suivant laquelle cette table II est dressée , a été déduite du raisonnement suivant : 1000 mètres valent en aunes anciennes 841,44 ; ainsi , les numéros du nouveau système indiquent le nombre des écheveaux dont la longueur serait en aunes anciennes 841,44, et qui seraient du poids d'une livre nouvelle, ou 500 grammes ; ou bien, ce qui est la même chose, ces numéros indiquent le nombre des écheveaux dont la longueur serait en aunes anciennes 823,9 de fil de même finesse, et qui peseraient une livre ancienne.

Et, en effet, la livre nouvelle de 500 grammes vaut en livres anciennes 1,02144 ; nous aurons donc, par la proportion suivante :

$$1,02144 : 1 :: 841,44 : x = 823,9.$$

Ce quatrième terme 823,9 étant donné, nous aurons cette nouvelle proportion :

823,9 est au nombre d'aunes de chaque écheveau de l'ancien système comme l'ancien numéro est au nouveau, ou réciproquement.

Le nombre d'aunes de l'ancienne mesure est à 823,9 comme le numéro nouveau est à l'ancien.

Appliquant cette dernière règle au n.° 1er du nouveau système, nous en avons tiré la valeur de ce même n.° 1.er en ancien, qui a servi de base à la construction de notre table, par les proportions suivantes :

1000	:	823,9	::	1	:	0,8239.
840	:	823,9	::	1	:	0,9711.
750	:	823,9	::	1	:	1,0985.
700	:	823,9	::	1	:	1,1770.
650	:	823,9	::	1	:	1,2584.
625	:	823,9	::	1	:	1,3182.
600	:	823,9	::	1	:	1,3732.

C'est, en conséquence, sur les nombres formant le quatrième terme de chacune de ces proportions, que nous avons construit la table II, en les multipliant successivement par 2, 3, 4, 5, 6, etc., autant qu'il a été nécessaire ; après quoi, supprimant les décimales superflues, nous les avons réduites à deux dans les nombres depuis 1 jusqu'à 100, et à une seulement dans les suivans, afin de ne point embarrasser les personnes qui feront usage de cette table, par une trop grande quantité de chiffres.

Les dévidoirs et balances ordinaires ou romaines, employés au dévidage et au numérotage des fils, seront assujettis à la vérification que les vérificateurs des poids et mesures sont chargés d'en faire, et pour laquelle il leur sera donné des instructions particulières.

VU ET APPROUVÉ :

Le Ministre Secrétaire d'état au département de l'intérieur,

Signé LE COMTE DECAZES.

TABLE I.

Numéros.	POIDS de l'écheveau.	Numéros.	POIDS de l'écheveau.	Numéros.	POIDS de l'écheveau.	Numéros.	POIDS de l'écheveau.
	Gram.ˢ Milli.ˢ		Gram.ˢ Milli.ˢ		Gram.ˢ Milli.ˢ		Gram.ˢ Milli.ˢ
1	500,000	37	13,514	73	6,843	109	4,587
2	250,000	38	13,158	74	6,757	110	4,545
3	166,667	39	12,820	75	6,667	111	4,505
4	125,000	40	12,500	76	6,566	112	4,464
5	100,000	41	12,195	77	6,493	113	4,425
6	83,333	42	11,905	78	6,410	114	4,386
7	71,429	43	11,628	79	6,329	115	4,348
8	62,500	44	11,364	80	6,250	116	4,310
9	55,556	45	11,111	81	6,173	117	4,274
10	50,000	46	10,869	82	6,097	118	4,237
11	45,454	47	10,638	83	6,024	119	4,202
12	41,667	48	10,417	84	5,952	120	4,167
13	38,461	49	10,204	85	5,882	121	4,132
14	35,714	50	10,000	86	5,814	122	4,099
15	33,333	51	9,804	87	5,747	123	4,065
16	31,250	52	9,615	88	5,682	124	4,032
17	29,412	53	9,434	89	5,618	125	4,000
18	27,778	54	9,259	90	5,556	126	3,968
19	26,316	55	9,090	91	5,494	127	3,937
20	25,000	56	8,928	92	5,435	128	3,906
21	23,809	57	8,772	93	5,376	129	3,876
22	22,727	58	8,621	94	5,319	130	3,866
23	21,739	59	8,475	95	5,263	131	3,817
24	20,833	60	8,333	96	5,208	132	3,788
25	20,000	61	8,197	97	5,155	133	3,759
26	19,231	62	8,065	98	5,102	134	3,731
27	18,511	63	7,936	99	5,051	135	3,704
28	17,851	64	7,813	100	5,000	136	3,676
29	17,241	65	7,698	101	4,951	137	3,650
30	16,667	66	7,576	102	4,902	138	3,623
31	16,129	67	7,463	103	4,854	139	3,597
32	15,625	68	7,353	104	4,808	140	3,572
33	15,152	69	7,246	105	4,762	141	3,546
34	14,706	70	7,143	106	4,755	142	3,521
35	14,286	71	7,042	107	4,673	143	3,496
36	13,889	72	6,944	108	4,696	144	3,472

Nᴜᴍᴇ́ʀᴏᴛᴀɢᴇ des Fils de Coton, réglé en exécution de l'Ordonnance du Roi, du 26 mai 1819.

Suite de la TABLE I.

Numéros.	POIDS de l'écheveau.	Numéros.	POIDS de l'écheveau.	Numéros.	POIDS de l'écheveau.	Numéros.	POIDS de l'écheveau.
	Gram.s Milli.s		Gram.s Milli.s		Gram.s Milli.s		Gram.s Milli.s
145	3,438	172	2,907	199	2,513	226	2,212
146	3,424	173	2,890	200	2,500	227	2,201
147	3,408	174	2,873	201	2,487	228	2,193
148	3,378	175	2,857	202	2,475	229	2,183
149	3,356	176	2,841	203	2,463	230	2,174
150	3,333	177	2,825	204	2,451	231	2,164
151	3,311	178	2,809	205	2,439	232	2,155
152	3,289	179	2,793	206	2,427	233	2,146
153	3,268	180	2,778	207	2,415	234	2,137
154	3,247	181	2,762	208	2,404	235	2,128
155	3,219	182	2,747	209	2,392	236	2,119
156	3,205	183	2,732	210	2,381	237	2,110
157	3,185	184	2,717	211	2,370	238	2,108
158	3,164	185	2,703	212	2,358	239	2,092
159	3,145	186	2,634	213	2,347	240	2,083
160	3,125	187	2,673	214	2,336	241	2,075
161	3,106	188	2,659	215	2,326	242	2,066
162	3,086	189	2,645	216	2,315	243	2,058
163	3,067	190	2,632	217	2,304	244	2,049
164	3,049	191	2,618	218	2,293	245	2,041
165	3,030	192	2,604	219	1,283	246	2,032
166	3,012	193	2,590	220	2,273	247	2,024
167	2,994	194	2,577	221	2,262	248	2,016
168	2,976	195	2,564	222	2,252	249	2,008
169	2,958	196	2,551	223	2,242	250	2,000
170	2,942	197	2,538	224	2,232		
171	2,934	198	2,525	225	2,222		

TABLE II.

CONCORDANCE DU NOUVEAU NUMÉROTAGE AVEC L'ANCIEN.

NOUVEAU SYSTÈME, à 1000 mètres	ANCIENNES MESURES.						
	à 1000 aunes.	à 840 aunes.	à 750 aunes.	à 700 aunes.	à 650 aunes.	à 625 aunes.	à 600 aunes.
1	0,82	0,97	1,10	1,18	1,26	1,32	1,37
2	1,65	1,94	2,20	2,35	2,52	2,64	2,75
3	2,47	2,91	3,30	3,53	3,78	3,95	4,12
4	3,30	3,88	4,39	4,71	5,03	5,27	5,49
5	4,12	4,86	5,49	5,89	6,29	6,59	6,87
6	4,94	5,83	6,59	7,06	7 55	7,91	8,24
7	5,77	6,80	7,69	8,24	8,81	9,23	9,61
8	6,59	7,77	8,79	9,42	10,07	10,55	10,99
9	7,42	8,74	9,89	10,59	11,33	11,86	12,36
10	8,24	9,71	10,99	11,77	12,58	13,18	13,73
11	9,06	10,68	12,08	12,95	13,84	14,50	15,11
12	9,89	11,65	13,18	14,12	15,10	15,82	16,48
13	10,71	12,62	14,28	15,30	16,36	17,14	17,85
14	11,53	13,60	15,38	16,48	17,62	18,45	19,22
15	12,36	14,57	16,48	17,66	18,88	19,77	20,60
16	13,18	15,54	17,58	18,83	20,13	21,09	21,97
17	14,01	16,51	18,67	20,01	21,39	22,41	23,34
18	14,83	17,48	19,77	21,19	22,65	23,73	24,72
19	15,65	18,45	20,87	22,36	23,91	25,05	26,09
20	16,48	19,42	21,97	23,54	25,17	26,36	27,46
21	17,30	20,39	23,07	24,72	26,43	27,68	28,84
22	18,13	21,36	24,17	25,89	27,68	29,00	30,21
23	18,95	22,34	25,27	27,07	28,94	30 32	31,58
24	19,77	23,31	26,36	28,25	30,20	31,64	32,96
25	20,60	24,28	27,46	29,43	31,46	32,96	34,33
26	21,42	25,25	28,56	30,60	32,72	34,27	35,70
27	22,25	26,22	29,66	31,78	33,98	35,59	37,08
28	23,07	27,19	30,76	32,96	35,24	36 91	38,45
29	23,89	28,26	31,86	34,13	36,49	38,23	39,82
30	24,72	29,13	32,96	35,31	37,75	39,55	41,20
31	25,54	30,10	34,05	36,49	39,01	40,86	42,57
32	26,36	31,08	35,15	37,66	40,27	42,18	43 94
33	27,19	32,05	36,25	38,84	41,53	43,50	45,32
34	28,01	33,02	37,35	40 02	42,79	44,82	46,69
35	28,84	33,99	38,45	41,20	44,04	46,14	48,06
36	29,66	34,96	39,55	42,37	45,30	47,46	49,44
37	30,48	35,93	40,64	43,55	46,56	48,77	50,81

Suite de la TABLE II.

NOUVEAU SYSTÈME, à 1000 mètres.	ANCIENNES MESURES.						
	à 1000 aunes.	à 840 aunes.	à 750 aunes.	à 700 aunes.	à 650 aunes.	à 625 aunes.	à 600 aunes.
38	31,31	36,90	41,74	44,73	47,82	50,09	52,18
39	32,13	37,87	42,84	45,90	49,08	51,41	53,55
40	32,96	38,84	43,94	47,08	50,34	52,73	54,93
41	33,78	39,82	45,04	48,26	51,59	54,05	56,30
42	34,60	40,79	46,14	49,43	52,85	55,36	57,67
43	35,43	41,76	47,24	50,61	54,11	56,68	59,05
44	36,25	42,73	48,33	51,79	55,37	58,00	60,42
45	37,08	43,70	49,43	52,97	56,63	59,32	61,79
46	37,90	44,67	50,53	54,14	57,89	60,64	63,17
47	38,72	45,64	51,63	55,32	59,14	61,96	64,54
48	39,55	46,61	52,73	56,50	60,40	63,27	65,91
49	40,37	47,58	53,83	57,67	61,66	64,59	67,29
50	41,20	48,56	54,93	58,85	62,92	65,91	68,66
51	42,02	49,53	56,02	60,03	64,18	67,23	70,03
52	42,84	50,50	57,12	61,20	65,44	68,55	71,41
53	43,67	51,47	58,22	62,38	66,70	69,89	72,78
54	44,49	52,44	59,32	63,56	67,95	71,18	74,15
55	45,31	53,41	60,42	64,74	69,21	72,50	75,53
56	46,14	54,38	61,52	65,91	70,47	73,82	76,90
57	46,96	55,35	62,61	67,09	71,73	75,14	78,27
58	47,79	56,32	63,71	68,27	72,99	76,46	79,68
59	48,61	57,29	64,81	69,44	74,25	77,77	81,02
60	49,43	58,27	65,91	70,62	75,50	79,09	82,39
61	50,26	59,24	67,01	71,80	76,76	80,41	83,77
62	51,08	60,21	68,11	72,97	78,02	81,73	85,14
63	51,91	61,18	69,21	74,15	79,28	83,05	86,51
64	52,73	62,11	70,30	75,33	80,54	84,36	87,88
65	53,55	63,12	71,40	76,51	81,80	85,68	89,26
66	54,38	64,09	72,50	77,68	83,05	87,00	90,63
67	55,20	65,06	73,60	78,86	84,31	88,32	92,00
68	56,03	66,03	74,70	80,04	85,57	89,64	93,38
69	56,84	67,01	75,80	81,21	86,83	90,96	94,75
70	57,67	67,97	76,90	82,39	88,09	92,27	96,12
71	58,50	68,97	77,99	83,57	89,35	93,59	97,50
72	59,32	69,92	79,09	84,74	90,60	94,91	98,87
73	60,14	70,89	80,09	85,92	91,86	96,23	100,2
74	60,97	71,86	81,29	87,10	93,12	97,55	101,6
75	61,79	72,83	82,39	88,28	94,38	98,87	103,0
76	62,62	73,80	83,49	89,45	95,64	100,2	104,4
77	63,44	74,77	84,58	90,63	96,90	101,5	105,7

Suite de la TABLE II.

NOUVEAU SYSTÈME, à 1000 mètres.	ANCIENNES MESURES.						
	à 1000 aunes.	à 840 aunes.	à 750 aunes.	à 700 aunes.	à 650 aunes.	à 625 aunes.	à 600 aunes.
78	64,26	75,75	85,68	91,81	98,16	102,8	107,1
79	65,09	76,72	86,78	92,98	99,41	104,1	108,5
80	65 91	77,69	87,88	94,16	100,7	105,5	109,9
81	66,74	78,66	88,98	95,34	101,9	106,8	111,2
82	67,56	79,63	90,08	96,51	103,2	108,1	112,6
83	68,38	80,60	91,18	97,69	104,4	109,4	114,0
84	69,21	81,57	92,27	98,87	105,7	110,7	115,3
85	70,03	82,54	93,37	100,0	107,0	112,0	116,7
86	70,86	83,51	94,47	101,2	108,2	113,4	118,1
87	71,68	84,49	95,57	102,4	109,5	114,7	119,5
88	72,50	85,46	96,67	103,6	110,7	116,0	120,8
89	73,33	86,43	97,77	104,8	112,0	117,3	122,2
90	74,15	87,40	98,87	105,9	113,3	118,6	123,6
91	74,97	88,37	99,96	107,1	114,5	120,0	125,0
92	75,80	89,34	101,1	108,3	115,8	121,3	126,3
93	76,62	90,31	102,2	109,5	117,0	122,6	127,7
94	77,45	91,28	103,3	110,6	118,3	123,9	129,1
95	78,27	92,25	104,4	111,8	119,5	125,2	130,5
96	79,09	93,23	105,5	113,0	120,8	126,5	131,8
97	79,92	94,20	106,6	114,2	122,1	127,9	133,2
98	80,74	95,17	107,7	115,3	123,3	129,2	134,6
99	81,57	96,14	108,8	116,5	124,6	130,5	135,9
100	82,39	97,11	109,9	117,7	125,8	131,8	137,3
101	83,23	98,08	110,9	118,9	127,1	133,1	138,7
102	84,04	99,05	112,0	120,1	128,4	134,5	140,1
103	84,86	100,0	113,1	121,2	129 6	135,8	141,4
104	85,69	101,0	114,2	122,4	130,9	137,1	142,8
105	86,51	102,0	115,3	123,6	132,1	138,4	144,2
106	87,33	102,9	116,4	124,8	133,4	139,7	145,6
107	88,16	103,9	117,5	125,9	134,6	141,0	146,9
108	88,98	104,9	118,6	127,1	135,9	142,4	148,3
109	89,81	105,8	119,7	128,3	137,2	143,7	149,7
110	90,63	106 8	120,8	129,5	138,4	145,0	151,1
111	91,45	107,8	121,9	130,6	139,7	146 3	152,4
112	92,28	108,8	123,0	131,8	140,9	147,6	153,8
113	93,10	109,7	124,1	133,0	142,2	149,0	155,2
114	93,92	110,7	125,2	134,2	143,5	150,3	156,5
115	94,75	111,7	126,3	135,4	144,7	151,6	157,9
116	95,57	112,6	127,4	136,5	146,0	152,9	159,3
117	96,40	113,6	128,5	137,7	147,2	154,2	160,7

Suite de la TABLE II.

NOUVEAU SYSTÈME, à 1000 mètres.	ANCIENNES MESURES.						
	à 1000 aunes.	à 840 aunes.	à 750 aunes.	à 700 aunes.	à 650 aunes.	à 625 aunes.	à 600 aunes.
118	97,22	114,6	129,6	138,9	148,5	155,5	162,0
119	98,04	115,6	130,7	140,1	149,7	156,9	163,4
120	98,87	116,5	131,8	141,2	151,0	158,2	164,8
121	99,69	117,5	132,9	142,4	152,3	159,5	166,2
122	100,5	118,5	134,0	143,6	153,5	160,8	167,5
123	101,3	119,4	135,1	144,8	154,8	162,1	168,9
124	102,2	120,4	136,2	145,9	156,0	163,5	170,3
125	103,0	121,4	137,3	147,1	157,3	164,8	171,7
126	103,8	122,4	138,4	148,3	158,6	166,1	173,0
127	104,6	123,3	139,5	149,5	159,8	167,4	174,4
128	105,5	124,3	140,6	150,7	161,0	168,7	175,8
129	106,3	125,4	141,7	151,8	162,3	170,0	177,1
130	107,1	126,2	142,8	153,0	163,6	171,4	178,5
131	107,9	127,2	143,9	154,2	164,9	172,7	179,9
132	108,8	128,2	145,0	155,4	166,1	174,0	181,3
133	109,6	129,2	146,1	156 5	167,4	175,3	182,6
134	110,4	130,1	147,2	157,7	168,6	176,6	184,0
135	111,2	131,1	148,3	158,9	169,9	178,0	185,4
136	112,1	132,1	149,4	160,1	171,1	179,3	186,8
137	112,9	133,0	150,5	161,2	172,4	180,6	188,1
138	113,7	134,0	151,6	162,4	173,7	181,9	189,5
139	114,5	135,0	152,7	163,6	174,9	183,2	190,9
140	115,3	136,0	153,8	164,8	176,2	184 5	192,2
141	116,2	136,9	154,9	166,0	177,4	185,9	193,6
142	117,0	137,9	156,0	167,1	178,7	187,2	195,0
143	117,8	138,9	157,1	168,3	180,0	188,5	196,4
144	118,6	139,8	158,2	169,5	181,2	189,8	197,7
145	119,5	140,8	159,3	170,7	182,5	191,1	199,1
146	120,3	141,8	160,4	171,8	183,7	192,5	200,5
147	121,1	142,8	161,5	173,0	185,0	193,8	201,9
148	121,9	143,7	162,6	174,2	186,2	195,1	203,2
149	122,8	144,7	163,7	175,4	187,5	196,4	204,6
150	123,6	145,7	164,8	176,6	188,8	197,7	206,0
151	124,4	146,6	165,9	177,7	190,0	199,0	207,4
152	125,2	147,6	167,0	178,9	191,3	200,4	208,7
153	126,1	148,6	168,1	180,1	192,5	201,7	210,1
154	126,9	149,5	169,2	181,3	193,8	203,0	211,5
155	127,7	150,5	170,3	182,4	195,1	204,3	212,8
156	128,5	151,5	171,4	183,6	196,3	205,6	214,2
157	129,4	152,5	172,5	184,8	197,6	207,0	215,6

(36)

Suite de la TABLE II.

NOUVEAU SYSTÈME, à 1000 mètres.	ANCIENNES MESURES.						
	à 1000 aunes.	à 850 aunes.	à 750 aunes.	à 700 aunes.	à 650 aunes.	à 625 aunes.	à 600 aunes.
158	130,2	153,4	173,6	186,0	198,8	208,3	217,0
159	131,0	154,4	174,7	187,1	200,1	209,6	218,3
160	131,8	155,4	175,8	188,3	201,3	210,9	219,7
161	132,6	156,3	176,9	189,5	202,6	212,2	221,1
162	133,5	157,3	178,0	190,7	203,9	213,5	222,5
163	134,3	158,3	179,1	191,9	205,1	214,9	223,8
164	135,1	159,2	180,2	193,0	206,4	216,2	225,2
165	135,9	160,2	181,3	194,2	207,6	217,5	226,6
166	136,8	161,2	182,4	195,4	208,9	218,8	228,0
167	137,6	162,2	183,4	196,6	210,2	220,1	229,3
168	138,4	163,1	184,5	197,7	211,4	221,5	230,7
169	139,2	164,1	185,6	198,9	212,7	222,8	232,1
170	140,1	165,1	186,7	200,1	213,9	224,1	233,4
171	140,9	166,1	187,8	201,3	215,2	225,4	234,8
172	141,7	167,0	188,9	202,4	216,4	226,7	236,2
173	142,5	168,0	190,0	203,6	217,7	228,0	237,6
174	143,4	169,0	191,1	204,8	219,0	229,4	238,9
175	144,2	169,9	192,2	206,0	220,2	230,7	240,3
176	145,0	170,9	193,3	207,2	221,5	232,0	241,7
177	145,9	171,9	194,4	208,3	222,7	233,3	243,1
178	146,7	172,9	195,5	209,5	224,0	234,6	244,4
179	147,5	173,8	196,6	210,7	225,3	236,0	245,8
180	148,3	174,8	197,7	211,9	226,5	237,3	247,2
181	149,1	175,8	198,8	213,0	227,8	238,6	248,5
182	149,9	176,7	199,9	214,2	229,0	239,9	249,9
183	150,8	177,7	201,0	215,4	230,3	241,2	251,3
184	151,6	178,7	202,1	216,6	231,5	242,5	252,7
185	152,4	179,7	203,2	217,8	232,8	243,9	254,0
186	153,2	180,6	204,3	218,9	234,1	245,2	255,4
187	154,1	181,6	205,4	220,1	235,3	246,5	256,8
188	154,9	182,6	206,5	221,3	236,6	247,8	258,2
189	155,7	183,5	207,6	222,5	237,8	249,1	259,5
190	156,5	184,5	208,7	223,6	239,1	250,5	260,9
191	157,4	185,5	209,8	224,8	240,4	251,8	262,3
192	158,2	186,5	210,9	226,0	241,6	253,1	263,7
193	159,0	187,4	212,0	227,2	242,9	254,4	265,0
194	159,8	188,4	213,1	228,3	244,1	255,7	266,4
195	160,7	189,4	214,2	229,5	245,4	257,0	267,8
196	161,5	190,3	215,3	230,7	246,6	258,4	269,1
197	162,3	191,3	216,4	231,9	247,9	259,7	270,5

Suite de la TABLE II.

NOUVEAU SYSTÈME, à 1000 mètres.	ANCIENNES MESURES.						
	à 1000 aunes.	à 840 aunes.	à 750 aunes.	à 700 aunes.	à 650 aunes.	à 625 aunes.	à 600 aunes.
198	163,1	192,3	217,5	233,0	249,2	261,0	271,9
199	164,0	193,2	218,6	234,2	250,4	262,3	273,3
200	164,8	194,2	219,7	235,4	251,7	263,6	274,6
201	165,6	195,2	220,8	236,6	252,9	264,9	276,0
202	166,4	196,2	221,9	237,8	254,2	266,3	277,4
203	167,3	197,1	223,0	238,9	255,5	267,6	278,8
204	168,1	198,1	224,1	240,1	256,7	268,9	280,1
205	168,9	199,1	225,2	241,3	258,0	270,2	281,5
206	169,7	200,0	226,3	242,5	259,2	271,5	282,9
207	170,5	201,0	227,4	243,6	260,5	272,9	284,3
208	171,4	202,0	228,5	244,8	261,7	274,2	285,6
209	172,2	203,0	229,6	246,0	263,0	275,5	287,0
210	173,0	203,9	230,7	247,2	264,3	276,8	288,4
211	173,8	204,9	231,8	248,3	265,5	278,1	289,7
212	174,7	205,9	232,9	249,5	266,8	279,5	291,1
213	175,5	206,8	234,0	250,7	268,0	280,8	292,5
214	176,3	207,8	235,1	251,9	269,3	282,1	293,9
215	177,1	208,8	236,2	253,1	270,6	283,4	295,2
216	178,0	209,8	237,3	254,2	271,8	284,7	296,6
217	178,8	210,7	238,4	255,4	273,1	286,0	298,0
218	179,6	211,7	239,5	256,6	274,3	287,4	299,4
219	180,4	212,7	240,6	257,8	275,6	288,7	300,7
220	181,3	213,6	241,7	258,9	276,8	290,0	302,1
221	182,1	214,6	242,8	260,1	278,1	291,3	303,5
222	182,9	215,6	243,9	261,3	279,4	292,6	304,9
223	183,7	216,6	245,0	262,5	280,6	294,0	306,2
224	184,6	217,5	246,1	263,6	281,9	295,3	307,6
225	185,4	218,5	247,2	264,8	283,1	296,6	309,0
226	186,2	219,5	248,3	266,0	284,4	297,9	310,3
227	187,0	220,4	249,4	267,2	285,7	299,2	311,7
228	187,8	221,4	250,5	268,4	286,9	300,5	313,1
229	188,7	222,4	251,6	269,5	288,2	301,9	314,5
230	189,5	223,4	252,7	270,7	289,4	303,2	315,8
231	190,3	224,3	253,8	271,9	290,7	304,5	317,2
232	191,1	225,3	254,9	273,1	291,9	305,8	318,6
233	192,0	226,3	255,9	274,2	293,2	307,1	320,0
234	192,8	227,2	257,0	275,4	294,5	308,5	321,3
235	193,6	228,2	258,1	276,6	295,7	309,8	322,7
236	194,4	229,2	259,2	277,8	297,0	311,1	324,1
237	195,3	230,2	260,3	278,9	298,2	312,4	325,4

Suite de la TABLE II.

NOUVEAU SYSTÈME, à 1000 mètres.	ANCIENNES MESURES.						
	à 1000 aunes.	à 840 aunes.	à 750 aunes.	à 700 aunes.	à 650 aunes.	à 625 aunes.	à 600 aunes.
238	196,1	231,1	261,4	280,1	299,5	313,7	326,8
239	196,9	232,1	262,5	281,3	300,8	315,0	328,2
240	197,7	233,1	263,6	282,5	302,0	316,4	329,6
241	198,6	234,0	264,7	283,7	303,3	317,7	330,9
242	199,4	235,0	265,8	284,8	304,5	319,0	332,3
243	200,2	236,0	266,9	286,0	305,8	320,3	333,7
244	201,0	236,9	268,0	287,2	307,0	321,6	335,1
245	201,9	237,9	269,1	288,4	308,3	323,0	336,4
246	202,7	238,9	270,2	289,5	309,6	324,3	337,8
247	203,5	239,9	271,3	290,7	310,8	325,6	339,2
248	204,3	240,8	272,4	291'9	312,1	326,9	340,6
249	205,2	241,8	273,5	293,1	313,3	328,2	341,9
250	206,0	242,8	274,6	294,3	314,6	329,6	343,3

CHAPITRE II.

ARTICLE PREMIER.

Mesures Linéaires, ou de longueur.

LA toise de Paris était de 6 pieds de roi, ou 72 pouces, ou 864 lignes, ou enfin de 10368 points.

Le pied de roi était de 12 pouces, ou 144 lignes, ou enfin de 1728 points.

Le pouce était de 12 lignes, ou 144 points.

La ligne était de 12 points.

La toise carrée (1) était de 6 pieds de long sur 6 pieds de haut, ce qui multiplié, l'un par l'autre. . . . . $=$ 36 pieds.

Le pied carré était de 12 pouces de long sur 12 pouces de haut . . . $=$ 144 pouces.

Le pouce carré était de 12 lignes de long sur 12 lignes de haut . . . $=$ 144 lignes.

La ligne carrée était de 12 points de long sur 12 points de haut . . . $=$ 144 points.

La toise cube (2) était de 6 pieds de long, 6 de haut et 6 de large . $=$ 216 pieds.

Le pied cube était de 12 pouces de long, 12 de haut et 12 de large . $=$ 1728 pouces.

Le pouce cube était de 12 lignes de long, 12 de haut et 12 de large . $=$ 1728 lignes.

La ligne cube était de 12 points de long, 12 de haut et 12 de large . $=$ 1728 points.

ARTICLE II.

Nouvelles Mesures Linéaires, comparées aux anciennes.

Le *Mètre*, unité des mesures linéaires, et sur lequel est fondé le nouveau système, est la dix millionnième partie du quart du méridien terrestre, et comprend une étendue de près de 10 degrés; le quart du méridien vaut donc 5130740 toises, ou 30784440 pieds, ou 369413280 pouces, ou enfin 4432959360 lignes.

Le mètre vaut donc 0 toise, 513074 millionnièmes de toise de Paris.

Le mètre vaut 3 pieds, 078444 millionnièmes de pied de Paris.

Le mètre vaut 36 pouces, 941328 millionnièmes de pouce de Paris.

Le mètre vaut 443 lignes, 295936 millionnièmes de ligne de Paris.

Le mètre vaut enfin 3 pieds, 11 lignes, 295936 millionnièmes de lignes de Paris.

---

(1) On entend par carré, un nombre multiplié par un autre; ainsi 6, multiplié par 6, donne 36.

(2) On entend par cube, le produit d'un nombre carré multiplié par un autre; ainsi, 6, multiplié par 6, donne 36 pour carré, et 36, multiplié par 6, $=$ 216.

(40)

La toise de Paris vaut 1 mètre, 949036 millionièmes de mètre.
Le pied de Paris vaut 3 décimètres, 24839 cent millièmes de décimètre.
Le pouce de Paris vaut 2 centimètres, 708 millièmes de millimètre.
La ligne de Paris vaut 2 millimètres, 2558 dix millièmes de millimètre.
Le décimètre vaut 0 pied, 30784 cent millièmes de pied de Paris.
Le centimètre vaut 0 pouce, 36941 cent millièmes de pouce de Paris.
Le millimètre vaut 0 ligne, 443296 millionièmes de ligne de Paris.

Pour convertir les toises de Paris en mètres, multipliez les toises à convertir par le nombre 1,949036, et retranchez 6 chiffres sur la droite; le produit sera la réponse.

Pour convertir les mètres en toises de Paris, multipliez les mètres par 0,513074, et retranchez 6 chiffres sur la droite; le produit sera la réponse.

Pour convertir les pieds de Paris en mètres, multipliez les pieds par 0,324839, et retranchez 6 chiffres sur la droite; le produit sera la réponse.

Pour convertir les mètres en pieds de Paris, multipliez les mètres par 3,078444, et retranchez 6 chiffres sur la droite; le produit sera la réponse.

Pour convertir les pieds de Paris en décimètres, multipliez les pieds par 3,24839, et retranchez 5 chiffres sur la droite; le produit sera la réponse.

Pour convertir les décimètres en pieds de Paris, multipliez les décimètres par 0,3078444, et retranchez 7 chiffres sur la droite; le produit sera la réponse.

Pour convertir les pouces de Paris en centimètres, multipliez les pouces par 2,708, et retranchez 3 chiffres sur la droite; le produit sera la réponse.

Pour convertir les centimètres en pouces de Paris, multipliez les centimètres par 0,36941, et retranchez 5 chiffres de la droite; le produit sera la réponse.

Pour convertir les lignes de Paris en millimètres, multipliez les lignes par 2,2558, et retranchez 4 chiffres sur la droite; le produit sera la réponse.

Pour convertir les millimètres en lignes de Paris, multipliez les millimètres par 0,443296, et retranchez 6 chiffres sur la droite; le produit sera la réponse.

RÉDUCTION de la Toise de Paris, en Mètres, Décimètres, Centimètres et Millimètres, en négligeant les Fractions de Millimètre.

864000 par 443296.

10 décimètres valent 1 mètre; 10 centimètres valent 1 décimètre; 10 millimètres valent 1 centimètre.

TOISES de 6 pieds.	Mètres.	Décim.ᵉˢ	Centim.ᵉˢ	Millim.ᵉˢ	TOISES de 6 pieds.	Mètres.	Décim.ᵉˢ	Centim.ᵉˢ	Millim.ᵉˢ
1	1	9	4	9	90	175	4	1	3
2	3	8	9	8	100	194	9	»	4
3	5	8	4	7	200	389	8	»	7
4	7	7	9	6	300	584	7	1	1
5	9	7	4	5	400	779	6	1	5
6	11	6	9	4	500	974	5	1	8
7	13	6	4	3	600	1169	4	2	2
8	15	5	9	2	700	1364	3	2	6
9	17	5	4	1	800	1559	2	2	9
10	19	4	9	»	900	1754	1	3	3
20	38	9	8	1	1000	1949	»	3	7
30	58	4	7	1	2000	3898	»	7	3
40	77	9	6	1	3000	5847	1	1	»
50	97	4	5	2	4000	7796	1	4	6
60	116	9	4	2	5000	9745	1	8	3
70	136	4	3	3	10000	19490	3	6	6
80	155	9	2	3					

RÉDUCTION du Pied de Paris, en Mètres, Décimètres, Centimètres et Millimètres ; en négligeant les Fractions de Millimètre.

144000 par 443296.

10 décimètres valent 1 mètre ; 10 centimètres valent 1 décimètre ; 10 millimètres valent 1 centimètre.

PIEDS de 12 pouces.	VALEUR EN				PIEDS de 12 pouces.	VALEUR EN			
	Mètres.	Décim.es	Centim.es	Millim.es		Mètres.	Décim.es	Centim.es	Millim.es
1	»	3	2	5	90	29	2	3	6
2	»	6	4	6	100	32	4	8	4
3	»	9	7	1	200	64	9	6	8
4	1	2	9	1	300	97	4	5	2
5	1	6	2	4	400	129	9	3	6
6	1	9	4	9	500	162	4	2	0
7	2	2	7	4	600	194	9	0	3
8	2	5	9	9	700	227	3	8	7
9	2	9	2	4	800	259	8	7	1
10	3	2	4	9	900	291	9	5	5
20	6	4	9	7	1000	324	8	3	9
30	9	7	4	5	2000	649	6	6	8
40	12	9	9	4	3000	974	5	1	7
50	16	4	4	2	4000	1299	3	5	6
60	19	4	9	0	5000	1624	1	9	5
70	22	9	3	9	10000	3248	3	9	0
80	25	9	8	7					

RÉDUCTION du Pouce de Paris, en Mètres, Décimètres, Centimètres et Millimètres; en négligeant les Fractions de Millimètre.

12000 par 443296.

10 décimètres valent 1 mètre; 10 centimètres valent 1 décimètre; 10 millimètres valent 1 centimètre.

POUCES de 12 lignes.	VALEUR EN				POUCES de 12 lignes.	VALEUR EN			
	Mètres.	Décim.es	Centim.es	Millim.es		Mètres.	Décim.es	Centim.es	Millim.es
1	»	»	2	7	60	1	6	2	4
2	»	»	5	4	70	1	9	9	5
3	»	»	8	1	80	2	1	6	5
4	»	1	»	8	90	2	4	3	6
5	»	1	3	5	100	2	7	»	7
6	»	1	6	2	200	5	4	1	4
7	»	1	8	9	300	8	1	2	1
8	»	2	1	6	400	10	8	2	8
9	»	2	4	3	500	13	5	3	5
10	»	2	7	1	600	16	2	4	2
11	»	2	9	8	700	18	9	4	9
12	»	3	2	4	800	21	6	5	6
13	»	3	5	2	900	24	3	6	3
14	»	3	7	8	1000	27	»	7	»
15	»	4	»	6	2000	54	1	4	»
16	»	4	3	3	3000	81	2	1	»
17	»	4	6	»	4000	108	2	8	»
18	»	4	8	6	5000	135	3	5	»
19	»	5	1	4	6000	162	4	2	»
20	»	5	4	1	7000	189	4	9	»
30	»	8	1	2	8000	216	5	6	»
40	1	»	8	2	9000	243	6	3	»
50	1	3	5	3	10000	270	7	»	»

RÉDUCTION du Mètre en Toises, Pieds, Pouces, lignes et Fractions de ligne de la Toise de Paris, calculée d'après la division du nombre 443,296 par 864000.

Mètres.	TOISES en Décimales.	Toises de 6 pieds.	Pieds de 12 pouces.	Pouces de 12 lignes.	Lignes de 12 points.	Mètres.	TOISES en Décimales.	Toises de 6 pieds.	Pieds de 12 pouces.	Pouces de 12 lignes.	Lignes de 12 points.
1	0,513074	»	3	»	11,296	100	51,3074	51	1	10	1,6
2	1,026148	1	»	1	10,592	200	102,6148	102	3	8	3,2
3	1,539222	1	3	2	9,888	300	153,9222	153	5	6	4,8
4	2,052296	2	»	3	9,184	400	205,2296	205	1	4	6,4
5	2,56537	2	3	4	8,48	500	256,537	256	3	2	8,0
6	3,078444	3	»	5	7,776	600	307,8444	307	5	»	9,6
7	3,591518	3	3	6	7,072	700	359,1518	359	»	10	11,2
8	4,104592	4	»	7	6,368	800	410,4592	410	2	9	0,8
9	4,617666	4	3	8	5,664	900	461,7666	461	4	7	2,4
10	5,13074	5	»	9	4,96	1000	513,074	513	»	5	4,0
11	5,643814	5	3	10	4,256	2000	1026,148	1026	»	10	8,0
12	6,156888	6	»	11	3,552	3000	1539,222	1539	1	4	0,0
13	6,669962	6	4	»	2,858	4000	2052,296	2052	1	9	4,0
14	7,183036	7	1	1	2,144	5000	2565,37	2565	2	2	8,0
15	7,69611	7	4	2	1,44	6000	3078,444	3078	2	8	0,0
16	8,209184	8	1	3	0,736	7000	3591,518	3591	3	1	4,0
17	8,722258	8	4	4	0,032	8000	4104,592	4104	3	6	8,0
18	9,235332	9	1	4	11,328	9000	4617,666	4617	4	»	0,0
19	9,748406	9	4	5	10,624	10000	5130,74	5130	4	5	4,0
20	10,26148	10	1	6	9,92	20000	10261,48	10261	2	10	8,0
30	15,39222	15	2	4	2,88	30000	15392,22	15392	1	4	0,0
40	20,52296	20	3	1	7,84	40000	21522,96	20522	5	9	4,0
50	25,6537	25	3	11	0,8	50000	25653,70	25653	4	2	8,0
60	30,78444	30	4	8	5,76	60000	30784,44	30784	2	8	0,0
70	35,91518	35	5	5	10,72	70000	36915,18	35915	1	1	4,0
80	41,04592	41	»	3	3,68	80000	43045,92	41045	5	6	8,0
90	46,17666	46	1	»	8,64	90000	47176,66	46176	4	»	0,0

RÉDUCTION de la Toise carrée de Paris, en Mètres carrés et Fractions de Mètre.

746496000000 par 1965113436I6.

TOISES Carrées.	MÈTRES Carrés.	TOISES Carrées.	MÈTRES Carrés.	TOISES Carrées.	MÈTRES Carrés.
1	3,798742	23	87,371066	90	341,88678
2	7,597484	24	91,169808	100	379,8742
3	11,396226	25	94,968550	200	759,7484
4	15,194968	26	98,767292	300	1139,6226
5	18,993710	27	102,566034	400	1519,4968
6	22,792452	28	106,364776	500	1899,3710
7	26,591194	29	110,163518	600	2279,2452
8	30,389936	30	113,96226	700	2659,1184
9	34,188678	31	117,760992	800	3038,9936
10	37,987420	32	121,559724	900	3418,8678
11	41,786162	33	125,358476	1000	3798,742
12	45,584904	34	129,157228	2000	7597,484
13	49,383646	35	132,955960	3000	11396,226
14	53,182388	36	136,754712	4000	15194,968
15	56,981130	37	140,553454	5000	18993,710
16	60,779862	38	144,352196	6000	22792,452
17	64,578614	39	148,150938	7000	26591,194
18	68,377356	40	151,94968	8000	30389,936
19	72,176098	50	189,9371	9000	34188,678
20	75,974840	60	227,92452	10000	37987,42
21	78,773582	70	265,91119	100000	379874,2
22	73,572324	80	303,89936	1000000	3798742,

RÉDUCTION du Mètre carré, en Toises carrées et Fractions de Toise carrée de Paris.

196511343616 par 746496000000.

MÈTRES Carrés.	TOISES Carrées.	MÈTRES Carrés.	TOISES Carrées.	MÈTRES Carrés.	TOISES Carrées.
1	0,263245	50	13,16225	9000	2369,205
2	0,52649	60	15,7947	10000	2632,45
3	0,789735	70	18,42715	12000	3158.94
4	1,05298	80	21,0596	14000	3685,42
5	1,316225	90	23,69205	16000	4211,92
6	1,57947	100	26,3245	18000	4738,41
7	1,842715	200	52,649	20000	5264.90
8	2,10596	300	78,9735	30000	7897,35
9	2,369205	400	105,298	40000	10529,80
10	2,63245	500	131,6226	50000	13162,25
11	2,895695	600	157,947	60000	15794,70
12	3,15894	700	184,2715	70000	18427,15
13	3,422185	800	210,596	80000	21059,60
14	3,68542	900	236,9205	90000	23692,05
15	3,948675	1000	263,245	100000	26324,50
16	4,21192	2000	526,49	200000	52649, »
17	4,475165	3000	789,735	400000	105298, »
18	4,73841	4000	1052,98	600000	157947, »
19	5,001655	5000	1316,225	700000	184271,50
20	5,2649	6000	1579,47	800000	210596, »
30	7,89735	7000	1842,715	900000	236920,50
40	10,5298	8000	2105,96	1000000	263245, »

RÉDUCTION de la Toise cube de Paris, en Mètres cubes, calculée d'après le rapport de 1 toise cube pour 7 mètres,4038903 43.

TOISES Cubes.	MÈTRES Cubes.	TOISES Cubes.	MÈTRES Cubes.
1	7,4038903	60	444,233421
2	14,8077807	70	518,272324
3	22,2116717	80	592,311 23
4	29,6155613	90	666,35613
5	37,0194516	100	740,38903
6	44,4233421	200	1480,778
7	51,8272324	300	2221,167
8	59,2311227	400	2961,556
9	66,6350131	500	3701,945
10	74,0389034	600	4442,334
11	81,4427938	700	5182,723
12	88,8466841	800	5923,112
13	96,2505745	900	6663,501
14	103,654465	1000	7403,890
15	111,058355	2000	14807,781
16	118,462245	3000	22211,618
17	125,866136	4000	29615,561
18	133,270026	5000	37019,452
19	140,673917	6000	44423,342
20	148,077807	7000	58227,232
30	222,116717	8000	59231,123
40	296,155613	9000	66635,013
50	370,194516	10000	74038,90

RÉDUCTION du Mètre cube, en Toises cubes et Fractions de Toise cube de Paris.

87112692579598336 par 6449725440000000000.

Mètres Cubes.	TOISES Cubes.	Mètres Cubes.	TOISES Cubes.	MÈTRES Cubes.	TOISES Cubes.
1	0,13506418	23	3,10647614	900	121,557762
2	0,27012836	24	3,24154032	1000	135,06418
3	0,40519254	25	3,37660450	2000	270,12836
4	0,54025672	26	3,51166868	3000	405,19254
5	0,6753209	27	3,74673286	4000	540,25672
6	0,81038508	28	3,98179704	5000	675,32090
7	0,94544926	29	4,01686122	6000	810,38508
8	1,08051344	30	4,0519254	7000	945,44926
9	1,21557762	40	5,4025672	8000	1080,51344
10	1,3506418	50	6,753209	9000	1215,57762
11	1,48570598	60	8,1038508	10000	1350,64180
12	1,62077016	70	9,4544926	20000	2701,28360
13	1,75583434	80	10,8051344	30000	4051,92540
14	1,99089852	90	12,1557762	40000	5402,56720
15	2,0259627	100	13,506418	50000	6753,20900
16	2,16102688	200	27,012836	60000	8103,85080
17	2,29609106	300	40,519254	70000	9454,49260
18	2,43115524	400	54,025672	80000	10805,13440
19	2,56621942	500	67,53209	90000	12155,77620
20	2,7012836	600	81,038508	100000	13506,41800
21	2,83634778	700	94,544926	1000000	135064,18000
22	2,97141196	800	108,051344	10000000	1350641,80000

ARTICLE III.

RAPPORT des Mesures linéaires des quatre parties du monde, avec les anciennes et les nouvelles du royaume de France.

Le pied de Paris est de 144 lignes. Le mètre est de 443 lignes 296 millièmes de ligne.

NOMS DES MESURES étrangères.	NOMS des Empires, Royaumes et Villes.	Un million de pieds étrangers fait en mètres.	Un million de pieds étrangers fait en pieds de Paris.	Un million de pieds de Paris fait en pieds étrangers.	Un million de mètres fait en pieds étrangers.	Un million de pieds de Paris fait en pieds étrangers.	Valeur des pieds étrangers en lignes de France.
Le pied vaut. . .	Accéza / Italie /	262804	1236,52	3865116	809028		116 ¼
Idem.	Aix-La-Chapelle / Allemagne /. .	289897	892431	3419561	1120535		128 ?
Idem.	Altorf / Suisse canton d'Uri /. .	236185	727033	4233964	1375358		105 ?
Idem.	Amsterdam / Voyez Hollande /. .	»	»	»	»		»
Idem (1). . . .	Ancone / Italie /	390701	831409	2559417	1202777		173 ?
Idem (2). . . .	Angleterre / Royaume d' /. .	304898	938611	3279787	1065404		135 »
Idem.	Anspach / Allemagne /	297769	916667	3358163	1097909		232 »
Idem (3). . . .	Anvers / Pays-Bas /	285588	879167	3501549	1137441		126 ?
Idem.	Aquilée / Italie Frioul /	343811	1058403	2905575	944820		152 ?
Idem.	Augsbourg / Allemagne /. . . .	296506	912776	3362611	1093557		131 ?
Idem (4). . . .	Autriche / Empire d' /	315996	972778	3174592	1029984		140 »
Idem.	Bâle / Voyez Suisse /	»	»	»	»		»
Idem.	Bavière / Royaume de /	316580	974958	3160763	1026738		140 ¼
Idem.	Bergame / Italie /	436029	1342291	2293424	744995		193 ?
Idem (5). . . .	Berlin et la Prusse.	313854	966181	3186177	1035003		139 ?
Idem.	Berne / Voyez Suisse /	»	»	»	»		»
Idem (6). . . .	Bohême / Royaume de /	296393	912431	3374656	1095974		131 ?
Idem (7). . . .	Bologne / Italie /	379406	1167986	2635686	856175		168 »
Idem.	Botzano ou Botzen / Allem. Tyrol /	335690	1033403	2978940	967677		148 ?
Idem.	Brabant / Voyez Anvers / . . .	»	»	»	»		»
Idem.	Brême / Allemagne /	292130	899306	3423135	1111969		129 ?
La brasse commune.	Brescia / Italie /	475732	1464514	2102025	682820		211 »
Le pied. . . .	Breslaw / Prusse, Silésie / . . .	287957	886458	3472745	1128085		127 ?
Idem.	Bruges / Royaume des Pays-Bas / .	228516	703472	4376077	1421520		101 ?
Idem.	Brunswick / Allemagne / . . .	288235	875000	3518212	1142857		126 »
Idem.	Bruxelles / Royaume des Pays-Bas /	275685	848681	3627494	1178299		122 ?
Idem.	Calemberg / Électorat de Hanovre Voyez Hanovre /	»	»	»	»		»
Idem.	Capoue / Italie. Voyez Accéza /. .	»	»	»	»		»

(1) La perche d'Ancone vaut 10 pieds d'Ancone.

(2) Le pied d'Angleterre vaut 12 pouces ou 144 lignes d'Angleterre. La coudée vaut 18 pouces d'Angleterre. La verge vaut 3 coudées. La brasse vaut 6 pieds d'Angleterre. La perche vaut 11 coudées.

(3) La perche d'Anvers vaut 20 pieds d'Anvers.

(4) Le pied de Vienne vaut 12 pouces de Vienne. La toise de Vienne vaut 6 pieds de Vienne.

(5) Celui de Rhinland, c'est-à-dire, pied du Rhin.

(6) La toise de Bohême vaut 6 pieds de Bohême.

(7) La perche de Bologne vaut 10 pieds de Bologne.

Suite du Rapport des Mesures linéaires, etc.

NOMS DES MESURES étrangères.	NOMS des Empires, Royaumes et Villes.	Un million de pieds étrangers fait en mètres.	Un million de pieds étrangers fait en pieds de Paris.	Un million de mètres fait en pieds étrangers.	Un million de pieds de Paris fait en pieds étrangers.	Valeur des pieds étrangers en lignes de France.
Le pied.	Carlsruhe / Allem Duche de Bade /.	279948	861806	3572087	1160355	124 »
Idem.	Casal / Italie /	330727	1018125	3023641	982198	146 $\frac{1}{7}$
Idem.	Cava / Italie. Royaume de Naples. *Voyez* Accéza /	»	»	»	»	»
Le ché.	Chine / Asie /	319673	984097	3128191	1016159	141 $\frac{1}{7}$
Le pied.	Chiozza / Italie. *Voyez* Venise / .	»	»	»	»	»
Idem.	Civignolo / Italie. *Voyez* Accéza /.	»	»	»	»	»
Idem.	Clèves / Allemagne /.	295514	909722	3383959	1099357	131 »
Idem.	Cologne / Allemagne /	275211	847222	3633525	1180528	122 »
Idem.	Constantinople / Turquie /. . .	709120	2182986	1410199	458088	314 $\frac{1}{2}$
Idem.	Copenhague / *Voyez* Danemarck /.	»	»	»	»	»
Idem.	Cracovie / Pologne autrichienne /.	356421	1097222	2805671	911392	158 »
Idem.	Crème / Italie /.	467881	1440347	2137293	694227	207 $\frac{2}{7}$
Idem.	Crémone / Italie /.	480287	1478542	2082082	676342	213 »
Idem.	Cugiano / *Voyez* Accéza / . . .	»	»	»	»	»
Idem (1)	Danemarck / Royaume de /. . .	313855	966181	3186200	1035003	139 $\frac{1}{8}$
Idem.	Dantzick / *Voyez* Berlin / . . .	»	»	»	»	»
Idem.	Dresde / Saxe /.	283107	871528	3532239	1147590	125 $\frac{1}{2}$
Idem.	Eboli / Italie. *Voyez* Accéza /. .	»	»	»	»	»
Idem.	Erfurt / Allemagne. *Voyez* Saxe /.	»	»	»	»	»
Idem.	Espagne / Royaume d' /	278617	857708	3589150	1165897	123 $\frac{1}{7}$
Idem.	Etats-Unis d'Amérique. / *Voyez* Angleterre /.	»	»	»	»	»
Idem.	Ferrare / Italie /.	401312	1253417	2491827	809444	178 »
Idem.	Fiano / Italie. *Voyez* Accéza /. .	»	»	»	»	»
Idem.	Florence / Italie /.	581958	1791528	1718335	558185	258 »
Le palme.	Foggia / Italie. *Voyez* Accéza /. .	»	»	»	»	»
Idem.	Fondi / Italie. *Voyez* Accéza /. .	»	»	»	»	»
Idem.	Francfort-sur-le-Mein. / Allem. *Voyez* Brunswick /	»	»	»	»	»
Idem.	Gênes / Italie /	242344	746042	4126371	1340408	107 $\frac{1}{2}$
Le pied commun. .	Gotha / Saxe /	281979	868056	3546368	1520000	125 »
Idem (2).	Guienne / grande Province de Fr. /.	551909	1085335	2841641	923077	156 »
Idem.	Hall / Allemagne. *Voyez* Varsovie et Losen /	»	»	»	»	»
Idem.	Hambourg / Allemagne /. . . .	286490	881944	3493669	1133858	127 »
Idem.	Hanovre / Allemagne /.	293053	902153	3412352	1108460	130 »
Idem.	Heidelberg / Allem Duché de Bade /.	278617	857708	3589151	1165897	123 $\frac{1}{7}$
Idem.	Hildesheim / Bas-Palatinat. *Voyez* Magdebourg /.	»	»	»	»	»

(1) Celui du Rhin. Le faen de Danemarck vaut 6 pieds du Rhin.

(2) La plupart des étalons des poids et mesures anciennement en usage dans les différentes provinces, ainsi que dans les cantons et communes, étant détruits, il existe un doute sur la longueur exacte du pied de Guienne; c'est pourquoi nous avons supposé qu'il valait 1.° 1 pied 9 lignes 58/100; 2.° 1 pied 10 lignes; 3.° 1 pied 1 pouce, le tout mesure pied de Paris. L'auteur a la certitude qu'on le compte généralement, dans les cantons et communes du département de la Charente, pour 1 pied 1 pouce de Paris.

SUITE du Rapport des Mesures linéaires , etc.

NOMS DES MESURES étrangères.	NOMS des Empires, Royaumes et Villes.	Un million de pieds étrangers fait en mètres.	Un million de pieds étrangers fait en pieds de Paris.	Un million de mètres fait en pieds étrangers.	Un million de pieds de Paris fait en pieds étrangers.	Valeur des pieds étrangers en lignes de France.
Le pied	Hollande / Royaume de. *Voyez* Prusse /.	»	»	»	2	»
Idem.	Holstein / Duché de Danemarck /.	298424	918681	3350941	1088518	132 1/7
Idem.	Inspruck / All.º Roy.º de Bavière /.	335690	1033403	2978071	967677	148 1/7
Idem.	Isani / Italie. *Voyez* Accéza /. . .	»	»	»	»	»
Idem.	Konigsberg / Prusse, *Voyez* Berlin /.	»	»	»	»	»
Idem.	Liège / Pays-Bas /.	291904	898611	3425781	1112828	129 1/7
Idem.	Livourne / Italie /.	456151	1404236	2192256	712131	202 1/7
Idem.	Lodi / Italie, *Voyez* Livourne /. .	»	»	»	»	»
Idem.	Louvain / Royaume des Pays-Bas. *Voyez* Anvers /.	»	»	»	»	»
Idem.	Lubeck / Allemagne /.	290347	893819	3444146	1118794	128 1/4
Idem.	Lucerne / Suisse. *Voyez* Accéza /.	»	»	»	»	»
Idem.	Lucques / Italie /.	589922	1816041	1695139	550648	261 1/7
Idem.	Magdebourg / Allemagne. Prusse /.	263558	872917	3526619	1145585	125
Idem.	Malines / Pays-Bas /.	229441	706319	4358431	1445780	101
Le palme. . . .	Malte / Ile de /.	260052	800556	3845385	1249132	115
La bracio. . . .	Manheim / Allemagne. Duché de Bade. *Voyez* Lubeck /. . . .	»	»	»	»	»
Idem.	Mantoue / Italie /.	463573	1427083	2157158	700730	205 1/7
Le pied.	Maestricht / Pays-Bas /. . . .	279972	859722	3580695	1163166	123 1/7
Idem.	Mayence / Allemagne /.	301176	927128	3320695	1078571	133
Idem.	Mecklenbourg / Allemagne /. . .	290776	895139	3439077	1117145	129 »
Idem.	Mestrine / *Voyez* Trévise /. . .	»	»	»	»	»
Idem.	Midelbourg / Hollande /. . . .	301469	928056	3317191	1077372	133
Le pied décimal. .	Milan / Italie /.	260595	802153	3837772	1246645	115
Idem	Modène / Italie /.	634362	1952847	1576588	512073	281
Idem	Monaco / Italie /.	235057	723611	4262561	1381958	104
Idem	Mons / Pays-Bas /.	291040	896028	3424193	1112313	129
Idem	Moravie / Royaume de Bohême /.	334133	1028611	2992817	972185	148
Idem	Munich / All.º Roy.º de Bavière /.	388543	888264	3465687	1125792	123 »
La brasse moderne.	Namur / Pays-Bas. *Voyez* Mons /. .	»	»	»	»	»
Idem	Naples / Royaume de. *Voy.* Accéza /.	»	»	»	»	»
Idem	Novare / Italie /.	600727	1849301	1664649	540744	266 1/7
Le pied.	Nuremberg / Allem.º Franconie /.	304943	938750	5279745	1065246	135 1/7
Idem	Osnabruck / All.º *Voy.* Maestricht /.	»	»	»	»	»
Idem	Otrante. Ottajano / Italie *Voyez* Accéza /.	»	»	»	»	»
Idem	Padoue / Italie /.	428905	1318819	2334242	758254	190 »
Idem	Palerme / Sicile. Roy.º de Naples /.	242051	745139	4131370	1342032	107 1/7
Le bracio . . .	Parme / Italie /.	542166	1669028	1844453	599151	240 »
Le pied.	Pavie / Italie /.	469235	1444514	2131128	692474	208 »
La mesure linéaire.	Perse , grand Royaume de l'Inde.	972262	2993356	1028529	334107	431 »
Le pied.	Pesaro / Italie /.	354185	1090347	2823362	917138	157 »
Le pied.	Plaisance / Italie /.	469889	1446528	2128161	691300	208 1/7
Le palmo . . .	Pomeranie prussienne / *Voy.* Brême /.	»	»	»	»	»
Le palmo . . .	Portugal / Royaume de /. . . .	217372	669167	4600415	1494386	96 1/7

Suite du Rapport des Mesures linéaires, etc.

NOMS DES MESURES étrangères.	NOMS des Empires, Royaumes et Villes.	Un million de pieds étrangers fait en mètres.	Un million de pieds étrangers fait en pieds de Paris.	Un million de mètres fait en pieds étrangers.	Un million de pieds de Paris fait en pieds étrangers.	Valeur des pieds étrangers en lignes de France.
Le pied.	Prague / Royaume de Bohême. *Voyez* Bohême /.	»	»	»	»	»
Idem.	Reggio / Italie /.	1504209	4630625	664801	215954	666 4/5
Idem.	Revel / Russie d'Europe /. . . .	267767	824306	3734591	1213743	118 2/3
Idem.	Riga / Russie d'Europe sur la Dwina /.	274083	843550	3648527	1185185	121 1/2
Idem.	Roca / Italie. *Voyez* Acceza /. . .	»	»	»	»	»
Idem (1). . . .	Rome / Italie /.	297882	917014	3357031	1090496	132
Idem.	Rostock / Allemagne /.	289420	890333	345577	1123157	128 1/5
Idem.	Rovigo / Italie /.	464047	1428681	2154956	700015	205 3/4
Idem (2). . . .	Russie, grand Empire d'Europe et d'Asie.	354162	1090278	2823541	917198	157
Idem.	Savoie / Duché de /.	270699	833333	3694133	1200000	120
Idem.	Saxe / Allemagne. Royaume de /. .	282204	868550	3543533	1151079	125 1/9
Le sok.	Siam / Royaume d'Asie /. . . .	480559	1479376	2080909	675961	213
Idem.	Stutgard / Allemagne Royaume de Wurtemberg /.	288062	886625	3495749	1135557	126 4/5
Idem.	Suède / Royaume de /.	297091	914583	3365953	1093394	131 3/4
Idem.	Suisse / République Helvétique /. .	300025	923611	3333534	1082707	133
Idem.	Trente / Italie /.	365896	1126389	2733021	887793	162 1/5
Idem.	Trévise / Italie /.	408305	1256944	2449149	795580	181
Le pied manuel (3).	Turin / Piémont /.	342435	1054167	2920263	948617	151 4/5
Le pied.	Warsovie et Posen /Pologne Russe/.	297769	916667	3358303	1090909	132
Idem.	Venise / Italie /.	336744	1067431	2883976	936879	153 3/4
Idem (4). . . .	Vérone / Italie /.	340630	1048611	2935735	953642	151
Idem.	Vicence / Italie /.	346270	1065972	2887942	938111	153 1/2
Idem.	Ulm / Allemagne. Royaume de Wurtemberg /.	288972	889583	3460546	1124122	128 1/9
Idem.	Wesel / Westphalie. *Voyez* Monaco/.	»	»	»	»	»
Idem.	Wittemberg / Saxe. *Voyez* Dresde /.	»	»	»	»	»
Idem.	Wurtemberg / All Royaume de /. .	288318	88-569	3468398	1126672	127 4/5
Idem (5). . . .	Zurich / Suisse /.	298424	918681	3350941	1088518	132 1/3

(1) Le palmo de Rome vaut 8 pouces 3 lignes de Paris. Le stabile de Rome vaut 5 palmos 3/4 de Rome.

(2) On fait aussi usage du pied anglais.

(3) Le pied manuel vaut 1152 atomes. Le liprando de Turin vaut 1728 atomes ou 12 onces. Le trabaco vaut 6 pied liprando.

(4) Le cavezzo vaut 6 pieds de Vérone.

(5) La perche de Zurich vaut 6 pieds de Zurich.

ARTICLE IV.

Mesures pour les Toiles et les Draps.

L'ancienne aune de Paris se divisait en 1/2, 1/3, 1/4, 1/8, 1/12, 1/16, 1/24, 1/32; elle était de 3 pieds 7 pouces 8 lignes de long, ou de 524 lignes du pied de Paris, dit *de roi*; c'était avec cette aune que l'on réglait les rapports des mesures étrangères.

Cette ancienne mesure est remplacée par le mètre, qui vaut 443 lignes 296 millièmes de ligne.

L'aune ancienne vaut donc 1 mètre 182054 millionièmes de mètre.

Le mètre vaut 0 aune 845984 millionièmes d'aune.

La 1/2 aune vaut 262 lignes, ou 5 décimètres 91027 cent millièmes de décimètre.

Le 1/4 de l'aune vaut 131 lignes, ou 2 décimètres 95513 cent millièmes de décimètre.

Le 1/8 de l'aune vaut 65 lignes 1/2, ou 1 décimètre 47756 cent millièmes de décimètre.

Le 1/12 de l'aune vaut 43 lignes 2/3, ou 0 décimètre 98504 cent millièmes de décimètre.

Le 1/16 de l'aune vaut 32 lignes 3/4, ou 0 décimètre 73878 cent millièmes de décimètre.

Le 1/24 de l'aune vaut 21 lignes 83/100, ou 0 décimètre 49252 cent millièmes de décimètre.

Le 1/32 de l'aune vaut 16 lignes 37/100, ou 0 décimètre 36939 cent millièmes de décimètre.

Pour convertir les anciennes aunes en mètres, multipliez les aunes à convertir par le nombre 1,182054, et retranchez six chiffres sur la droite; le produit sera la réponse.

Pour convertir les mètres en anciennes aunes, multipliez les mètres par 0,845984, et retranchez six chiffres sur la droite; le produit sera la réponse.

Opérations.

Supposons 255 aunes à convertir en mètres.

Nombre fixe.	1,182054
Aunes à convertir.	255

5 910270
59 10270
236 4108
———
301|423770

Ainsi les 255 aunes font 301 mètres 42 centimètres.

Convertissons maintenant les 3o1 mètres 42 centimètres en aunes.

Nombre fixe. 0,8459 84
Mètres à convertir. ·3o1,42

$$
\begin{aligned}
&16919\ 68\\
&53839\overline{3}\ 6\\
&84\overline{3}984\\
&253\ 79\overline{5}2\\
\hline
&254,996497\ 28
\end{aligned}
$$

Ainsi, les 3o1 mètres 42 centimètres font les 255 aunes.

———

Rapport des Mesures pour les Toiles et les Draps des quatre parties du monde, avec les anciennes et nouvelles du royaume de France.

524 lignes font 1 aune ancienne de Paris (1).
443 lignes 296/1000 font 1 mètre.

Nous allons indiquer la manière de vérifier les rapports donnés dans les tableaux qui suivent.

Supposons l'Angleterre.

La verge est de 4o3 lignes : pour savoir ce qu'un million de verges fait de mètres, il faut diviser la valeur de la verge, qui est de 4o3 lignes, par celle du mètre, qui est de 443 lignes 296 millièmes de ligne.

Ainsi dividende. 4o3ooo (2) | 443296 diviseur.
                    4o33ooo |
                     439360o | 0,909099 quotient.
                      4o39360 |
Résidu considéré nul. 49696 |

L'on voit, d'après cette opération, que 1 million de verges d'Angleterre vaut 9o9o99 mètres, c'est-à-dire, que 1 verge vaut o mètre 9o9o99 millionièmes.

10 verges valent		9 mètres o9o99		cent millièmes.
100 —	—	9o	—	9o,99 dix millièmes.
1000 —	—	9o9	—	o99 millièmes.
10000 —	—	9o9o	—	99 centièmes.
100c00 —	—	9o9o9	—	9 dixièmes.
1000000 —	—	9o9o99	—	»

———

(1) C'était avec cette aune que l'on réglait les rapports des mesures étrangères.
(2) J'ai ajouté trois zéros au dividende, attendu qu'il y a trois décimales au diviseur.

Opération inverse.

443 lignes 296 millièmes valent 1 mètre.
403 lignes valent 1 verge d'Angleterre.

Ainsi dividende.	443296	403000 (1)	diviseur.
	4029600		
	4026000	1,099990	quotient.
	3990000		
	3630000		
Résidu nul.	30000		

L'on voit, d'après cette opération, que 1 million de mètres fait 1099990 verges d'Angleterre, c'est-à-dire, que 1 mètre vaut 1 verge 099990 millionièmes.

10	mètres valent		10	verges 99990	cent millièmes.
100	—	—	109	— 9990	dix millièmes.
1000	—	—	1099	— 990	millièmes.
10000	—	—	10999	— 90	centièmes.
100000	—	—	109999	— 0	
1000000	—	—	1099990	— "	

Si l'on veut connaître le rapport de l'aune de Berlin avec le mètre, il faut diviser 296 par 443,296; c'est-à-dire, que l'aune de Berlin est de 296 lignes, et le mètre de 443 lignes 296 millièmes de ligne.

Opération.

Ainsi dividende.	2960000 (2)	443296	diviseur.
	3002240		
	3424640	0,667725	quotient.
	3215680		
	1126880		
	2534880		
Réside nul.	178500		

Donc, que 1 aune de Berlin vaut 0 mètre 667725 millionièmes.

10	aunes de Berlin valent		6	mètres 67725	cent millièmes.
100	—	—	66	— 7725	dix millièmes.
1000	—	—	667	— 725	millièmes.
10000	—	—	6677	— 25	centièmes.
100000	—	—	66772	— 5	dixièmes.
1000000	—	—	667725	— "	

(1) J'ai ajouté trois zéros au diviseur, attendu qu'il y a trois décimales au dividende.
(2) J'ai ajouté trois zéros au dividende, attendu qu'il y a trois décimales au diviseur; plus, un quatrième zéro pour suivre la division.

Si l'on veut connaître le rapport du mètre avec l'aune de Berlin, il faut diviser 443,296 par 296000.

Opération.

Ainsi, dividende.	443296	296000 (1)	diviseur.
	1472960	1,497622	quotient.
	2839600		
	2256000		
	1840000		
	640000		
	480000		
	184000 (2)		

Donc, que 1 mètre vaut 1 aune de Berlin 497622 millionièmes.

10 mètres valent	14 aunes de Berlin	97622 cent millièmes.
100 — —	149 — —	7622 dix millièmes.
1000 — —	1497 — —	622 millièmes.
10000 — —	14976 — —	22 centièmes.
100000 — —	149762 — —	2 dixièmes.
1000000 — —	1497622 — —	»

Si l'on veut connaître le rapport de l'aune de Berlin avec l'ancienne de Paris, il faut diviser 296 par 524 ; c'est-à-dire que l'aune de Berlin est de 296 lignes, et l'ancienne aune de Paris 524 lignes.

Opération.

Ainsi, dividende.	2960	524	diviseur.
	3400	0,564885	quotient.
	2560		
	4640		
	4480		
	2880		
Résidu nul.	260		

Donc, que 1 aune de Berlin vaut 0 aune de Paris 564885 millionièmes.

10 aunes de Berlin valent	5 aunes de Paris	64885 cent millièmes.
100 — — —	56 —	— 4885 dix millièmes.
1000 — — —	564 —	— 885 millièmes.
10000 — — —	5648 —	— 85 centièmes.
100000 — — —	56488 —	— 5 dixièmes.
1000000 — — —	564885 —	— »

(1) J'ai ajouté trois zéros au diviseur, attendu qu'il y a trois décimales au dividende.
(2) Le résidu étant plus que la moitié du diviseur, on porte 2 au dernier chiffre du quotient.

Rapport des Mesures pour les Toiles et les Draps des quatre parties du monde, avec les anciennes et les nouvelles du royaume de France.

L'aune ancienne était de 524 lignes. Le Mètre de 443 lignes 296 millièmes.

NOMS DES MESURES étrangères.	NOMS des Empires, Royaumes et Villes.	Un million de mesures étrangères fait en mètres.	Un million de mesures étrangères fait en aunes de Paris.	Un million de mètres fait en mesures étrangères.	Un million d'aunes de Paris faite en mesures étrangères.	Valeur des mesures étrangères en lignes de France.
L'aune vaut	Aix-La-Chapelle / Allemagne /.	656040	355000	1524296	1805802	290
Le pic	Alep / Asie. En Syrie / .	675463	571428	1480466	1749992	299
Idem.	Alexandrette / Asie. En Syrie / .	650807	550573	1536555	1816284	288
Le pechy	Alexandrie / Afrique. En Egypte /.	567386	480000	1762468	2083333	251
La coudée.	Alger / Afrique. Royaume d' / .	513968	434809	1945646	2299859	227
La brasse.	Ancone / Italie / .	613021	518606	1631264	1928244	271
La verge.	Angleterre / Royaume d' /.	909999	769084	1099990	1300248	403
L'aune ordinaire (1).	Anvers et le Brabant / Pays-Bas / .	690554	583198	1448112	1712074	306
La petite aune (2).	Augsbourg / Allemagne /.	591839	500687	1679648	1997259	262
La canne.	Barcelonne / Espagne / .	1576306	1333333	634485	749999	698
Le cavedo	Batavia / Asie. Ile de Java / .	458858	387977	2180394	2577345	203
La brasse.	Bergame / Italie / .	652499	552004	1532570	1811582	289
L'aune.	Bergue / Norwège /.	624120	527996	1602256	1893952	276
Idem.	Berlin / Royaume de Prusse /.	667725	564886	1497623	1770270	296
Idem.	Berne / Suisse /.	538557	455611	1856815	2194856	238
Idem.	Bielfeld / Allemagne. Westphalie/.	581801	492195	1718801	2031716	257
Idem.	Bienne / Suisse/.	561476	475000	1781021	2105263	248
Le covit	Bengale / Royaume d'Asie /.	475371	402156	2103621	2486594	210
L'aune.	Bohême / Royaume de / .	604021	510992	1655572	1956976	267
Idem.	Bois-le-Duc /Pays-Bas. V. Anvers/.	»	»	»	»	»
La brasse (3)	Bologne / Italie /.	634790	537004	1575370	1862184	281
L'aune (4)	Bolzano / Italie/.	789134	667595	1267211	1497913	349
Idem.	Breda /Pays-Bas. Voyez Anvers/.	»	»	»	»	»
Idem.	Brème / Allemagne / .	574357	485897	1741078	2058050	254
Idem (5).	Brescia / Italie / .	678466	573989	1473871	1742162	300
Idem.	Breslaw / Prusse. Silésie / .	576139	487214	1736373	2052487	225
Idem.	Brunswick / Allemagne / .	567634	480210	1761638	2082423	251
Idem	Bruxelles /Pays-Bas. Voy. Anvers/.	»	»	»	»	»
Le covit	Callicut / Asie. Royaume de /.	410065	346921	2438640	2882605	181
L'aune.	Calemberg /Province de Hanovre/.	592839	493072	1715741	2028099	258
La bracio.	Casal /Italie / .	657822	556568	1520202	1796921	291
L'aune.	Cassel / Allemagne. Westphalie/.	558318	472309	1791167	2117257	247
Le ché.	Chine / Asie / .	317959	268988	3145059	3717631	141
Le pic	Chypre ou Cypre / Asie /.	671628	568182	1488919	1759984	297
La grande aune.	Cologne / Allemagne / .	691141	584695	1446883	1710295	306
La grande pichye	Constantinople / Turquie / .	704495	595992	1419456	1677906	312

(1) La petite aune de Brabant vaut 301 lignes 56/100. Celle pour la soie est de 319 lignes 17/100.

(2) Pour la grande aune d'Augsbourg, *voyez* Ancone.

(3) La brasse, pour les toiles, ne vaut que 229 lignes.

(4) La brasse ne vaut que 242 lignes 1/2.

(5) L'aune, pour la soie, vaut 285 lignes 58/100.

Suite du Rapport des Mesures pour les Toiles et les Draps.

NOMS DES MESURES étrangères.	NOMS des Empires, Royaumes et Villes.	Un million de mesures étrangères fait en mètres.	Un million de mesures étrangères fait en aunes de Paris.	Un million de mètres fait en mesures étrangères.	Un million d'aunes de Paris faites en mesures étrangères.	Valeur des mesures étrangères en lignes de France.
La brasse. . . .	Copenhague / Voyez Danemarck /.	»	»	»	»	»
Idem.	Crème / Italie /.	665253	563000	1502647	1776211	295
La brasse (bracio).	Crémone / Italie /.	695291	5'8206	1438245	1700084	3o8
L'aune	Courtrai / Pays-Bas /.	738785	625000	1353545	1600000	327
Le pic. . . .	Damas /Asie. En Syrie /.	628745	531908	1590471	1880023	278
L'aune. . . .	Danemarck / Royaume de /. .	627707	551030	1593099	1883130	278
Idem.	Dantzick / Prusse /.	5'3770	485401	1742858	2060153	254
Idem.	Dresde / Saxe /. .	565988	4'8817	1766824	2088482	251
Idem.	Dublin / Irlande /. . .	909347	769293	1099689	1299893	4o3
Idem.	Ecosse / Royaume d' /. . .	957126	809717	1045031	1235004	424
Idem.	Edimbourg / Écosse /. . .	919047	777500	1088083	1286173	407
Le pic. . . .	Egypt/ /Afrique/ . .	678057	573624	1474801	1743329	3oo
La grande aune (1).	Erfurt / Allemagne /. . . .	547286	462996	1827196	2159845	242
Le vara (2).	Espagne / Royaume d' /. . .	835854	707118	1196383	1414190	370
Le palme (3).	Florence / Italie /. . . .	28o6o3	245000	3452998	408163	128
L'aune (4). . .	Francfort-sur-le-Mein /Allemagne/.	558159	472194	1791602	2117771	247
Idem.	Francfort-sur-l'Oder / Prusse /.	66o168	558492	1514744	1790535	292
Idem (5). . .	Gall / Suisse /.	707187	674468	1254410	1482-81	353
Idem.	Gand / Pays-Bas /. . . .	729156	617309	1370439	1619934	323
Le palme (6) . .	Gênes / Italie /.	241149	204008	4146829	4901777	107
L'aune (7). . .	Genève / République de /. .	1136654	961507	879854	1040033	503
Idem.	Géra / Saxe. En Misnie /. .	555565	470000	1799967	2127659	246
Le cando. . . .	Goa / Asie. Royaume de Visapour/.	1185596	1002996	843457	997013	525
L'aune	Gotha / Saxe /.	562648	475992	1777307	2100874	249
Idem.	Grave /Pays-Bas. Voyez Anvers/.	»	»	»	»	»
Le jachtan. . .	Guinée / Afrique /. . . .	3665271	3100775	272831	322501	1624
L'aune. . . .	Hambourg / Allemagne /. . .	572988	484733	1745259	2062992	254
Idem.	Hanovre / Allemagne /. . .	581575	492004	1719468	2032595	257
Idem, celle d'Amsterdam.	Hollande / Royaume de /. .	686990	581183	1455625	1720661	3o4
Idem.	Inspruck / All.e Roy. e de Bavière /.	800255	677004	1249601	1477056	354
Idem.	Irlande / Ile Britannique /. .	9'9347	769294	1099689	1299893	4o3
Idem.	Ispahan / Voyez Perse /. . .	»	»	»	»	»
L'ink	Japon / Asie /.	189128'7	1600000	528741	625000	838
Le pic. . . .	Lacédémone ou Misitra /Grèce/.	456986	386607	2188251	2586583	202
L'aune. . . .	Langen-Salza / Saxe /. . .	574469	485992	1740737	2057645	254
Idem.	Lausanne / Suisse /. . . .	1069263	904580	935211	1105485	474
Idem.	Leipsick / Saxe /.	565265	478206	1769080	2091148	250

(1) La petite aune ne vaut que 178 lignes 16/100 de Paris.

(2) Celle de Castille.

(3) Le palme, pour la soie, vaut 131 lignes 63/100 de Paris.

(4) Celle pour les toiles vaut 237 lignes 9/10; il y a aussi, aux foires, les aunes de Brabant et de Paris. (Voir ces deux articles).

(5) L'aune pour les draps (Voyez Augsbourg).

(6) La brasse vaut 2 1/2 palmes.

(7) L'aune, pour les étoffes, vaut 512 lignes 47/100.

SUITE du Rapport des Mesures pour les Toiles et les Draps.

NOMS DES MESURES étrangères.	NOMS des Empires, Royaumes et Villes.	Un million de mesures étrangères fait en mètres.	Un million de mesures étrangères fait en aunes de Paris.	Un million de mètres fait en mesures étrangères.	Un million d'aunes de Paris fait en mesures étrangères.	Valeur des mesures étrangères en lignes de France.
La brache . . .	Lentzbourg / Suisse /	620353	524809	1611986	1905454	275 »
L'aune	Liége / Pays-Bas /	546001	461908	1831498	2164931	242 »
Le palme (1). .	Livourne / Italie /	293438	248244	3407872	4028291	130 ι
L'aune.	Louvain / Pays-Bas. *Voy*. Anvers /.	»	»	»	»	»
Idem.	Lubeck / Allemagne /.	575236	486641	1738416	2054902	255 »
La brasse (2). . .	Lucques / Italie /.	602374	509599	1660098	1962547	267 »
Le vara. . . .	Madère / Espagne /	1104725	934580	905203	1070000	489 1/4
Le covit . . .	Madras / dans les Indes / . . .	457934	387402	2185724	2581280	203 »
Le palme (3) . .	Malte / Ile de /.	258270	218492	3871919	4576819	114 1/2
La brasse . . .	Mantoue / Italie /	619406	524008	1614451	1908389	274 1/2
La coudée. . . .	Maroc / Afrique. *Voyez* Alger / .	»	»	»	»	»
L'aune	Mayence / Allemagne /. . . .	548299	463685	1824488	2156645	243 υ
Le covit . . .	Mecque / Arabie Heureuse. La /.	685255	579713	1459314	1724989	303 1/4
Le palme. . . .	Messine / *Voyez* Sicile /. . . .	»	»	»	»	»
La brasse. . . .	Milan / Italie /.	675997	570000	1484197	1754386	298 »
L'aune	Minden / Allemagne /.	417621	353302	2395972	2830443	185 1/3
La brasse. . . .	Modène / Italie. *Voyez* Mantoue /	»	»	»	»	»
La canne (4). .	Montpellier / Hérault /. . . .	1987387	1681298	503174	594778	881 υ
Idem.	Moravie / Royaume de Bohème /.	786066	665000	1272258	1503759	348 2/5
L'aune	Moscou / Russie. *Voyez* Russie/.	»	»	»	»	»
Idem.	Munich / All.e Roy.e de Bavière /.	829694	701908	1205263	1424687	367 1/4
La brasse. . . .	Naples / Royaume de /	522811	442290	1912737	2260959	231 1/3
Le pic	Nerva / Russie /.	598810	506584	1669979	1974006	265 1/3
L'aune	Naumbourg / Saxe. *V.*Langen-Salza.	»	»	»	»	»
Idem.	Neuchatel / Suisse /.	1122004	949198	891262²?	1055521	497 1/2
La canne (5). .	Nismes / Gard. France /. . . .	1976106	1671758	518603	598174	878 »
L'aune	Norvège / Royaume de /. . . .	628745	531915	1590470	1880025	278 1/2
La nouvelle brasse.	Novare / Italie /.	597411	505401	1673888	1978628	264 1/2
L'aune.	Nuremberg / Allem.e Franconie /.	675305	571297	1480812	1750401	299 1/2
La canne. . . .	Olmutz / *Voyez* Moravie /. . .	»	»	»	»	»
L'aune	Osnabruck / Wesphalie /. . . .	687667	581755	1454196	1718934	304 1/2
Le palme. . . .	Palerme / Sicile. Roy.e de Naples /.	241734	204504	4136767	4889885	107 1/3
La brasse. . . .	Parme / Italie /	654768	557004	1575379	1862184	291 1/3
Le pic (6) . . .	Patras / Dans la Morée /. . . .	685907	580282	1457923	1723544	304 »
La guèze (7). . .	Perse , grand Royaume de l'Inde.	712774	602996	1402968	1758585	316 »
L'archine	Pétersbourg / Russie. *Voy.*Russie/.	»	»	»	»	»
Le raso. . . .	Piémont / Italie /	595539	503917	1679151	1984848	264 »
L'aune.	Pologne / Royaume de /. . . .	613021	518606	1631264	1928244	271 1/4
Le covit	Pondichéry / Dans les Indes /. .	471401	398804	2121338	2507557	209 »

(1) Le palme pour les soies ne vaut que 128 lignes 43/100.
(2) Celle pour les soies ne vaut que 254 lignes 72/100.
(3) La canne de Malte vaut 8 palmes.
(4) La canne se compose de 8 pans.
(5) *Idem.*
(6) Le pic pour les soies ne vaut que 281 lignes 36/1000.
(7) La guèze simple vaut 277 lignes 72/100. Le schah archine vaut 353 lignes 07/100.

Suite du Rapport des Mesures pour les Toiles et les Draps.

NOMS DES MESURES étrangères.	NOMS des Empires, Royaumes et Villes.	Un million de mesures étrangères fait en mètres.	Un million de mesures étrangères fait en aunes de Paris.	Un million de mètres fait en mesures étrangères.	Un million d'aunes de Paris fait en mesures étrangères.	Valeur des mesures étrangères en lignes de France.
Le vara	Portugal / Royaume de /	1086903	919504	920045	1087543	481 4/5
L'aune	Prague / Bohême. Voyez Bohème /	»	»	«	»	»
Le pic	Rhodes / Asie /	755296	638977	1323983	1565020	334 4/5
L'aune	Riga / Russie d'Europe sur la Dwina /	538559	455611	1856815	2194856	238 3/4
Il palmo (1)	Rome / Italie /	247058	209007	4047626	4784514	109 1/2
L'aune	Rostock / Allemagne /	573544	485209	1743539	2060963	254 1/4
L'archine	Russie / Empire de /	713970	604007	1400619	1655608	316 1/2
Le raso	Sardaigne / Royaume de /	546001	461908	1831499	2165344	242 »
La brache	Schwitz / Suisse /	567386	480000	1762428	2083333	251 1/2
Le grand pic	Scio / Dans l'Archipel /	689238	581395	1455099	1720007	304 3/5
Le ken	Siam / Royaume d'Asie /	957464	810000	1044426	1234568	424 3/7
Le palme	Sicile / Voyez Palerme /	»	»	»	»	»
Le pichys	Smyrne / Turquie Asiatique /	665360	565000	1497318	1769911	296 »
La brache	Soleure / Suisse /	543745	460000	1839097	2173913	241 »
L'aune	Stockholm / Royaume de Suède)	595539	503817	1679151	1984848	264 »
Idem	Stutgard / Royaume de Wirtemberg /	608760	515000	1643430	1941747	269 5/6
Idem	Suède / Royaume de /	590553	499599	1693326	2001604	261 4/5
Idem	Suisse / République Helvétique /	1115056	943321	896815	1060085	494 1/3
Le grand pic	Surate / Indes. Voyez Scio /	»	»	»	»	»
La guêre	Tauris / Perse /	946997	801145	1055967	1248213	419 4/5
L'aune	Tournay / Pays-Bas /	641738	542401	1558267	1841957	284 1/2
Idem	Trieste / Istrie autrichienne /	673079	570172	1483737	1753857	298 3/4
Le pic	Tripoli de Barbarie / Afrique /	547241	462663	1827305	2160023	242 5/9
Idem	Tripoli de Syrie / Voyez Damas /	»	»	»	»	»
Idem (2)	Tunis / Afrique. En Barbarie /	673906	570125	1483885	1754034	298 3/4
Le raso	Turin / Piémont /	586290	495992	1705641	2016160	260 »
L'aune	Tyrol / Comté d'Allemagne /	800255	677004	1249601	1477096	354 3/4
Idem	Ulm / Royaume de Wurtemberg /	568563	480992	1758832	2079365	252 »
La brache	Undervald / Suisse. Voyez Schwitz /	»	»	»	»	»
Le vara	Valence / Espagne /	909257	769230	1099800	1300022	403 »
L'aune	Warsovie / Pologne /	584643	494599	1710445	2021839	259 1/5
La brasse	Venise / Italie. Voyez Milan /	»	»	»	»	»
Idem	Vérone / Italie /	640655	541984	1560901	1845070	284 »
L'aune	Vienne / Autriche /	779005	659027	1283978	1517389	345 1/3
La brache	Vinterthour / Suisse /	604337	511259	1654707	1955953	267 8/9
La canne	Voiron / Dalmatie /	1373687	1162118	727908	860497	609 »
La brache	Zurich / Suisse /	604562	511450	1654089	1955224	268 »

(1) La brasse pour les toiles vaut 279 lignes 87/100; il y a une autre palme qui vaut 374 lignes 19/100; la canne des marchands vaut 8 palmes.

(2) Le pic pour la soie vaut 269 lignes 47/100, et le pic pour les toiles ne vaut que 209 lignes 3/5.

ARTICLE V.

Mesures agraires, ou d'arpentage.

La perche de 18 pieds (celle de Paris) valait 324 pieds de Paris, produit de la multiplication de 18 par 18.

La perche de 20 pieds valait 400 pieds carrés, produit de la multiplication de 20 par 20.

La perche de 22 pieds (celle des eaux et forêts) valait 484 pieds carrés, produit de la multiplication de 22 par 22.

L'arpent de 100 perches (la perche de 18 pieds) vaut 32400 pieds carrés, ou 900 toises carrées, la toise carrée étant de 36 pieds carrés; ainsi, 900 toises carrées, multipliées par 36 pieds carrés, valeur d'une toise carrée, donnent 32400 pieds carrés.

L'arpent (la perche de 20 pieds) vaut 40000 pieds carrés, ou 1111 toises carrées 1/9.

L'arpent des eaux et forêts (la perche de 22 pieds) vaut 48400 pieds carrés, ou 1344 toises carrées 4/9.

> La perche s'appelle . . . *Décamètre.*
> L'arpent s'appelle . . . . *Hectare.*
> La perche carrée s'appelle *Are.*

Le myriamètre vaut 10000 mètres, ou 5130 toises 74/100, ou 30784 pieds 44/100 de Paris.

Le kilomètre vaut 1000 mètres, ou 513 toises 074 millièmes, ou 3078 pieds 444 millièmes de Paris.

L'hectomètre vaut 100 mètres ou 51 toises 3074 dix millièmes, ou 307 pieds 8444 dix millièmes de Paris.

Le décamètre vaut 10 mètres, ou 5 toises 13074 cent millièmes, ou 30 pieds 78444 cent millièmes de Paris.

Le mètre vaut 513074 millionièmes de toise, ou 3 pieds 078444 millionièmes de Paris.

> 10 kilomètres font 1 myriamètre.
> 10 hectomètres font 1 kilomètre.
> 10 décamètres font 1 hectomètre.
> 10 mètres font 1 décamètre.

Le myriamètre est un kilomètre carré, il vaut 263244 toises carrées 93 centièmes.

L'hectare est un hectomètre carré, il vaut 2632 toises carrées 4493 dix millièmes.

L'are est un décamètre carré, il vaut 26 toises carrées 324493 millionièmes.

Le centiare est un mètre carré, il vaut 9 pieds carrés 68 pouces carrés 95 lignes carrées.

L'arpent (la perche de 22 pieds) vaut 5107 mètres carrés 54 centièmes, ou 0 hectare 5108 dix millièmes.

L'arpent (la perche de 20 pieds) vaut 4220 mètres carrés 4/5, ou 0 hectare 4221 dix millièmes.

L'arpent (la perche de 18 pieds) vaut 3419 mètres carrés, ou 0 hectare 3419 dix millièmes,

(62)

[N.º 1]. Pour convertir les arpens (la perche de 18 pieds) en hectares, multipliez les arpens à convertir par le nombre 0,341901, et retranchez six chiffres sur la droite ; le produit sera la réponse.

[N.º 2]. Pour convertir les hectares en arpens (la perche de 18 pieds), multipliez les hectares à convertir par 2,92494, et retranchez cinq chiffres sur la droite ; le produit sera la réponse.

[N.º 3]. Pour convertir les arpens (la perche de 20 pieds) en hectares, multipliez les arpens par 0,4221, et retranchez quatre chiffres sur la droite ; le produit sera la réponse.

[N.º 4]. Pour convertir les hectares en arpens (la perche de 20 pieds), multipliez les hectares par 2,3692, et retranchez quatre chiffres sur la droite ; le produit sera le réponse.

[N.º 5]. Pour convertir les arpens (la perche de 22 pieds) en hectares, multipliez les arpens par 0,51072, et retranchez cinq chiffres sur la droite ; le produit sera la réponse.

[N.º 6]. Pour convertir les hectares en arpens (la perche de 22 pieds), multipliez les hectares par 1,93802, et retranchez cinq chiffres sur la droite ; le produit sera la réponse.

I.ᵉʳ EXEMPLE.

Si l'on veut convertir, supposons, 525 arpens (la perche de 18 pieds) en hectares, il faut multiplier les 525 arpens par 0,341901.

Opération.

525 arpens à convertir (la perche de 18 pieds). Le nombre fixe est 0,341901.

| Multiplicande. | 0,341901 | (Nombre fixe, n.º 1). |
| Multiplicateur. | 525 | Arpens à convertir en hectares. |

1 709505
6 83802
170 9505

Résultat ou produit. 179|498025 (1).

Les 525 arpens font 179 hectares 498 millièmes.

(1) J'ai retranché six chiffres, attendu qu'il y a six décimales au multiplicande.

Opération inverse:

Convertissons les 179 hectares 498 millièmes en arpens.

Multiplicande.	2,92494	(Nombre fixe, n.° 2).
Multiplicateur.	179,498	Hectares à convertir en arpens.

$$23\ 39\ 952$$
$$263\ 24\ 46$$
$$1\ 169\ 97\ 6$$
$$26\ 324\ 46$$
$$204\ 745\ 8$$
$$292\ 494$$

Résultat ou produit. 525|020 88 012 (1).

L'on voit que les 179 hectares 498 millièmes font les 325 arpens.

2.ᵐᵉ EXEMPLE.

Pour convertir, supposons, 347 arpens (la perche de 20 pieds) en hectares, il faut multiplier le nombre fixe 0,4221 par le nombre d'arpens à convertir.

Opération.

Multiplicande.	0,4221	(Nombre fixe, n.° 3).
Multiplicateur.	347	Arpens à convertir en hectares.

$$2\ 9547$$
$$16\ 884$$
$$126\ 63$$

Résultat ou produit. 146|4687

Les 347 arpens font 146 hectares 47 centièmes.

Opération inverse.

Convertissons les 146 hectares 47 centièmes en arpens.

Multiplicande.	2,3692	(Nombre fixe, n.° 4).
Multiplicateur.	146,47	Hectares à convertir en arpens.

$$16\ 58\ 44$$
$$94\ 76\ 8$$
$$14\ 21\ 52$$
$$94\ 76\ 8$$
$$236\ 92$$

Résultat ou produit. 347|01 67 24 (2).

L'on voit que les 146 ares 47 centièmes font les 347 arpens.

---

(1) J'ai retranché huit chiffres au produit, attendu qu'il y a cinq décimales au multiplicande et trois au multiplicateur.
(2) J'ai retranché six chiffres au produit, attendu qu'il y a quatre décimales au multiplicande et deux au multiplicateur.

3.ᵐᵉ EXEMPLE.

Pour convertir, supposons, 7215 arpens des eaux et forêts (la perche de 22 pieds) en hectares, il faut multiplier le nombre fixe 0,51072 par le nombre d'arpens à convertir.

Opération.

Multiplicande.	0,51072	(Nombre fixe, n.° 5).
Multiplicateur.	7215	Arpens à convertir en hectares.

$$
\begin{array}{r}
2\ 55360 \\
5\ 1072 \\
102\ 144 \\
3575\ 04 \\
\hline
\end{array}
$$

Résultat ou produit.   3684|84480   (1).

Les 7215 arpens des eaux et forêts font 3684 hectares 845 millièmes.

Opération inverse.

Convertissons les 3684 hectares 845 millièmes en arpens des eaux et forêts.

Multiplicande.	1,95 802	(Nombre fixe, n.° 6).
Multiplicateur.	36 84,845	Hectares à convertir en arpens des eaux et forêts.

$$
\begin{array}{r}
9\ 79\ 010 \\
78\ 32\ 08 \\
1\ 5\ 66\ 41\ 6 \\
7\ 8\ 32\ 08 \\
156\ 6\ 41\ 6 \\
1174\ 8\ 12 \\
5874\ 0\ 6 \\
\hline
\end{array}
$$

Résultat ou produit.   7215|0 00 20 690   (2).

L'on voit que les 3684 hectares 845 millièmes font les 7215 arpens des eaux et forêts.

---

(1) J'ai retranché cinq chiffres au produit, attendu qu'il y a cinq décimales au multiplicande.
(2) J'ai retranché huit chiffres au produit, attendu qu'il y a cinq décimales au multiplicande et trois au multiplicateur.

CHAPITRE III.

ARTICLE PREMIER.

Mesures Itinéraires, ou Topographiques.

La lieue de poste vaut 2000 toises en longueur, et en superficie 4000000 toises carrées.

La lieue de 25 au degré vaut 2880 toises 1/3 en longueur, et en superficie 5199905 toises carrées.

La lieue moyenne vaut 2565 toises 37/100 en longueur, et en superficie 6581123 toises carrées.

La lieue marine de 20 au degré vaut 2850 toises 41/100, et en superficie 8123837 toises carrées.

Le myriamètre remplace la lieue ; il vaut 10000 mètres, ou 5130 toises 74|100.

Le kilomètre remplace le mille ; il vaut 1000 mètres, ou 513 toises 074 millièmes.

La lieue de poste (de 2000 toises) vaut 3 kilomètres 8981 dix millièmes.

La lieue de poste carrée (de 2000 toises) vaut 15 kilomètres carrés 195 millièmes.

La lieue de 25 au degré (de 2280 toises 1/3) vaut 4 kilomètres 444 millièmes.

La lieue carrée de 25 au degré (de 2280 toises 1/3) vaut 19 kilomètres 7531 dix millièmes.

Le kilomètre vaut 0, lieue de poste (de 2000 toises) 2565 dix millièmes.

Le kilomètre carré vaut 0, lieue de poste carrée (de 2000 toises) 0658 dix millièmes.

Le kilomètre vaut 0, lieue (de 2280 toises 33'100) 225 millièmes.

Le kilomètre carré vaut 0, lieue carrée (de 2280 toises 33/100) 0506 dix millièmes.

4 myriamètres, ou 40 kilomètres, font 9 lieues en longueur ; ou 81 lieues carrées font exactement 16 myriamètres carrés, ou 1600 kilomètres carrés.

2250 lieues de 25 au degré, ou 1000 myriamètres, forment le 1/4 du méridien, la circonférence de la terre étant de 9000 de ces lieues.

9 lieues marines de 20 au degré (de 2850 toises 41/100) font 5 myriamètres, le myriamètre faisant 1 lieue 4/5 marine.

La lieue moyenne (de 2565 toises 37/100), celle que l'on désigne comme lieue ancienne, et qui, d'après l'arrêté du 25 thermidor an XI, fixe la distance de Paris aux chefs-lieux des départemens, est exactement égale au *parasange*, mesure itinéraire, en usage dans presque toute l'Asie (Deux de ces lieues font exactement un myriamètre.).

9

Table des Principales Villes du Globe et de leurs plus courtes distances de Paris.

Le myriamètre vaut 10000 mètres, ou 5130 toises 74/100.

NOMS des VILLES.	NOMS des CONTRÉES.	DISTANCE à Paris, comptée en myriamètres.	NOMS des VILLES.	NOMS des CONTRÉES.	DISTANCE à Paris, comptée en myriamètres.
Agen. . . .	France . .	55,590	Bruxelles . .	Belgique . .	26,667
Alby	Idem . .	54,547	Buenos-Aires. .	Amérique. .	1104,551
Ajaccio . . .	Corse . .	91,600	Bukarest. . .	Valachie . .	187,144
Alep	Turquie. .	314,370	Cadix . . .	Espagne . .	153,561
Alençon . . .	France. .	17,150	Caen. . . .	France. .	20,002
Alexandrie . .	Egypte. .	302,702	Cahors . . .	Idem . .	50,977
Alger. . . .	Afrique . .	153,774	Caire (le). .	Egypte. . .	321,270
Amiens . . .	France. . .	11,750	Canton . . .	Chine . . .	947,884
Amsterdam. .	Hollande . .	43,178	Cap-Français .	St-Domingue. .	724,940
Angers . . .	France. .	26,323	Cap-de-B.e-Esp.e	Afrique. . .	933,203
Angoulême. .	Idem . .	59,030	Carcassonne . .	France. . .	62,534
Antongil. . .	Madagascar .	856,557	Carthagène . .	Amérique. .	824,117
Arras. . . .	France. .	16,820	Cassel . . .	Allemagne .	58,572
Aurillac . . .	Idem . .	43,432	Calcutta . . .	Indes . .	786,c51
Anvers . . .	Belgique . .	30,323	Cayenne. . .	Amérique. .	706,544
Archangel . .	Russie. .	277,261	Châlons . . .	France. . .	14,915
Astrakan. . .	Perse . .	338,673	Chandernagor .	Indes . . .	783,803
Athènes . .	Grèce . .	209,824	Chartres. . .	France. . .	7,540
Auch. . . .	France. .	59,228	Châteauroux .	Idem . . .	23,005
Auxerre . . .	Idem . .	14,745	Chaumont . .	Idem . . .	22,405
Avignon. . .	Idem . .	46,774	Cherbourg . .	Idem . . .	30,066
Bagdad . . .	Asie . .	385,889	Clermont-Ferr.d	Idem . . .	34,665
Barcelonne. .	Espagne . .	83,051	Colmar . . .	Idem . . .	38,035
Bar-sur-Ornain	France. .	20,745	Constantinople.	Turquie . .	224,843
Batavia . . .	Indes . . .	1158,124	Copenhague. .	Danemarck .	102,901
Beauvais. . .	France. .	6,900	Cracovie. . .	Pologne . .	127,529
Besançon . .	Idem . .	32,866	Dantzick. . .	Prusse. . .	127,704
Berlin . . .	Prusse. .	87,674	Dresde . . .	Saxe . . .	84,890
Blois	France. .	15,735	Digne . . .	France. . .	60,603
Bombay. . .	Indes . .	699,800	Dijon. . . .	Idem . . .	26,126
Bordeaux . .	France. .	49,524	Douvres. . .	Angleterre .	26,455
Boston. . .	Amérique. .	552,189	Draguignan. .	France. . .	66,904
Bourbon-Vendée.	France. .	38,557	Dublin . . .	Irlande . .	78,393
Bourg. . . .	Idem . .	36,415	Dunkerque . .	France. . .	24,425
Bourges . . .	Idem . .	19,490	Edimbourg . .	Écosse. . .	87,506
Brémen . . .	Allemagne .	65,217	Epinal . . .	France. . .	31,179
Breslau . . .	Silésie. .	107,823	Evreux . . .	Idem . . .	9,310
Brest. . . .	France. .	50,320	Florence. . .	Italie . . .	87,362

Suite de la Table des Principales Villes , etc.

NOMS des VILLES.	NOMS des CONTRÉES.	DISTANCE à Paris, comptée en myriamètres.	NOMS des VILLES.	NOMS des CONTRÉS.	DISTANCE à Paris , comptée en myriamètres.
Fort-Royal . .	Martinique .	685,144	Marseille . .	France. . .	65,826
Foix	France . .	65,492	Mecque (la) .	Arabie. . .	451,520
Foul-Pointe. .	Madagascar .	875,206	Melun . . .	France . .	4,210
Francfort-sur-le-M.	Allemagne .	47,420	Mende . . .	Idem . . .	50,704
Gap	France . .	55,397	Metz. . . .	Idem . . .	28,257
Genève . . .	Suisse . .	40,967	Mexico . . .	Amérique. .	918,582
Gênes . . .	Italie . . .	69,944	Mezières . .	France . .	15,425
Gibraltar. . .	Espagne . .	154,548	Milan . . .	Italie . . .	63,909
Goa	Indes . . .	735,579	Montauban. .	France . .	54,100
Gorée (Ile) .	Sénégal . .	420,134	Montbrison. .	Idem . . .	38,160
Gotha . . .	Saxe . . .	64,434	Montpellier. .	Idem . . .	59,278
Grenoble . .	France . .	47,902	Monterey . .	Californie. .	902,214
Gueret . . .	Idem . . .	29,828	Monteviédo. .	Amérique. .	1095,534
Basse-Terre. .	Guadeloupe .	678,415	Mont-Marsan .	France . .	58,898
Hambourg . .	Allemagne .	77,231	Moscow. . .	Russie. . .	248,228
Havane (Cuba).	Amérique .	771,165	Moulins. . .	France . .	26,220
Horn (Cap de).	Idem . . .	1330,485	Munich. . .	Bavière . .	68,527
Irkutek . . .	Sibérie . .	657,265	Nancy . . .	France . .	28,310
Ispahan . . .	Perse . . .	446,086	Nangasaki . .	Japon . . .	955,622
Jackson (Port).	N.-Hollande. .	1695,250	Nankin . . .	Chine. . .	903,247
Jakutsk . . .	Sibérie . .	683,060	Nantes . . .	France . .	34,001
Jérusalem . .	Turquie asiat.	333,719	Naples . . .	Italie . . .	129,061
Kasan. . . .	Russie . .	322,821	Nevers . . .	France . .	21,450
Kœnisberg . .	Prusse . .	140,223	Niort. . . .	Idem . . .	34,920
Laon	France . .	12,385	Nismes . . .	Idem . . .	57,620
La Rochelle. .	Idem . . .	39,719	Nouv.-Orléans.	Amérique. .	770,333
Laval. . . .	Idem . . .	24,485	Odessa. . . .	Russie. . .	212,070
Le Mans. . .	Idem . . .	18,340	Orléans. . .	France . .	14,835
Lille	Idem . . .	20,935	Oxford . . .	Angleterre .	41,330
Lima. . . .	Pérou . . .	1025,056	Owihée . . .	Iles Sandwich.	1202,477
Limoges. . .	France . .	34,360	Palerme. . .	Sicile . . .	167,420
Le Puy . . .	Idem . . .	43,729	Palme . . .	Ile Majorque.	103,031
Lisbonne. . .	Portugal . .	145,300	Paris. . . .	France . .	000,000
Londres. . .	Angleterre .	34,403	Pau	Idem . . .	64,786
Lons-le-Saulnier	France . .	33,958	Pekin. . . .	Chine. . .	821,607
Lyon. . . .	Idem . . .	38,925	Périgueux . .	France . .	42,382
Macao . . .	Chine . . .	959,381	Perpignan . .	Idem . . .	68,345
Macon . . .	France . .	33,758	Pétersbourg. .	Russie. . .	216,484
Madras . . .	Indes . . .	804,830	Philadelphie .	Amérique. .	677,000
Madrid . . .	Espagne . .	104,986	Poitiers . . .	France . .	29,327
Malaca . . .	Indes . . .	1052,575	Pondichery. .	Indes . . .	809,553
Manille . . .	Iles Philippi	1073,023	Port-Louis . .	Ile de France.	940,268

SUITE de la Table des Principales Villes, etc.

NOMS des VILLES.	NOMS des CONTRÉES.	DISTANCE à Paris, comptée en myriamètres.	NOMS des VILLES.	NOMS des CONTRÉES.	DISTANCE à Paris, comptée en myriamètres.
Porto-Ferajo .	Ile d'Elbe .	91,467	Tarbes . . .	France . .	64,667
Porto-Rico . .	Antilles am. nes	690,742	Ténériffe (Pic de)	Iles Canaries.	191,846
Prague. . . .	Bohème . .	88,084	Thèbes . . .	Égypte . .	306,763
Privas . . .	France . .	48,994	Tobolsk. . .	Sibérie . .	428,215
Québec . . .	Canada . .	526,809	Tornéo . . .	Suède. . .	227,409
Quimper . . .	France . .	48,567	Toulon . . .	France . .	69,303
Quito. . . .	Pérou . . .	936,861	Toulouse . .	Idem . . .	58,626
Rennes . . .	France . .	30,753	Tours . . .	Idem . . .	20,120
Riga. . . .	Russie . .	170,294	Trébisonde. .	Turquie . .	302,016
Rio-Janeiro .	Amérique. .	916,452	Trieste . . .	Illyrie . .	93,287
Rodez . . .	France . .	49,894	Tryinquemaley.	Ceylan . .	847,413
Rome . . .	Italie . . .	110,276	Troyes . . .	France . .	14,102
Rouen . . .	France . .	11,080	Tripoli . . .	Afrique . .	198,776
Saint-Brieux .	Idem . . .	37,230	Tulles . . .	France . .	41,919
Saint-Denis .	Ile Bourbon .	933,837	Tunis . . .	Afrique . .	148,074
Saint-Joseph .	Californie. .	650,240	Turin . . .	Piémont . .	58,178
Saint-Lô . .	France . .	25,190	Uranisbourg .	Danemarck .	105,278
Sainte-Hélène.	Océan atlant.	723,978	Valence. . .	France . .	47,696
Sainte-Croix .	Antilles . .	558,547	Vannes . . .	Idem . . .	40,002
Siam . . .	Indes . . .	941,691	Varsovie . .	Pologne . .	147,025
Smolensk . .	Russie. . .	212,462	Vénise . . .	Italie . . .	84,555
Smyrne. . .	Asie . . .	228,583	Versailles . .	France . .	1,930
Stockolm . .	Suède. . .	154,537	Vésoul . . .	Idem . . .	31,319
Stralsund . .	Idem . . .	98,242	Vienne . . .	Autriche . .	103,420
Strasbourg . .	France . .	39,752	Vilna . . .	Pologne . .	169,731
Stugard . . .	Allemagne .	50,087	Washington .	Amérique .	613,335
Syène . . .	Égypte . .	382,758	Wardhuus . .	Laponie . .	282,948
Taïti . . .	Mer du Sud .	1569,300			

Les 3.me et 6.me colonnes , ayant pour titre *distance à Paris comptée en myriamètres* , ont été calculées en supposant la terre sphérique , et en ne négligeant que les quantités plus petites que les millièmes de myriamètres.

On estime généralement que , pour tenir compte des sinuosités des routes , il faut augmenter la plus courte distance d'environ un quart.

Si l'on veut ensuite réduire ces distances en lieues géographiques de 25 au degré ancien , il faut multiplier les myriamètres par 9/4 , ou par 2 et 1/4.

.EXEMPLE :

La distance de Paris à Vienne est de . .	103 ,	myr.	42
Ajoutez ce nombre à lui-même. .	103 ,		42
Ajoutez encore le quart	25 ,		85
Somme	232 ,		69

La somme de ces trois quantités est égale à la plus courte distance de Paris à Vienne , exprimée en lieues et fractions décimales de la lieue.

Pour avoir égard aux sinuosités des routes , à cette plus courte distance ajoutez le quart .

58 ;	17
290 ,	86

Cette somme sera, à très-peu-près , la distance de Paris à Vienne. On voit qu'en comptant la fraction décimale , cette distance est de 291 lieues.

ARTICLE II.

TABLEAU de la Progression des Poids et de la Taxe des Lettres et Paquets, conformément à la Loi du 15 mars 1827.

PROGRESSION DES POIDS	Jusqu'à 40 kilomètres inclus. (fr)	déc	De 40 à 80 kilomètres inclus. (fr)	déc	De 80 à 150 kilomètres inclus. (fr)	déc	De 150 à 220 kilomètres inclus. (fr)	déc	De 220 à 300 kilomètres inclus. (fr)	déc	De 300 à 400 kilomètres inclus. (fr)	déc	De 400 à 500 kilomètres inclus. (fr)	déc	De 500 à 600 kilomètres inclus. (fr)	déc	De 600 à 750 kilomètres inclus. (fr)	déc	De 750 à 900 kilomètres inclus. (fr)	déc	Au-dessus de 900 indéfiniment. (fr)	déc
Jusqu'à 7 1/2 grammes exclusivement, le port de la lettre simple.		2		3		4		5		6		7		8		9	1		1	1	1	2
De 7 1/2 à 10 grammes exclusivement 1 fois 1/2 le port.		3		5		6		8		9	1	1	1	2	1	4	1	5	1	7	1	8
De 10 à 15 idem. 2 fois idem.		4		6		8	1		1	2	1	4	1	6	1	8	2		2	2	2	4
De 15 à 20 idem. 2 fois 1/2 idem.		5		8	1		1	3	1	5	1	8	2		2	3	2	5	2	8	3	
De 20 à 25 idem. 3 fois idem.		6		9	1	2	1	5	1	8	2	1	2	4	2	7	3		3	3	3	6
De 25 à 30 idem. 3 fois 1/2 idem.		7	1	1	1	4	1	8	2	1	2	5	2	8	3	2	3	5	3	9	4	2
De 30 à 35 idem. 4 fois idem.		8	1	2	1	6	2		2	4	2	8	3	2	3	6	4		4	4	4	8
De 35 à 40 idem. 4 fois 1/2 idem.		9	1	4	1	8	2	3	2	7	3	2	3	6	4	1	4	5	5		5	4
De 40 à 45 idem. 5 fois idem.	1		1	5	2		2	5	3		3	5	4		4	5	5		5	5	6	
De 45 à 50 idem. 5 fois 1/2 idem.	1	1	1	7	2	2	2	8	3	3	3	9	4	4	5		5	5	6	1	6	6
De 50 à 55 idem. 6 fois idem.	1	2	1	8	2	4	3		3	6	4	2	4	8	5	4	6		6	6	7	2
De 55 à 60 idem. 6 fois 1/2 idem.	1	3	2		2	6	3	3	3	9	4	6	5	2	5	9	6	5	7	2	7	8
De 60 à 65 idem. 7 fois idem.	1	4	2	1	2	8	3	5	4	2	4	9	5	6	6	3	7		7	7	8	4
De 65 à 70 idem. 7 fois 1/2 idem.	1	5	2	3	3		3	8	4	5	5	3	6		6	8	7	5	8	3	9	
De 70 à 75 idem. 8 fois idem.	1	6	2	4	3	2	4		4	8	5	6	6	4	7	2	8		8	8	9	6
De 75 à 80 idem. 8 fois 1/2 idem.	1	7	2	6	3	4	4	3	5	1	6		6	8	7	7	8	5	9	4	10	2
De 80 à 85 idem. 9 fois idem.	1	8	2	7	3	6	4	5	5	4	6	3	7	2	8	1	9		9	9	10	8
De 85 à 90 idem. 9 fois 1/2 idem.	1	9	2	9	3	8	4	8	5	7	6	7	7	6	8	6	9	5	10	5	11	4
De 90 à 95 idem. 10 fois idem.	2		3		4		5		6		7		8		9		10		11		12	
De 95 à 100 idem. 10 fois 1/2 idem.	2	1	3	2	4	2	5	3	6	3	7	4	8	4	9	5	10	5	11	6	12	6
De 100 à 105 idem. 11 fois idem.	2	2	3	3	4	4	5	5	6	6	7	7	8	8	9	9	11		12	1	13	2
De 105 à 110 idem. 11 fois 1/2 idem.	2	3	3	5	4	6	5	8	6	9	8	1	9	2	10	4	11	5	12	7	13	8
De 110 à 115 idem. 12 fois idem.	2	4	3	6	4	8	6		7	2	8	4	9	6	10	8	12		13	2	14	4
De 115 à 120 idem. 12 fois 1/2 idem.	2	5	3	8	5		6	3	7	5	8	8	10		11	3	12	5	13	8	15	
De 120 à 125 idem. 13 fois idem.	2	6	3	9	5	2	6	5	7	8	9	1	10	4	11	7	13		14	3	15	6
De 125 à 130 idem. 13 fois 1/2 idem.	2	7	4	1	5	4	6	8	8	1	9	5	10	8	12	2	13	5	14	9	16	2
De 130 à 135 idem. 14 fois idem.	2	8	4	2	5	6	7		8	4	9	8	11	2	12	6	14		15	4	16	8
De 135 à 140 idem. 14 fois 1/2 idem.	2	9	4	4	5	8	7	3	8	7	10	2	11	6	13	1	14	5	16		17	4
De 140 à 145 idem. 15 fois idem.	3		4	5	6		7	5	9		10	5	12		13	5	15		16	5	18	
De 145 à 150 idem. 15 fois 1/2 idem.	3	1	4	7	6	2	7	8	9	3	10	9	12	4	14		15	5	17	1	18	6
De 150 à 155 idem. 16 fois idem.	3	2	4	8	6	4	8		9	6	11	2	12	8	14	4	16		17	6	19	2
De 155 à 160 idem. 16 fois 1/2 idem.	3	3	5		6	6	8	3	9	9	11	6	13	2	14	9	16	5	18	2	19	8

SUITE.

PROGRESSION DES POIDS.	Jusqu'à 40 kilomètres inclusivement.		De 40 à 80 kilomètres inclusivement.		De 80 à 150 kilomètres inclusivement.		De 150 à 220 kilomètres inclusivement.		De 220 à 300 kilomètres inclusivement.		De 300 à 400 kilomètres inclusivement.		De 400 à 500 kilomètres inclusivement.		De 500 à 600 kilomètres inclusivement.		De 600 à 750 kilomètres inclusivement.		De 750 à 900 kilomètres inclusivement.		Au-dessus de 900 inclusivement.	
	fr	dec	fr	dec	fr	dec	fr	dec	fr	dec	fr	dec	fr	dec	fr	dec	fr	dec	fr	dec	fr	dec
De 160 à 165 grammes exclusivement 17 fois le port.	3	4	5	1	6	8	8	5	10	2	11	9	13	6	15	3	17	2	18	7	20	4
De 165 à 170 idem. 17 fois 1/2 idem.	3	5	5	3	7	2	8	8	10	5	12	3	14	2	15	8	17	5	19	3	21	4
De 170 à 175 idem. 18 fois idem.	3	6	5	4	7	2	9	5	11	8	12	6	14	4	16	2	18	2	19	8	21	6
De 175 à 180 idem. 18 fois 1/2 idem.	3	7	5	6	7	7	9	3	11	1	13	3	15	8	16	7	18	5	20	4	22	8
De 180 à 185 idem. 19 fois idem.	3	8	5	7	7	6	9	5	11	4	13	3	15	2	17	1	19	2	20	9	22	4
De 185 à 190 idem. 19 fois 1/2 idem.	3	9	5	9	7	8	9	8	12	7	13	7	15	6	17	6	19	5	21	5	23	6
De 190 à 195 idem. 20 fois idem.	4	2	6	2	8	2	10	4	12	2	14	2	16	2	18	2	20	2	22	1	24	6
De 195 à 200 idem. 20 fois 1/2 idem.	4	1	6	2	8	2	10	3	13	3	14	4	16	4	18	5	20	5	23	6	24	2
De 200 à 205 idem. 21 fois idem.	4	4	6	3	8	4	10	5	13	9	14	7	16	8	18	9	21	1	23	1	25	2
Et ainsi de suite, demi-port en sus pour chaque poids de 5 gram.es																						

CHAPITRE IV.

ARTICLE PREMIER.

Mesures de Capacité pour les Liquides.

Il y avait anciennement deux sortes de mesures de capacité : l'une pour les liquides , et l'autre pour les grains et les matières sèches ; elles servaient à faire connaître les substances , et étaient des solides réduits à des cubes ; celles pour les liquides étaient :

La pinte de Paris , qui valait 48 pouces cubes , en usage autrefois pour la vente des vins en gros , ainsi que le prouve la jauge dont on se servait, qu'on appelait *velte* , laquelle était un cylindre de 8 pintes anciennes de Paris , qui par conséquent valait 384 pouces cubes.

Le muid de vin contenait 36 veltes , ou 288 pintes de Paris , ou enfin 13824 pouces cubes.

Ces anciennes mesures sont remplacées ,

1.°	Par le myrialitre, qui vaut	10000	litres.
2.°	le kilolitre ,	1000	
3.°	l'hectolitre ,	100	
4.°	le décalitre ,	10	
5.°	le litre ,	1	

Le myrialitre vaut	504124	pouces cubes.		
Le kilolitre	50412	— —	4	dixièmes.
L'hectolitre	5041	— —	24	centièmes.
Le décalitre	504	— —	124	millièmes.
Le litre	50	— —	4124	dix millièmes.
Le décilitre vaut 100 centimètres cubes, ou	5	— —	04124	dix millionièmes.

Le litre est un décimètre cube ; il contient en liquide un kilogramme d'eau : ainsi , il sera toujours facile de connaître la capacité d'un vase, ou tonneau quelconque par son poids (la tare défalquée) , à raison d'un litre , pour un kilogramme de liquide.

Dimensions des nouvelles Mesures pour les liquides.

NOMS des MESURES.	Valeur en litres.	Diamètre en millimètres.	Hauteur en millimètres.	Diamètre en pieds, pouces et lignes de Paris.	Hauteur en pieds, pouces et lignes de Paris.	Valeur en pouces cubes de Paris.
	litres centilitres	millim dixie	millim dixie	pieds pouces lignes	pieds pouces lignes	pouces cubes fract
Hectolitre.	100 »	599 3	798 5	1 2 9	2 5 6	5041 24
Demi-hectolitre. .	50 »	316 9	633 8	» 11 8 1/2	1 11 5	2520 62
Double décalitre.	20 »	233 5	467 »	» 8 7 1/2	1 5 3	1008 248
Décalitre.	10 »	185 3	370 6	» 6 10 1/7	1 1 8 2/7	504 124
Demi-décalitre . .	5 »	147 1	294 2	» 5 5 1/5	» 10 10 2/5	252 061
Double litre . . .	2 »	108 4	216 7	» 4 »	» 8 »	. 100 8248
Litre	1 »	86 »	172 »	» 3 2 1/8	» 6 4 1/4	50 4124
Demi-litre.	0 50	68 3	136 6	» 2 6 2/7	» 5 » 5/9	25 2062
Double décilitre .	0 20	50 3	100 6	» 1 10 3/10	» 3 8 4/7	10 08248
Décilitre.	0 10	39 9	79 8	» 1 5 2/3	» 2 11 1/3	5 04124
Demi-décilitre . .	0 5	31 7	63 4	» 1 2 1/10	» 2 4 1/10	2 52062

Les mesures, pour les liquides, sujettes à être poinçonnées, sont le double litre et ses divisions ; elles doivent être d'une forme cylindrique, c'est-à-dire, longue et ronde, et d'égale grosseur par tout ; la hauteur doit être double du diamètre, comme on le voit par le tableau ci-dessus, elles ne peuvent être en cuivre, mais en étain à l'alliage d'un cinquième de plomb ; celles pour le lait peuvent être en fer-blanc.

Dimensions des nouvelles Barriques pour le vin et l'eau-de-vie, leur contenance en litres et pouces cubes de Paris.

NOMS des PIÈCES.	Capacité en litres.	LONGUEUR INTÉRIEURE de la barrique en Millim.	LONGUEUR INTÉRIEURE de la barrique en Pieds, Pouces et Lignes de Paris.	DIAMÈTRE DU BOUGE de la barrique en Millim.	DIAMÈTRE DU BOUGE de la barrique en Pieds, Pouces et Lignes de Paris.	DIAMÈTRE DES FONDS de la barrique en Millim.	DIAMÈTRE DES FONDS de la barrique en Pieds, Pouces et Lignes de Paris.	VALEUR des barriques en pouces cubes de Paris.
			pi pouc lignes		pic pouc lignes		pic pouc lignes	po cub cent
Demi-hectolitre .	50	454	1 4 9 1/4	389	1 2 4 3/7	345	1 » 8 15/16	2520 62
1 hectolitre. . . .	100	572	1 9 1 1/2	490	1 5 3 1/5	435	1 4 » 5/6	5041 24
2 id.	200	720	2 2 7 1/16	618	1 10 10	548	1 8 2 9/10	10051 48
3 id.	300	824	2 6 5 5/7	707	2 2 5 2/5	628	1 11 2 2/5	15112 72
4 id.	400	905	2 9 2 1/2	778	2 4 8 7/8	691	1 1 6 4,13	20162 96
5 id.	500	976	3 0 1 1/2	838	2 6 11 1/2	745	2 3 6 1/4	25206 20
6 id.	600	1049	3 2 4 1/2	891	2 8 11	791	2 5 2 2/3	30247 44
7 id.	700	1093	3 4 4 1/2	938	2 10 7 4/5	833	2 6 9 1/2	35288 68
8 id.	800	1144	3 6 3 1/5	980	3 » 2 2/5	874	2 8 2 1/10	40329 92
9 id.	900	1190	3 7 11 1/4	1019	3 1 7 7/10	906	2 9 5 3/5	45371 16
10 id. ou 1 kilolitre.	1000	1232	3 9 6 1/10	1056	3 3 » 3/25	943	2 10 7 4/5	50412 40

ARTICLE II.

Guide des Négocians , Distillateurs , Marchands et Débitans d'eau-de-vie ; divisé en trois parties: la première indique deux cent trente-un mouillages ; la deuxième présente le rapport des veltes en litres ; et la troisième donne le prix de la velte et du litre d'après le prix de 27 veltes.

PREMIÈRE PARTIE.

Réduction de degrés supérieurs à degrés inférieurs.

Toutes les fois qu'on mouillera 100 litres seulement d'esprit ou d'eau-de-vie , on n'a pas d'opération à faire , attendu que la quantité de litres et centilitres d'eau est indiquée dans la colonne qui suit les degrés supérieurs à degrés inférieurs, comme par exemple : on veut réduire 100 litres de 33 degrés à 19 degrés , il suffit de chercher de 33 à 19 , on trouve dans la colonne qui suit , et sur la même ligne , 72 litres 33 centilitres d'eau qu'il faut mettre pour 100 litres ; ainsi, les 100 litres d'esprit de 33 degrés réduits à 19 produisent donc , après le mouillage , 172 litres 33 centilitres d'eau-de-vie à 19 degrés.

Mais , quand on mouillera plus ou moins de 100 litres , on doit multiplier la quantité de litres et centilitres qu'on veut réduire par la quantité de litres et centilitres d'eau qu'on aurait mis pour 100 litres ; comme par exemple : on veut réduire 205 litres 47 centilitres (27 veltes) d'esprit de 33 degrés à 18 degrés, on trouve , dans la colonne de 33 degrés à 18 degrés , qu'il faut mettre 87 litres 34 centilitres d'eau par 100 litres ; on multiplie donc les 205 litres 47 centilitres , quantité à réduire , par 87 litres 34 centilitres d'eau qu'on aurait mis pour 100 litres.

Opération détaillée.

205 litres 47 cent.s d'esprit de 33 à 18 degrés.

87   34   d'eau pour 100 litres pour opérer la réduction.

821   88
6164   1
14,3829
164,376
―――――――
179,4574   98   Produit 179 litres 46 cent.s d'eau à mettre pour les 205 litres 47 cent.s

En additionnant les deux quantités { 205 litres 47 cent.s
                                      179   46

Produit : . . : . . 384 litres 93 cent.s d'eau-de-vie à 18 degrés.

Observation pour l'intelligence des personnes qui n'ont pas l'habitude d'opérer par les décimales.

Quand il y aura des litres aux deux quantités, on ne retranchera que deux chiffres sur la droite du produit de la multiplication ; quand il y aura des décilitres, on retranchera quatre chiffres, et quand il y aura des centilitres, on retranchera six chiffres ; c'est-à-dire qu'on retranchera toujours autant de chiffres sur la droite du produit de la multiplication et de l'addition, qu'il y aura de décimales à chaque quantité, plus toujours deux chiffres.

(*Voyez* l'opération détaillée.)

Esprit ou Eau-de-Vie à réduire aux degrés ci-dessous.	Litres et centilitres d'eau qu'il faut mettre par 100 litres pour faire la réduction.	Esprit ou Eau-de-Vie à réduire aux degrés ci-dessous.	Litres et centilitres d'eau qu'il faut mettre par 100 litres pour faire la réduction.	Esprit ou Eau-de-Vie à réduire aux degrés ci-dessous.	Litres et centilitres d'eau qu'il faut mettre par 100 litres pour faire la réduction.
degrés. degrés.	litres. centilit.s	degrés. degrés.	litres. centilit.s	degrés. degrés.	litres. centilit.s
de 36 à 35	2 »	de 35 à 23	45 11	de 33 à 29	11 68
de 36 à 34	4 25	de 35 à 22	51 96	de 33 à 28	15 24
de 36 à 33	6 75	de 35 à 21	59 78	de 33 à 27	18 94
de 36 à 32	9 50	de 35 à 20	68 57	de 33 à 26	23 18
de 36 à 31	12 50	de 35 à 19	80 39	de 33 à 25	27 83
de 36 à 30	15 75	de 35 à 18	96 09	de 33 à 24	32 98
de 36 à 29	19 25	de 35 à 17	115 71	de 33 à 23	38 64
de 36 à 28	23 »	de 35 à 16	140 »	de 33 à 22	45 18
de 36 à 27	27 »	de 35 à 15	172 54	de 33 à 21	52 69
de 36 à 26	31 50			de 33 à 20	61 09
de 36 à 25	36 50	de 34 à 33	2 39	de 33 à 19	72 33
de 36 à 24	41 95	de 34 à 32	5 »	de 33 à 18	87 34
de 36 à 23	47 98	de 34 à 31	7 88	de 33 à 17	106 09
de 26 à 22	55 »	de 34 à 30	11 »	de 33 à 16	129 48
de 36 à 21	62 99	de 34 à 29	14 39	de 33 à 15	160 38
de 36 à 20	72 »	de 34 à 28	18 ,		
de 36 à 19	83 97	de 34 à 27	21 78	de 32 à 31	2 74
de 36 à 18	100 »	de 34 à 26	26 14	de 32 à 30	5 68
de 36 à 17	120 »	de 34 à 25	30 94	de 32 à 29	8 89
de 36 à 16	144 99	de 34 à 24	36 18	de 32 à 28	12 28
de 36 à 15	178 »	de 34 à 23	41 92	de 32 à 27	15 97
		de 34 à 22	48 68	de 32 à 26	20 08
de 35 à 34	2 19	de 34 à 21	56 33	de 32 à 25	24 64
de 35 à 33	4 64	de 34 à 20	65 »	de 32 à 24	29 68
de 35 à 32	7 74	de 34 à 19	76 48	de 32 à 23	35 14
de 35 à 31	10 28	de 34 à 18	91 84	de 32 à 22	41 55
de 35 à 30	13 49	de 34 à 17	110 95	de 32 à 21	48 83
de 35 à 29	16 89	de 34 à 16	135 »	de 32 à 20	57 08
de 35 à 28	20 49	de 34 à 15	166 60	de 32 à 19	67 98
de 35 à 27	24 49			de 32 à 18	82 44
de 35 à 26	28 89	de 33 à 32	2 59	de 32 à 17	100 88
de 35 à 25	33 80	de 33 à 31	5 39	de 32 à 16	123 74
de 35 à 24	39 19	e 33 à 30	8 44	de 32 à 15	153 88

SUITE.

Esprit ou Eau-de-Vie à réduire aux degrés ci-dessous.	Litres et centilitres d'eau qu'il faut mettre par 100 litres pour faire la réduction.	Esprit ou Eau-de-Vie à réduire aux degrés ci-dessous.	Litres et centilitres d'eau qu'il faut mettre par 100 litres pour faire la réduction.	Esprit ou Eau-de-Vie à réduire aux degrés ci-dessous.	Litres et centilitres d'eau qu'il faut mettre par 100 litres pour faire la réduction.
degrés degrés.	litres. centilit.ˢ	degrés. degrés.	litres. centilit.ˢ	degrés. degrés.	litres. centilit.ˢ
de 31 à 30	2 89	de 29 à 20	44 23	de 26 à 17	67 27
de 31 à 29	6 "	de 29 à 19	54 18	de 26 à 16	86 87
de 31 à 28	9 34	de 29 à 18	66 83	de 26 à 15	111 37
de 31 à 27	12 88	de 29 à 17	84 43		
de 31 à 26	16 89	de 29 à 16	105 42	de 25 à 24	4 "
de 31 à 25	21 34	de 29 à 15	133 07	de 25 à 23	8 38
de 31 à 24	26 18			de 25 à 22	13 53
de 31 à 23	31 53	de 28 à 27	3 22	de 25 à 21	19 37
de 31 à 22	37 72	de 28 à 26	6 88	de 25 à 20	25 97
de 31 à 21	44 88	de 28 à 25	10 92	de 25 à 19	34 68
de 31 à 20	52 88	de 28 à 24	15 43	de 25 à 18	46 47
de 31 à 19	63 53	de 28 à 23	20 28	de 25 à 17	61 13
de 31 à 18	77 72	de 28 à 22	26 "	de 25 à 16	75 47
de 31 à 17	95 55	de 28 à 21	32 48	de 25 à 15	103 64
de 31 à 16	117 70	de 28 à 20	39 83		
de 31 à 15	147 08	de 28 à 19	49 58	de 24 à 23	4 17
		de 28 à 18	62 57	de 24 à 22	9 13
de 30 à 29	3 "	de 28 à 17	78 80	de 24 à 21	14 78
de 30 à 28	6 23	de 28 à 16	99 17	de 24 à 20	21 08
de 30 à 27	9 68	de 28 à 15	125 97	de 24 à 19	29 55
de 30 à 26	13 57			de 24 à 18	40 82
de 30 à 25	17 88	de 27 à 26	3 53	de 24 à 17	54 87
de 30 à 24	22 63	de 27 à 25	7 47	de 24 à 16	72 47
de 30 à 23	27 82	de 27 à 24	11 78	de 24 à 15	95 72
de 30 à 22	33 88	de 27 à 23	16 53		
de 30 à 21	40 78	de 27 à 22	21 97	de 23 à 22	4 71
de 30 à 20	48 36	de 27 à 21	28 33	de 23 à 21	10 15
de 30 à 19	58 92	de 27 à 20	35 42	de 23 à 20	16 19
de 30 à 18	72 78	de 27 à 19	44 88	de 23 à 19	24 28
de 30 à 17	90 "	de 27 à 18	57 47	de 23 à 18	31 14
de 30 à 16	115 01	de 27 à 17	73 17	de 23 à 17	48 63
de 30 à 15	140 12	de 27 à 16	92 08	de 23 à 16	65 53
		de 27 à 15	118 88	de 23 à 15	87 12
de 29 à 28	3 14				
de 29 à 27	6 48	de 26 à 25	3 80	de 22 à 21	5 15
de 29 à 26	10 23	de 26 à 24	7 97	de 22 à 20	10 15
de 29 à 25	14 42	de 26 à 23	12 52	de 22 à 19	18 68
de 29 à 24	19 08	de 26 à 22	17 85	de 22 à 18	29 08
de 29 à 23	24 07	de 26 à 21	23 89	de 22 à 17	41 92
de 29 à 22	30 "	de 26 à 20	30 78	de 22 à 16	58 08
de 29 à 21	36 68	de 26 à 19	39 87	de 22 à 15	79 33
		de 26 à 18	52 07		

SUITE.

Esprit ou Eau-de-Vie à réduire aux degrés ci-dessous.		Litres et centilitres d'eau qu'il faut mettre par 100 litres pour faire la réduction.		Esprit ou Eau-de-Vie à réduire aux degrés ci-dessous.		Litres et centilitres d'eau qu'il faut mettre par 100 litres pour faire la réduction.		Esprit ou Eau-de-Vie à réduire aux degrés ci-dessous.		Litres et centilitres d'eau qu'il faut mettre par 100 litres pour faire la réduction.	
degrés.	degrés.	litres.	centilit.ª	degrés.	degrés.	litres.	centilit.ª	degrés.	degrés.	litres.	centilit.ª
de 21	à 20	5	48	de 20	à 17	27	88	de 18	à 17	10	»
de 21	à 19	12	88	de 20	à 16	41	43	de 18	à 16	22	47
de 21	à 18	22	68	de 20	à 15	61	57	de 18	à 15	38	97
de 21	à 17	34	92								
de 21	à 16	50	27								
de 21	à 15	70	53	de 19	à 18	8	68	de 17	à 16	11	25
				de 19	à 17	19	53	de 17	à 15	26	02
de 20	à 19	7	«	de 19	à 16	33	12				
de 20	à 18	16	23	de 19	à 15	51	08	de 16	à 15	13	41

DEUXIÈME PARTIE.

Rapport des veltes en litres , d'après le Tarif de l'Entrepôt de Paris.

8 pintes anciennes de Paris font une velte , ou 384 pouces cubes du pied de Paris.
100 centilitres font un litre , ou 50 pouces 4124 dix millièmes.
10 litres font un décalitre , ou 1000 centilitres , ou 504 pouces cubes 124 millièmes.
100 litres font un hectolitre , ou 10 décalitres , ou 5041 pouces cubes 24 centièmes.
1000 litres font un kilolitre , ou 10 hectolitres , ou 50412 pouces cubes 40 centièmes , ou un mètre cube.
131 veltes 1/3 font 1000 litres , ou un kilolitre , ou un mètre cube.

Veltes.	Litres.	Centil.ˢ	Veltes.	Litres.	Centil.ˢ	Veltes.	Litres.	Centil.ˢ	Veltes.	Litres.	Centil.ˢ
1/8	"	95	30	228	30	65	494	65	100	761	"
1/4	1	90	31	235	91	66	502	26	101	768	61
1/3	2	53	32	243	52	67	509	87	102	776	22
1/2	3	80	33	251	13	68	517	48	103	783	83
2/3	5	06	34	258	74	69	525	09	104	791	44
3/4	5	70	35	266	35	70	532	70	105	799	05
1	7	61	36	273	96	71	540	31	106	806	66
2	15	22	37	281	57	72	547	92	107	814	27
3	22	83	38	289	18	73	555	53	108	821	88
4	30	44	39	296	79	74	563	14	109	829	49
5	38	05	40	304	40	75	570	75	110	837	10
6	45	66	41	312	01	76	578	36	111	844	71
7	53	27	42	319	62	77	585	97	112	852	32
8	60	88	43	327	23	78	593	58	113	859	93
9	68	49	44	335	84	79	601	19	114	867	54
10	76	10	45	342	45	80	608	80	115	875	15
11	83	71	46	350	05	81	616	41	116	882	76
12	91	32	47	357	67	82	624	02	117	890	37
13	98	93	48	365	28	83	631	63	118	897	98
14	106	54	49	372	89	84	639	24	119	905	59
15	114	15	50	380	50	85	646	85	120	913	20
16	121	76	51	388	11	86	654	46	121	920	81
17	129	37	52	395	72	87	662	07	122	928	42
18	136	98	53	403	33	88	669	68	123	936	03
19	144	59	54	410	94	89	677	29	124	943	64
20	152	20	55	418	55	90	684	90	125	951	25
21	159	81	56	426	16	91	692	51	126	958	86
22	167	42	57	433	77	92	700	12	127	966	47
23	175	03	58	441	38	93	707	73	128	974	08
24	182	64	59	448	99	94	715	34	129	981	69
25	190	25	60	456	60	95	722	95	130	989	30
26	197	86	61	464	21	96	730	56	131	996	91
27	205	47	62	471	82	97	738	17			
28	213	08	63	479	43	98	745	78			
29	220	69	64	487	04	99	753	39			

TROISIÈME PARTIE.

Prix de la velte et du litre, d'après le prix des 27 veltes.

27 veltes coûtant en francs.	Prix de la velte.	Prix du litre.	27 veltes coûtant en francs.	Prix de la velte.	Prix du litre.	27 veltes coûtant en francs.	Prix de la velte.	Prix du litre.
fr.	fr. c.	fr. c.	fr.	fr. c.	fr. c.	fr.	fr. c.	fr. c.
100	3 70	» 49	136	5 04	» 66	172	6 37	» 83
101	3 74	» 49	137	5 07	» 66	173	6 41	» 84
102	3 78	» 49	138	5 11	» 67	174	6 45	» 84
103	3 81	» 50	139	5 15	» 67	175	6 48	» 85
104	3 85	» 50	140	5 18	» 68	176	6 52	» 85
105	3 89	» 51	141	5 22	» 68	177	6 56	» 86
106	3 93	» 51	142	5 26	» 69	178	6 60	» 86
107	3 96	» 52	143	5 30	» 69	179	6 63	» 87
108	4 »	» 52	144	5 33	» 70	180	6 67	» 87
109	4 04	» 53	145	5 37	» 70	181	6 71	» 88
110	4 07	» 54	146	5 41	» 71	182	6 74	» 88
111	4 11	» 54	147	5 45	» 71	183	6 78	» 89
112	4 15	» 54	148	5 48	» 72	184	6 82	» 89
113	4 18	» 55	149	5 52	» 72	185	6 85	» 90
114	4 22	» 55	150	5 56	» 72	186	6 89	» 90
115	4 26	» 56	151	5 60	» 73	187	6 93	» 91
116	4 30	» 56	152	5 63	» 73	188	6 96	» 91
117	4 33	» 57	153	5 67	» 74	189	7 »	» 92
118	4 37	» 57	154	5 71	» 74	190	7 04	» 92
119	4 41	» 58	155	5 74	» 75	191	7 07	» 93
120	4 45	» 59	156	5 78	» 75	192	7 11	» 93
121	4 48	» 59	157	5 82	» 76	193	7 15	» 94
122	4 52	» 59	158	5 85	» 76	194	7 18	» 94
123	4 56	» 60	159	5 89	» 77	195	7 22	» 95
124	4 60	» 60	160	5 93	» 77	196	7 26	» 95
125	4 63	» 61	161	5 96	» 78	197	7 30	» 96
126	4 67	» 61	162	6 »	» 78	198	7 33	» 96
127	4 71	» 62	163	6 04	» 79	199	7 37	» 97
128	4 74	» 62	164	6 07	» 79	200	7 41	» 97
129	4 78	» 63	165	6 11	» 80	201	7 45	» 98
130	4 82	» 63	166	6 15	» 80	202	7 48	» 98
131	4 85	» 64	167	6 18	» 81	203	7 52	» 99
132	4 89	» 64	168	6 22	» 81	204	7 56	» 99
133	4 93	» 65	169	6 26	» 82	205	7 60	1 00
134	4 96	» 65	170	6 30	» 82	206	7 63	1 00
135	5 »	» 65	171	6 33	» 83	207	7 67	1 01

SUITE.

27 veltes coûtant en francs.	Prix de la velte.		Prix du litre.		27 veltes coûtant en francs.	Prix de la velte.		Prix du litre.		27 veltes coûtant en francs.	Prix de la velte.		Prix du litre.	
fr.	fr.	c.	fr.	c.	fr.	fr.	c.	fr.	c.	fr.	fr.	c.	fr.	c.
208	7	71	1	01	246	9	11	1	20	284	10	52	1	38
209	7	74	1	02	247	9	15	1	21	285	10	56	1	39
210	7	78	1	02	248	9	18	1	21	286	10	60	1	39
211	7	82	1	03	249	9	22	1	22	287	10	63	1	40
212	7	85	1	03	250	9	26	1	22	288	10	67	1	40
213	7	89	1	04	251	9	30	1	23	289	10	71	1	41
214	7	93	1	04	252	9	33	1	23	290	10	74	1	41
215	7	96	1	05	253	9	37	1	24	291	10	78	1	42
216	8	»	1	05	254	9	41	1	24	292	10	82	1	42
217	8	04	1	06	255	9	45	1	25	293	10	85	1	43
218	8	07	1	06	256	9	48	1	25	294	10	89	1	43
219	8	11	1	07	257	9	52	1	26	295	10	93	1	44
220	8	15	1	07	258	9	56	1	26	296	10	96	1	44
221	8	18	1	08	259	9	60	1	27	297	11	»	1	44
222	8	22	1	08	260	9	63	1	27	298	11	04	1	45
223	8	26	1	09	261	9	67	1	28	299	11	07	1	45
224	8	30	1	09	262	9	71	1	28	300	11	11	1	46
225	8	33	1	10	263	9	74	1	29	301	11	15	1	46
226	8	37	1	10	264	9	78	1	29	302	11	18	1	47
227	8	41	1	11	265	9	82	1	30	303	11	22	1	47
228	8	45	1	11	266	9	85	1	30	304	11	26	1	48
229	8	48	1	12	267	9	89	1	31	305	11	30	1	48
230	8	52	1	12	268	9	93	1	31	306	11	33	1	49
231	8	56	1	13	269	9	96	1	32	307	11	37	1	49
232	8	60	1	13	270	10	»	1	32	308	11	41	1	50
233	8	63	1	14	271	10	04	1	33	309	11	45	1	50
234	8	67	1	14	272	10	07	1	33	310	11	48	1	51
235	8	71	1	15	273	10	11	1	34	311	11	52	1	51
236	8	74	1	15	274	10	15	1	34	312	11	56	1	52
237	8	78	1	16	275	10	18	1	34	313	11	60	1	52
238	8	82	1	16	276	10	22	1	35	314	11	63	1	53
239	8	85	1	17	277	10	26	1	35	315	11	67	1	53
240	8	89	1	17	278	10	30	1	35	316	11	71	1	54
241	8	93	1	18	279	10	33	1	36	317	11	74	1	54
242	8	96	1	18	280	10	37	1	36	318	11	78	1	55
243	9	»	1	19	281	10	41	1	37	319	11	82	1	55
244	9	04	1	19	282	10	45	1	37	320	11	85	1	56
245	9	07	1	20	283	10	48	1	38	321	11	89	1	56

SUITE.

27 veltes coûtant en francs.	Prix de la velte.		Prix du litre.		27 veltes coûtant en francs.	Prix de la velte.		Prix du litre.		27 veltes coûtant en francs.	Prix de la velte.		Prix du litre.	
fr.	fr.	c.	fr.	c.	fr.	fr.	c.	fr.	c.	fr.	fr.	c.	fr.	c.
322	11	93	1	57	360	13	33	1	75	398	14	74	1	94
323	11	96	1	57	361	13	37	1	75	399	14	78	1	94
324	12	»	1	57	362	13	41	1	76	400	14	82	1	95
325	12	04	1	58	363	13	45	1	76	401	14	85	1	95
326	12	07	1	58	364	13	48	1	77	402	14	89	1	96
327	12	11	1	59	365	13	52	1	77	403	14	93	1	96
328	12	15	1	59	366	13	56	1	78	404	14	96	1	97
329	12	18	1	60	367	13	60	1	78	405	15	»	1	97
330	12	22	1	60	368	13	63	1	79	406	15	04	1	98
331	12	26	1	61	369	13	67	1	79	407	15	07	1	98
332	12	30	1	61	370	13	71	1	80	408	15	11	1	99
333	12	33	1	62	371	13	74	1	80	409	15	15	1	99
334	12	37	1	62	372	13	78	1	81	410	15	18	1	99
335	12	41	1	63	373	13	82	1	81	411	15	22	2	»
336	12	45	1	63	374	13	85	1	82	412	15	26	2	»
337	12	48	1	64	375	13	89	1	82	413	15	30	2	01
338	12	52	1	64	376	13	93	1	83	414	15	33	2	01
339	12	56	1	65	377	13	96	1	83	415	15	37	2	02
340	12	60	1	65	378	14	»	1	84	416	15	41	2	02
341	12	63	1	66	379	14	04	1	84	417	15	45	2	03
342	12	67	1	66	380	14	07	1	85	418	15	48	2	03
343	12	71	1	67	381	14	11	1	85	419	15	52	2	04
344	12	74	1	67	382	14	15	1	86	420	15	56	2	04
345	12	78	1	68	383	14	18	1	86	421	15	60	2	05
346	12	82	1	68	384	14	22	1	87	422	15	63	2	05
347	12	85	1	69	385	14	27	1	87	423	15	67	2	06
348	12	89	1	69	386	14	30	1	88	424	15	71	2	06
349	12	93	1	70	387	14	33	1	88	425	15	74	2	07
350	12	96	1	70	388	14	37	1	89	426	15	78	2	07
351	13	»	1	70	389	14	41	1	89	427	15	82	2	08
352	13	04	1	71	390	14	45	1	90	428	15	85	2	08
353	13	07	1	71	391	14	48	1	90	429	15	89	2	09
354	13	11	1	72	392	14	52	1	91	430	15	93	2	09
355	13	15	1	72	393	14	56	1	91	431	15	96	2	10
356	13	18	1	73	394	14	60	1	92	432	16	»	2	10
357	13	22	1	73	395	14	63	1	92	433	16	04	2	11
358	13	26	1	74	396	14	67	1	93	434	16	07	2	11
359	13	30	1	74	397	14	71	1	93	435	16	11	2	12

SUITE.

27 veltes coûtant en francs.	Prix de la velte.	Prix du litre.	27 veltes coûtant en francs.	Prix de la velte.	Prix du litre.	27 veltes coûtant en francs.	Prix de la velte.	Prix du litre.
fr.	fr. c.	fr. c.	fr.	fr. c.	fr. c.	fr.	fr. c.	fr. c.
436	16 15	2 12	474	17 56	2 30	512	18 96	2 49
437	16 18	2 13	475	17 60	2 31	513	19 »	2 50
438	16 22	2 13	476	17 63	2 31	514	19 04	2 50
439	16 26	2 14	477	17 67	2 32	515	19 07	2 51
440	16 30	2 14	478	17 71	2 32	516	19 11	2 51
441	16 33	2 15	479	17 74	2 33	517	19 15	2 52
442	16 37	2 15	480	17 78	2 33	518	19 18	2 52
443	16 41	2 16	481	17 82	2 34	519	19 22	2 53
444	16 45	2 16	482	17 85	2 34	520	19 26	2 53
445	16 48	2 17	483	17 89	2 35	521	19 30	2 54
446	16 52	2 17	484	17 93	2 35	522	19 33	2 54
447	16 56	2 18	485	17 96	2 36	523	19 37	2 55
448	16 60	2 18	486	18 »	2 36	524	19 41	2 55
449	16 63	2 19	487	18 04	2 37	525	19 45	2 56
450	16 67	2 19	488	18 07	2 37	526	19 48	2 56
451	16 71	2 20	489	18 11	2 38	527	19 52	2 57
452	16 74	2 20	490	18 15	2 38	528	19 56	2 57
453	16 78	2 21	491	18 18	2 39	529	19 60	2 58
454	16 82	2 21	492	18 22	2 39	530	19 63	2 58
455	16 85	2 22	493	18 26	2 40	531	19 67	2 59
456	16 89	2 22	494	18 30	2 40	532	19 71	2 59
457	16 93	2 23	495	18 33	2 41	533	19 74	2 60
458	16 96	2 23	496	18 37	2 41	534	19 78	2 60
459	17 »	2 23	497	18 41	2 42	535	19 82	2 61
460	17 04	2 24	498	18 45	2 42	536	19 85	2 61
461	17 07	2 24	499	18 48	2 43	537	19 89	2 62
462	17 11	2 24	500	18 52	2 43	538	19 93	2 62
463	17 15	2 25	501	18 56	2 44	539	19 96	2 63
464	17 18	2 25	502	18 60	2 44	540	20 »	2 63
465	17 22	2 26	503	18 63	2 45	541	20 04	2 64
466	17 26	2 26	504	18 67	2 45	542	20 07	2 64
467	17 30	2 27	505	18 71	2 46	543	20 11	2 65
468	17 33	2 27	506	18 74	2 46	544	20 15	2 65
469	17 37	2 28	507	18 78	2 47	545	20 18	2 65
470	17 41	2 28	508	18 82	2 47	546	20 22	2 66
471	17 45	2 29	509	18 85	2 48	547	20 26	2 66
472	17 48	2 29	510	18 89	2 48	548	20 30	2 66
473	17 52	2 30	511	18 93	2 49	549	20 33	2 67

SUITE.

27 veltes coûtant en francs.	Prix de la velte.		Prix du litre.		27 veltes coûtant en francs.	Prix de la velte.		Prix du litre.		27 veltes coûtant en francs.	Prix de la velte.		Prix du litre.	
fr.	fr.	c.	fr.	c.	fr.	fr.	c.	fr.	c.	fr.	fr.	c.	fr.	c.
550	20	37	2	67	588	21	78	2	85	626	23	18	3	04
551	20	41	2	68	589	21	82	2	86	627	23	22	3	05
552	20	45	2	68	590	21	85	2	86	628	23	26	3	05
553	20	48	2	69	591	21	89	2	87	629	23	30	3	06
554	20	52	2	69	592	21	93	2	87	630	23	33	3	06
555	20	56	2	70	593	21	96	2	88	631	23	37	3	07
556	20	60	2	70	594	22	»	2	88	632	23	41	3	07
557	20	63	2	70	595	22	04	2	89	633	23	45	3	08
558	20	67	2	71	596	22	07	2	89	634	23	48	3	08
559	20	71	2	71	597	22	11	2	90	635	23	52	3	09
560	20	74	2	72	598	22	15	2	90	636	23	56	3	09
561	20	78	2	72	599	22	18	2	91	637	23	60	3	10
562	20	82	2	73	600	22	22	2	91	638	23	63	3	10
563	20	85	2	73	601	22	26	2	92	639	23	67	3	11
564	20	89	2	74	602	22	30	2	92	640	23	71	3	11
565	20	93	2	74	603	22	33	2	93	641	23	74	3	12
566	20	96	2	75	604	22	37	2	93	642	23	78	3	12
567	21	»	2	75	605	22	41	2	94	643	23	82	3	13
568	21	04	2	76	606	22	45	2	94	644	23	85	3	14
569	21	07	2	76	607	22	48	2	95	645	23	89	3	14
570	21	11	2	77	608	22	52	2	95	646	23	93	3	15
571	21	15	2	77	609	22	56	2	96	647	23	96	3	15
572	21	18	2	78	610	22	60	2	96	648	24	»	3	15
573	21	22	2	78	611	22	63	2	97	649	24	04	3	16
574	21	26	2	79	612	22	67	2	97	650	24	07	3	16
575	21	30	2	79	613	22	71	2	98	651	24	11	3	17
576	21	33	2	79	614	22	74	2	98	652	24	15	3	17
577	21	37	2	80	615	22	78	2	99	653	24	18	3	18
578	21	41	2	80	616	22	82	2	99	654	24	22	3	18
579	21	45	2	81	617	22	85	3	»	655	24	26	3	19
580	21	48	2	81	618	22	89	3	»	656	24	30	3	19
581	21	52	2	82	619	22	93	3	01	657	24	33	3	20
582	21	56	2	82	620	22	96	3	01	658	24	37	3	20
583	21	60	2	83	621	23	»	3	02	659	24	41	3	21
584	21	63	2	83	622	23	04	3	02	660	24	45	3	21
585	21	67	2	84	623	23	07	3	03	661	24	48	3	22
586	21	71	2	84	624	23	11	3	03	662	24	52	3	22
587	21	75	2	85	625	23	15	3	04	663	24	56	3	23

SUITE.

27 veltes coûtant en francs.	Prix de la velte.		Prix du litre.		27 veltes coûtant en francs.	Prix de la velte.		Prix du litre.		27 veltes coûtant en francs.	Prix de la velte.		Prix du litre.	
fr.	fr.	c.	fr.	c.	fr.	fr.	c.	fr.	c.	fr.	fr.	c.	fr.	c.
664	24	60	3	23	702	26	»	3	42	740	27	41	3	60
665	24	63	3	24	703	26	04	3	42	741	27	45	3	61
666	24	67	3	24	704	26	07	3	43	742	27	48	3	61
667	24	71	3	25	705	26	11	3	43	743	27	52	3	62
668	24	74	3	25	706	26	15	3	44	744	27	56	3	62
669	24	78	3	26	707	26	18	3	44	745	27	60	3	63
670	24	82	3	26	708	26	22	3	45	746	27	63	3	63
671	24	85	3	27	709	26	26	3	45	747	27	67	3	64
672	24	89	3	27	710	26	30	3	46	748	27	71	3	64
673	24	93	3	28	711	26	33	3	46	749	27	74	3	65
674	24	96	3	28	712	26	37	3	47	750	27	78	3	65
675	25	»	3	28	713	26	41	3	47	751	27	82	3	66
676	25	04	3	29	714	26	45	3	48	752	27	85	3	66
677	25	07	3	29	715	26	48	3	48	753	27	89	3	67
678	25	11	3	30	716	26	52	3	49	754	27	93	3	67
679	25	15	3	30	717	26	56	3	49	755	27	96	3	67
680	25	18	3	31	718	26	60	3	50	756	28	»	3	68
681	25	22	3	31	719	26	63	3	50	757	28	04	3	68
682	25	26	3	32	720	26	67	3	51	758	28	07	3	69
683	25	30	3	32	721	26	71	3	51	759	28	11	3	69
684	25	33	3	33	722	26	74	3	52	760	28	15	3	70
685	25	37	3	33	723	26	78	3	52	761	28	18	3	70
686	25	41	3	34	724	26	82	3	53	762	28	22	3	71
687	25	45	3	34	725	26	85	3	53	763	28	26	3	71
688	25	48	3	35	726	26	89	3	54	764	28	30	3	72
689	25	52	3	35	727	26	93	3	54	765	28	33	3	72
690	25	56	3	36	728	26	96	3	54	766	28	37	3	73
691	25	60	3	36	729	27	»	3	55	767	28	41	3	73
692	25	63	3	37	730	27	04	3	55	768	28	45	3	74
693	25	67	3	38	731	27	07	3	56	769	28	48	3	74
694	25	71	3	38	732	27	11	3	56	770	28	52	3	75
695	25	74	3	39	733	27	15	3	57	771	28	56	3	75
696	25	78	3	39	734	27	18	3	57	772	28	60	3	76
697	25	82	3	40	735	27	22	3	58	773	28	63	3	76
698	25	85	3	40	736	27	26	3	58	774	28	67	3	77
699	25	89	3	41	737	27	30	3	59	775	28	71	3	77
700	25	93	3	41	738	27	33	3	59	776	28	74	3	78
701	25	96	3	41	739	27	37	3	60	777	28	78	3	78

SUITE.

27 veltes coûtant en francs.	Prix de la velte.		Prix du litre.		27 veltes coûtant en francs.	Prix de la velte.		Prix du litre.		27 veltes coûtant en francs.	Prix de la velte.		Prix du litre.	
fr.	fr.	c.	fr.	c.	fr.	fr.	c.	fr.	c.	fr.	fr.	c.	fr.	c.
778	28	82	3	79	816	30	22	3	97	854	31	63	4	15
779	28	85	3	79	817	30	26	3	97	855	31	67	4	16
780	28	89	3	80	818	30	30	3	98	856	31	71	4	16
781	28	93	3	80	819	30	33	3	98	857	31	74	4	17
782	28	96	3	81	820	30	37	3	99	858	31	78	4	17
783	29	»	3	81	821	30	41	3	99	859	31	82	4	18
784	29	04	3	81	822	30	45	4	»	860	31	85	4	18
785	29	07	3	82	823	30	48	4	»	861	31	89	4	19
786	29	11	3	82	824	30	52	4	01	862	31	93	4	19
787	29	15	3	83	825	30	56	4	01	863	31	96	4	19
788	29	18	3	83	826	30	60	4	02	864	32	»	4	20
789	29	22	3	84	827	30	63	4	02	865	32	04	4	20
790	29	26	3	84	828	30	67	4	03	866	32	07	4	21
791	29	30	3	85	829	30	71	4	03	867	32	11	4	21
792	29	33	3	85	830	30	74	4	04	868	32	15	4	22
793	29	37	3	86	831	30	78	4	04	869	32	18	4	22
794	29	41	3	86	832	30	82	4	05	870	32	22	4	23
795	29	45	3	87	833	30	85	4	05	871	32	26	4	23
796	29	48	3	87	834	30	89	4	06	872	32	30	4	24
797	29	52	3	88	835	30	93	4	06	873	32	33	4	24
798	29	56	3	88	836	30	96	4	07	874	32	37	4	25
799	29	60	3	89	837	31	»	4	07	875	32	41	4	25
800	29	63	3	89	838	31	04	4	07	876	32	45	4	26
801	29	67	3	90	839	31	07	4	08	877	32	48	4	26
802	29	71	3	90	840	31	11	4	08	878	32	52	4	27
803	29	74	3	91	841	31	15	4	09	879	32	56	4	27
804	29	78	3	91	842	31	18	4	09	880	32	60	4	28
805	29	82	3	92	843	31	22	4	10	881	32	63	4	28
806	29	85	3	92	844	31	26	4	10	882	32	67	4	29
807	29	89	3	93	845	31	30	4	11	883	32	71	4	29
808	29	93	3	93	846	31	33	4	11	884	32	74	4	30
809	29	96	3	94	847	31	37	4	12	885	32	78	4	30
810	30	»	3	94	848	31	41	4	12	886	32	82	4	31
811	30	04	3	94	849	31	45	4	13	887	32	85	4	31
812	30	07	3	95	850	31	48	4	13	888	32	89	4	32
813	30	11	3	95	851	31	52	4	14	889	32	93	4	32
814	30	14	3	96	852	31	56	4	14	890	32	96	4	33
815	30	18	3	96	853	31	60	4	15	891	33	»	4	33

SUITE.

27 veltes coûtant en francs.	Prix de la velte.		Prix du litre.		27 veltes coûtant en francs.	Prix de la velte.		Prix du litre.		27 veltes coûtant en francs.	Prix de la velte.		Prix du litre.	
fr.	fr.	c.	fr.	c.	fr.	fr.	c.	fr.	c.	fr.	fr.	c.	fr.	c.
892	33	04	4	34	929	34	41	4	52	966	35	78	4	70
893	33	07	4	34	930	34	45	4	53	967	35	82	4	71
894	33	11	4	35	931	34	48	4	53	968	35	85	4	71
895	33	15	4	35	932	34	52	4	54	969	35	89	4	72
896	33	18	4	36	933	34	56	4	54	970	35	93	4	72
897	33	22	4	36	934	34	60	4	55	971	35	96	4	73
898	33	26	4	37	935	34	63	4	55	972	36	»	4	73
899	33	30	4	37	936	34	67	4	56	973	36	04	4	74
900	33	33	4	38	937	34	71	4	56	974	36	07	4	74
901	33	37	4	38	938	34	74	4	57	975	36	11	4	75
902	33	41	4	39	939	34	78	4	57	976	36	15	4	75
903	33	45	4	39	940	34	82	4	58	977	36	18	4	76
904	33	48	4	40	941	34	85	4	58	978	36	22	4	76
905	33	52	4	40	942	34	89	4	59	979	36	26	4	77
906	33	56	4	41	943	34	93	4	59	980	36	30	4	77
907	33	60	4	41	944	34	96	4	59	981	36	33	4	78
908	33	63	4	42	945	35	»	4	60	982	36	37	4	78
909	33	67	4	42	946	35	04	4	60	983	36	41	4	79
910	33	71	4	43	947	35	07	4	61	984	36	45	4	79
911	33	74	4	43	948	35	11	4	61	985	36	48	4	80
912	33	78	4	44	949	35	15	4	62	986	36	52	4	80
913	33	82	4	44	950	35	18	4	62	987	36	56	4	81
914	33	85	4	45	951	35	22	4	63	988	36	60	4	81
915	33	89	4	45	952	35	26	4	63	989	36	63	4	82
916	33	93	4	46	953	35	30	4	64	990	36	67	4	82
917	33	96	4	46	954	35	33	4	64	991	36	71	4	83
918	34	»	4	47	955	35	37	4	65	992	36	74	4	83
919	34	04	4	47	956	35	41	4	65	993	36	78	4	84
920	34	07	4	48	957	35	45	4	66	994	36	82	4	84
921	34	11	4	48	958	35	48	4	66	995	36	85	4	85
922	34	15	4	49	959	35	52	4	67	996	36	89	4	85
923	34	18	4	49	960	35	56	4	67	997	36	93	4	86
924	34	22	4	50	961	35	60	4	68	998	36	96	4	86
925	34	26	4	50	962	35	63	4	68	999	37	»	4	87
926	34	30	4	51	663-	35	67	4	69	1000	37	04	4	87
927	34	33	4	51	964	35	71	4	69					
928	34	37	4	52	965	35	74	4	70					

ARTICLE III.

RAPPORT des Mesures de capacité pour les Liquides des quatre parties du monde avec le Litre.

Le myrialitre vaut 10000 litres. Le kilolitre vaut 1000 litres. L'hectolitre vaut 100 litres. Le décalitre vaut 10 litres. Le litre vaut 50 pouces cubes 4124 dix millièmes.

NOMS DES MESURES étrangères.	NOMS des Empires, Royaumes et Villes.	Un million de mesures étrangères fait en litres.	Un million de litres fait en mesures étrangères.	Valeur des mesures en pouces cubes de Paris.	
				p	c cent
Le bocali.	Ancone (Italie).	1449247	690014	73	06
Le gallon [1]. . . .	Angleterre (Royaume d'). . .	5808587	262564	192	»
La pinte de vin [2]. .	Angoulême (France. Charente). .	1204219	830413	60	71
Le stopen.	Anvers Royaume des Pays-Bas).	5191596	313323	160	90
La pinte.	Aubeterre (France. Charente). .	1088029	919092	54	85
La maass [3]. . . .	Augsbourg (Allemagne. Bavière).	1414989	70679	71	33
La pinte.	Baignes (France. Charente). . .	1473441	678685	74	28
Le pot nouveau [4]. .	Bâle (Suisse)	1593894	627394	80	35
La pinte [5]. . . .	Bergame (Italie).	1231046	812517	62	06
Le quart.	Berlin et Kœnisberg (Prusse). .	1170347	854447	59	»
Le pot.	Berne (Suisse).	1434885	696120	72	34
Idem	Berthoud ou Burgdorf (Suisse).	1372995	728334	69	22
Le bocali [6]. . . .	Bologne (Italie).	1256834	795650	63	36
Le pot [7]. . . .	Bordeaux (France. Gironde). . .	2264748	441550	114	17
Le mingel [8]. . . .	Brémen (Ville anséatique). . .	201319	4967228	10	15
Le bocali [9]. . . .	Brescia (Italie).	716291	1396079	36	11
Le quart.	Breslaw (Prusse. Silesie). . .	695047	1438751	35	04
Le quartier [10]. . .	Brunswik (Duché d'Allemagne). .	901207	1109623	45	43
Le pot.	Buren (Suisse).	1350065	740705	68	06
Le maass [11]. . . .	Cassel (Allemagne).	2048068	488265	103	25
La pinte.	Champagne-Mouton (Fr.e Charente).	1168149	856055	58	89
Idem	Châteauneuf et Lapéruse (Fr.e Ch.e)	1904295	525129	96	»

[1] Le firkin ofale vaut 8 gallons. Le firkin de bière vaut 9 gallons. Le firkin ossalmon orales vaut 10 gallons 1/2. Le kilderkin vaut 2 firkins. Le remdlet vaut 18 gallons. Le barel vaut 2 kilderkins. La tun vaut 42 gallons. L'hogshead vaut 63 gallons. Le panchion vaut 84 gallons. La pipe vaut 2 hogshead. La tun vaut 2 pipes. La tun, pour l'huile, vaut 906 litres 44/100.

[2] La pinte de vin d'Angoulême est en usage à Mansle, Jauldes, Montaubœuf, Hirsac, Vars, Garat, Dira, Ruelle, Mornac, Touvres et Chalais.

[3] Le fuder vaut 8 yex, ou 16 muids, ou 96 besous, ou 763 maass.

[4] Le saum vaut 96 pots.

[5] La brenta vaut 52 pintes de Bergame.

[6] La corba vaut 60 bocalis.

[7] Le pot se divise en 1/2, 1/4, 1/6 et 1/8.

[8] 16 mingels font 1 stubchen.

[9] Le carra vaut 864 bocalis.

[10] Le stuben vaut 4 quartiers.

[11] Le wiertel vaut 4 maass.

Suite du Rapport des Mesures de capacité, etc.

NOMS DES MESURES étrangères.	NOMS des Empires, Royaumes et Villes.	Un million de mesures étrangères fait en litres.	Un million de litres fait en mesures étrangères.	Valeur des mesures en pouces cubes de Paris.	
				p. c.	cent
La pinte.	Cognac (France. Charente). . .	952147	1050258	48	»
Le maass.	Cologne (Allemagne. Electorat de).	1526212	655207	76	94
La pinte.	Consolens (France. Charente). .	1591581	628306	80	23
Le pot.	Danemark (Royaume de). . .	965060	1036205	48	65
Le stof [1]. . . .	Dantzick (Prusse).	1662289	601500	85	80
Le pot (kanne). .	Dresde (Saxe).	936278	1068059	47	10
Le pint.	Ecosse (Royaume d'). . . .	1720132	581351	86	72
Le quartillos [2]. .	Espagne (Royaume d'). . . .	504320	1982866	25	42
Le maass [3]. . .	Francfort-sur-le-Mein (Allemagne)	1864503	556303	95	98
La pinte [4]. . .	Gênes (Italie). . . .	1746237	572660	88	32
Le pot [5]. . . .	Génève (République de). . .	966238	1034941	48	71
Le maass [6]. . .	Gotha (Saxe). . . .	873297	1145085	44	02
Le quartier [7]. .	Hambourg et Lubeck (Allemagne).	904936	1105050	45	62
Idem [8]. . . .	Hanovre (Allemagne). . . .	975236	1025393	49	16
Le maass [9.]. . .	Heidelberg (Duché de Bade). .	2338710	427586	117	90
Le mengel [10]. .	Hollande (Royaume des Pays-Bas).	1199903	833407	60	49
Le pot.	Holstein (Danemarck). . . .	904141	1106023	45	58
La pinte.	Larochefoucault (France Charente).	1242223	805004	62	62
Le pot [11]. . .	Lausanne (Suisse). . . .	996449	1003563	50	23
La pinte [12]. . .	Lavalette (France. Charente). .	1611589	620505	81	24
Le pot (kanne). .	Leipsick (Saxe).	1204069	830517	60	70
Le pot.	Lentzbourg (Suisse). . . .	1337766	747514	67	44
Le bocali [13]. .	Livourne (Italie. Toscane). .	1065214	938778	53	70

[1] Le stof de bière vaut 2 litres 2 décilitres et 95 centilitres.

[2] Celui de Castille. La cantara ou arobas vaut 8 azumbres, ou 32 quartillos.

[3] Le maass vaut 4 schopines. Le wiertel vaut 4 maass. L'omh vaut 20 wiertels. Le fuder vaut 6 omhs. Le stucfas vaut 150 wiertels.

[4] Le baril de Gênes pour le vin vaut 31 pintes 338/1000 de Gênes. Le rubbo pour l'huile vaut 9 pintes 117/1000. Le baril de Gênes pour l'huile vaut 7 1/2 rubbos de Gênes.

[5] Le setier de Génève vaut 48 pots. Le fuder ou char vaut 12 setiers.

[6] L'eimer vaut 960 maass de Gotha.

[7] La kanne vaut 2 quartiers. Le stubgen vaut 4 quartiers. Le wiertel vaut 8 quartiers. L'eimer vaut 16 quartiers. L'anker vaut 80 quartiers. L'ahm vaut 320 quartiers.

[8] L'anker vaut 40 quartiers. Le fuder vaut 960 quartiers. Le stucfas 1440 quartiers.

[9] Le wiertel vaut 4 maass. L'auker vaut 5 wiertels, ou 20 maass. L'omh vaut 4 ankers, ou 20 wiertels, ou 80 maass. Le fuder vaut 6 omhs, ou 24 ankers, ou 480 maass.

La fameuse tonne de Heidelberg, une des plus grandes que l'on connaisse, est de la capacité de 11582496 pouces cubes de Paris, ce qui produit 229752 litres; ainsi, le poids du liquide, contenu dans cette fameuse tonne, est d'environ 229752 kilogrammes.

[10] Le stoop fait 2 mengels d'Amsterdam. L'ancre fait 32 mengels d'Amsterdam.

[11] Le quarteron de Lausanne vaut 2 pots. Le fuder de Lausanne vaut 864 pots.

[12] La pinte de vin de Lavalette est en usage à Torsac, Diguac, Beaulieu et Cloulas.

[13] Le baril de Livourne vaut 40 bocalis.

Suite du Rapport des Mesures de capacité, etc.

NOMS DES MESURES étrangères.	NOMS des Empires, Royaumes et Villes.	Un million de mesures étrangères fait en litres.	Un million de litres fait en mesures étrangères.	Valeur des mesures en pouces cubes de Paris.	
				p c cent	
La pinte [1]. . . .	Marthon (France. Charente). .	1652641	605092	83	31
Le maass.	Mayeuce (Allemagne). . . .	1890011	529097	95	28
La pinte [2]. . . .	Milan (Italie).	1487729	672165	75	»
Idem	Montbron (France. Charente). .	1381370	725919	69	64
Le pot.	Morat (Suisse).	1723385	580253	86	88
Idem. . [3]. . . .	Morges (Suisse).	1155192	865657	58	24
Idem.	Moudon (Suisse).	1208274	827626	60	91
Le caraffe [4]. . .	Naples (Royaume de). . . .	706175	1416078	35	60
Le pot [5]. . . .	Neuchâtel (Suisse).	1494672	669043	75	35
Le vicermaas [6]. .	Nuremberg (Allemagne. Franconie).	1064341	939548	53	66
Le pot [7]. . . .	Nyon (Suisse).	1147952	871131	57	87
Le maass.	Osnabruck (Allemagne). . .	1243504	804179	62	69
La cavado [8]. . .	Portugal (Royaume de). . . .	1394895	716900	70	52
Le kopte.	Ratisbonne (Allemagne). . .	1308249	764580	65	95
Le pot.	Reole (France. Gironde). . .	2422163	412854	122	11
Le stof [9]. . . .	Riga (Russie).	1227032	814975	61	86
Le pot [10]. . . .	Rolle (Suisse).	1430124	699240	72	10
La foglietta [11]. .	Rome (Italie). . , ...	355567	2812467	17	93
La pinte [12] . . .	Rouffec (France. Charente). .	1290259	775038	65	04
La kouchka [13]. .	Russie (Grand empire de). .	1540533	649109	77	64
La pinte.	Segonzac (Charente Inférieure). .	1550540	644945	78	16
Le caffino.	Sicile (Ile de la Méditerrnée). .	11473368	87158	578	40
Le kanne [14]. . .	Suede (Royaume de). . . .	2618403	381912	132	»
La piute [15]. . .	Turin (Piémont).	1368175	730900	68	97
Le maass.	Tyrol (Comté d'Allemagne). .	810912	1233180	40	88
Le garniec.	Varsovie (Pologne).	3768914	265528	190	»

[1] La pinte de vin de Marthon est en usage à Vouzan, Cers, et Bouex.
[2] Le bocali vaut 37 pouces cubes 5/10. La brenta vaut 48 pintes de Milan.
[3] Le char vaut 400 pots de Morges.
[4] Le barilli vaut 60 caraffes. La bosta vaut 12 barillis. La salma vaut 2 staias pour l'huile.
[5] Le muid vaut 192 pots de Neuchâtel.
[6] Le fuder vaut 768 vicermaas.
[7] Le quarteron vaut 2 pots de Nyon. Le char vaut 480 pots de Nyon.
[8] L'alquiers vaut 24 quartillos. L'almunde vaut 2 alquiers, ou 48 quartillos.
[9] L'ankre de Riga vaut 30 stofs.
[10] Le sétier vaut 50 pots de Rolle. Le char vaut 400 pots de Rolle.
[11] Le bocali vaut 4 fogliettes. Le barilli vaut 32 bocalis, ou 128 fogliettes. La botta vaut 16 barillis, ou 2048 fogliettes. Le rubbo vaut 7 bocalis 1/2, ou 30 fogliettes. La brenta vaut 13 rubbos 1/2.
[12] La pinte de vin de Ruffec est en usage à Villefagnan et Nanteuil.
[13] Tchetverka vaut 2 kouckas Le tonneau dit sora botcka, et le tonneau pour l'eau-de-vie, de grain, d'huile, etc. vaut 517 pintes 4/5 de Paris.
[14] L'anker vaut 16 kannes. L'eimer vaut 26 kannes.
[15] Le rubbi vaut 6 pintes de Turin. La brenta vaut 6 rubbis, ou 36 pintes de Turin.

12

SUITE du Rapport des Mesures de capacité, etc.

NOMS DES MESURES étrangères.	NOMS des Empires, Royaumes et Villes.	Un million de mesures étrangères fait en litres.	Un million de litres fait en mesures étrangères.	Valeur des mesures en pouces cubes de Paris.	
				p c cent	
Le lenghistara [1]. .	Vénise (Italie).	625941	1597594	31	56
L'inguitara [2]. . .	Vérone (Italie).	1104093	905720	55	66
Le mezze [3]. . . .	Vicence (Italie).	595637	1678874	30	03
Le massel [4]. . . .	Vienne (Autriche).	1414295	707066	71	30
Le pot.	Zoffingue (Suisse).	1319675	757762	66	53
La maass [5]. . . .	Zurick (Suisse).	1850973	540256	93	31

[1] La secchia vaut 224 bozzes. L'anfora vaut 2 biconcies, ou 4 masis. Le miglio, pour l'huile, vaut 663 pintes 3/5. Le miro, pour l'huile, vaut 16 pintes 77 centièmes de Paris.

[2] La botta vaut 12 brentas, ou 16 bassos, ou 48 secchias, ou 824 inquitaras.

[3] La botta vaut 1920 mezzes.

[4] L'eimer vaut 40 messels.

[5] Le schenk-maass vaut 1 pinte 751 millièmes. La mesure, pour l'huile et le miel, vaut 1 pinte 431 millièmes.

ARTICLE III.

Rapport des anciens Tonneaux de mer en Tonneaux métriques.

L'ancien tonneau de mer était une mesure de pesanteur de 2000 livres poids de marc, et de 72576 pouces cubes, ou 42 pieds cubes de capacité ; il est remplacé, comme mesure de pesanteur, par 1000 kilogrammes (arrêté du 13 brumaire an IX), et , comme mesure de capacité , par le mètre cube, ou 29 pieds cubes 1739 dix millièmes (réglement du 28 messidor an XIII), poids de 1000 kilogrammes.

L'ancien tonneau, considéré comme mesure de capacité, vaudrait 12 pieds cubes 8261 dix millièmes de plus que le nouveau ; mais, considéré comme mesure de pesanteur, il vaudrait 42 livres 88 centièmes poids de marc moins que le nouveau. Ainsi , il faut , pour avoir exactement le rapport de l'ancien tonneau au nouveau , comme mesure de capacité , compter 1 mètre cube , plus 12 pieds cubes 8261 dix millièmes , pour l'ancien tonneau , et déduire du nouveau tonneau, pour avoir le rapport de l'ancien tonneau , 42 livres 88 centimes poids de marc.

L'ancien tonneau de 42 pieds cubes vaut donc 1 mètre cube 439646 millionièmes de mètre cube , et le mètre cube vaut 0 tonneau ancien , 694615 millionièmes.

[N.º 1]. Pour convertir les anciens tonneaux en mètres cubes, multipliez les anciens tonneaux à convertir par le nombre 1,439646 , et retranchez six chiffres sur la droite ; le produit sera des mètres cubes.

[N.º 2]. Pour convertir les mètres cubes en anciens tonneaux , multipliez les anciens tonneaux par 0,694615 , et retranchez six chiffres sur la droite ; le produit sera des tonneaux métriques.

EXEMPLE :

Supposons 541 tonneaux anciens à convertir en mètres cubes ; il faut donc multiplier 541 par 1,439646 , et retrancher six chiffres au produit de la multiplication , attendu qu'il y a six décimales au multiplicande.

Opération détaillée.

Multiplicande.	1,439646	(N.º 1 , nombre fixe.)
Multiplicateur.	541	Tonneaux à convertir en mètres cubes.
	1 439646	
	57 58584	
	719 8230	
Produit.	778 848486	

Ainsi , les 541 tonneaux anciens , convertis en mètres cubes, valent 778 mètres cubes 85/100.

Opération inverse.

778 mètres cubes 85 centièmes à convertir en anciens tonneaux.

Multiplicande.	0,6946,15	(N.° 2 , nombre fixe.)
Multiplicateur.	778 85	Mètres cubes à convertir en anciens tonneaux.

$$
\begin{array}{r}
3473075 \\
5556920 \\
5\,556920 \\
48\,62305 \\
486\,2305 \\
\hline
\end{array}
$$

Produit.   541|00089275

L'on voit, d'après l'opération, que les 778 mètres cubes 85 centièmes font bien les 541 tonneaux anciens.

ARTICLE IV.

Jaugeage des Navires.

Le tonnage des vaisseaux a été déterminé, par la loi du 12 nivôse an II, de la manière suivante :

« Ajouter la longueur du pont, prise de tête en tête à celle de l'étrave à l'étambot ; déduire
» la moitié ; multiplier le reste par la plus haute largeur du navire au maître-bau ; multiplier
» encore le produit par la hauteur de la cale et de l'entrepont, et diviser par 94.

» Si le bâtiment n'a qu'un pont, prendre la plus grande longueur du bâtiment ; multiplier
» par la plus grande largeur du navire au maître-bau, et le produit pour la plus grande hauteur ;
• puis diviser par 94. »

Toutes ces dimensions se prenaient en pieds de roi ; le résultat de la division par 94 donnait des tonneaux de 42 pieds cubes pour la capacité intérieure du navire ; mais, en prenant les dimensions (comme elles sont indiquées, par la loi précitée, en mètres), et qu'on veuille avoir des anciens tonneaux de 42 pieds cubes, il faut ajouter deux zéros au produit de la multiplication, et diviser par 322 ; et, pour avoir des mètres cubes, ajouter également deux zéros au produit de la multiplication, et diviser par 224.

CHAPITRE V.

ARTICLE PREMIER.

Mesures de Capacité pour les Grains.

Le muid ancien de grains contenait 12 setiers. } Le muid et le setier n'étaient que des mesures
Le setier contenait . . . . 12 boisseaux. } de compte.
Le boisseau valait 16 litrons.
Le muid valait 94436 pouces cubes de Paris 4 cinquièmes.
Le setier valait 7869 pouces cubes de   *id.* 3 cinquièmes.
Le boisseau valait 656 pouces cubes.

Dimension du boisseau de Paris de la forme cubique.

Hauteur de l'ancien boisseau de Paris ,   104 lignes 268 millièmes
Carré   *id.*   *id.*   *id.*   104 *id.*   268   *id.*

Opération.

	lig. mil.
Le carré est de	104,268
A multiplier par lui-même.	104,268

834 144
6 256 08
20 853 6
417 072
10426 8

Hauteur du boisseau.	10871,815 824	Lignes carrées qu'il faut multiplier par la
	104,268	hauteur du boisseau.

86 974526 592
652 308949 44
2174 363164 8
43487 263296
1087181 5824

1133582,492336 832   Lignes cubes à diviser
9678   par | 1728
10382   Produit.   656 pouc. cubes.
0024   Résidu considéré nul.

NOMS des MESURES.	Valeur en litres.		Valeur en pouces cubes de Paris.		Hauteur et diamètre en millimètres.		Hauteur et diamètre en pieds, pouces et lignes de Paris.				Poids de la mesure de froment en kilogrammes.	
	litres	centilitres	pouces cubes	fractions	millim	dixie	pieds	pouces	lignes		kilog	fract
Kilolitre......	1000	»	50412	40	1084	3	3	4	»	2/3	752	»
Demi-kilolitre..	500	»	25206	20	860	4	2	7	9	1/4	376	»
Double hectolitre.	200	»	10082	48	633	9	1	5	11		150	40
Hectolitre.....	100	»	5041	24	503	4	1	6	7	1/6	75	20
Demi-hectolitre..	50	»	2520	62	399	3	1	2	9	1/10	37	60
Double décalitre.	20	»	1008	248	294	2	»	10	10	2/5	15	04
Décalitre.....	10	»	504	124	233	6	»	8	7	2/3	7	52
Demi-décalitre..	5	»	252	062	185	3	»	6	10	1/5	3	76
Double litre...	2	»	100	8248	136	6	»	5	»	1/2	1	504
Litre.......	1	»	50	4124	108	4	»	4	»		0	752
Demi-litre.....	0	50	25	2062	86	1	»	3	2	1/5	0	376
Double décilitre.	0	20	10	08248	63	4	»	2	4	1/9	0	151
Décilitre.....	0	10	5	04124	50	3	»	1	10	1/3	0	0752

NOTA. En l'an II, la commission temporaire des poids et mesures porta le boisseau de Paris à 640 pouces cubes, de même que le manuel de Tarbé en l'an VIII. La commission qui opéra en l'an IX, est la seule qui l'ait porté à 655 pouces cubes 4 cinquièmes. Une sentence du prévôt de Paris, relatée dans le dictionnaire encyclopédique, lettre B, tome 6, page 28, porte le boisseau de Paris à 644 pouces cubes. Tous les boisseaux des étapiers n'étaient que de 640 pouces cubes. Cependant tous les bons ouvrages qui ont paru depuis l'an IX jusqu'à ce jour, ont porté le boisseau à 656 pouces cubes, et c'est sur cette base que j'ai opéré. (*Voir les dimensions et l'opération détaillée*).

ARTICLE II.

Trouver le pied moyen et la valeur en kilolitres, hectolitres, décalitres et litres, d'une quantité de grain froment, sans mesures de capacité, ni sans le secours de la balance.

Peut-on trouver, sans mesures de capacité, ni sans avoir recours à la balance, le poids moyen d'une quantité de froment, et sa valeur en kilolitres, hectolitres, décalitres et litres ? Oui, et par une opération bien simple. Nous allons le démontrer.

Il faut que le grain soit sur couche, de la longueur, largeur et hauteur qu'on voudra, mais il faut que la largeur soit la même partout, ainsi que la hauteur ; ce qui est facile à faire, en retenant le grain, de chaque côté et aux extrémités de la couche, par des planches qu'on a l'attention de placer bien droites ; ensuite on mesure, avec un cordeau, la longueur, la la largeur et la hauteur.

On obtient donc tant de mètres et fraction de mètre de longueur (1.re dimension), tant de mètres de largeur (2.me dimension), et tant de mètres de hauteur (3.me dimension) ; lesquelles dimensions, multipliées les unes par les autres, donnent des mètres cubes.

Il faut 1000 litres, ou 50412 pouces cubes 2 cinquièmes, pour 1 mètre cube ; le poids moyen du litre est de 0 $^{kil.}$, 752 millièmes.

PREMIÈRE QUESTION.

On demande le poids moyen et le nombre des kilolitres, hectolitres, décalitres et litres d'une quantité de grain froment sur couche ; savoir :

Supposons :

La longueur de la couche est de	15 $^{mèt.}$	0 $^{cent.}$	(1.re dimension.)
La largeur, de	7	0	(2.me dimension)
Et la hauteur,	0	75	(3.me dimension.)

Il faut donc multiplier la longueur de la couche 15 mètres par sa largeur 7 mètres, et le produit par sa hauteur 0,75 centimètres.

Opération.

Longueur de la couche de grain,	15 mètres.
à multiplier par la longueur.	7
1.er Produit.	105 mètres qu'il faut multiplier par la hauteur.
Hauteur.	75 centimetres.
	5 25
	73 5
Dernier produit.	78,75 (1).

(1) J'ai retranché deux chiffres sur la droite du dernier produit, attendu qu'il y a deux décimales à la hauteur de la couche.

Le résultat donne donc 78 mètres cubes 3/4 , ou 75 centièmes de mètre cube ; ce qui fait 78 kilolitres 7 hectolitres et 5 décalitres , ou enfin 7875 litres. Maintenant , pour avoir le poids moyen , il faut multiplier les 7875 litres par 0,752 , poids moyen du litre ; le produit sera la réponse.

Opération.

Le nombre de litres dont on veut connaître le poids moyen est   7 875   Multiplicande.
Le poids moyen du litre est   0,752   Multiplicateur.

$$
\begin{array}{r}
15\ 750 \\
393\ 75 \\
5512\ 5 \\
\hline
\end{array}
$$

Résultat.   5922,000 (1)

Ainsi, le poids moyen des 7875 litres est de 5922 kilogrammes. On voit clairement l'avantage du calcul décimal, et du nouveau système des poids et mesures.

DEUXIÈME QUESTION.

On demande le poids moyen et le nombre des kilolitres, hectolitres, décalitres et litres d'une quantité de grain froment sur couche ; savoir :

Longueur de la couche.   15 mètres 55 centimètres
Largeur de la couche.   7   37
Hauteur de la couche.   1   21

Il faut multiplier la longueur par la largeur, et le produit par la hauteur. Le résultat donnera des mètres cubes, en retranchant six chiffres sur la droite, attendu qu'il y a deux décimales à chaque dimension.

Opération.

Longueur de la couche.   15,55 à multiplier par la largeur.
Largeur de la couche.   7,37

$$
\begin{array}{r}
1\ 08\ 85 \\
4\ 66\ 5 \\
108\ 85 \\
\hline
\end{array}
$$

Premier produit.   114,60 35   à multiplier par la hauteur de la couche.
Hauteur de la couche.   1,21

$$
\begin{array}{r}
1\ 14\ 60\ 55 \\
22\ 92\ 07\ 0 \\
114\ 60\ 35 \\
\hline
\end{array}
$$

Dernier produit. Résultat.   138,67 02 35   mètres cubes.

Ainsi, le résultat donne 138 mètres cubes 67/100 de mètre cube, ou 138670 litres 235/1000.

---

(1) J'ai retranché trois zéros sur la droite , attendu qu'il y a trois décimales au multiplicateur.

Maintenant, pour avoir le poids moyen, il faut multiplier les 138670 litres par 0,572 , poids moyen du litre.

Opération.

Le nombre de litres dont on veut connaître le poids moyen est de   138 670   Multiplicande.

                                             0,752   Multiplicateur.

$$\begin{array}{r} 277\ 340 \\ 6933\ 5\text{o} \\ 97069\ 0 \\ \hline 104279{,}840 \quad (1). \end{array}$$

Le poids moyen des 138670 litres est de 104279 kil. 84/100.

___

(1) J'ai retranché trois chiffres au produit, attendu qu'il y a trois décimales au multiplicateur.

ARTICLE III.

Rapport des Mesures de capacité pour les Grains et les Matières sèches des quatre parties du monde, en litres, pouces cubes de Paris, et le poids moyen de chacune de ces mesures en kilogrammes.

Le myrialitre vaut 504124 pouces cubes. Le kilolitre vaut 50412 pouces cubes 4/10. L'hectolitre vaut 5041 pouces cubes 24/100. Le décalitre vaut 504 pouces cubes 124/1000. Le litre vaut 50 pouces cubes 4124/10000.

Le poids moyen de la mesure de froment est calculé à raison de 752 kilogrammes pour 50412 pouces 2/5.

NOMS DES MESURES étrangères.	NOMS des Empires , Royaumes et Villes.	Valeur de la mesure étrangère en litres.		Valeur de la mesure étrangère en pouces cubes.		Poids moyen de la mesure étrangère en kilogrammes.	
		lit.*	cent.*	po. c.	cent.	kilog.	cent.
Le sac	Aillas (France. Gironde). . .	107	55	5422	09	80	89
Le tonneau . . .	Aix-La-Chapelle (Allemagne) .	23	09	1205	12	17	96
Le scheffel [1] . .	Altenbourg (princ. d'Allemagne)	187	51	9452	80	141	05
Le rubbo. . . .	Ancone (Italie)	272	85	13755	20	205	26
Le boisseau . . .	André-de-Cubzac (Saint) France.	112	77	5684	98	84	84
Le gallon [2]. . .	Angleterre (Royaume d') . .	447	»	225	28	3	55
Le boisseau. . .	Angoulême (France. Charente).	55	33	2789	55	41	61
Le maken [3]. . .	Anvers (Royaume des Pays-Bas).	19	18	966	88	14	41
Le quart [4]. . .	Archangel (Russie septentrionale)	16	82	848	»	12	63
Le metzen [5]. . .	Arnstad (Allem.e dans la Thuringe)	2	97	140	60	2	21
Le boisseau . . .	Aubeterre (France. Charente).	29	49	1486	62	22	17
Le scheffel . . .	Augsbourg (Allemagne. Bavière).	459	64	22163	20	333	74
Le muid [6] . . .	Bâle (Suisse)	16	46	829	60	12	35
Le boisseau [7]. .	Barbezieux (France. Charente) .	24	36	1228	56	18	31
Le boisseau . . .	Bazas (France. Gironde). . .	91	26	4600	56	68	64
Le staro . . .	Bergame (Italie).	20	67	1041	92	15	54
Le scheffel [8] . .	Berlin et Kœnisberg (Prusse). .	54	73	2759	»	41	15
Le muste. . . .	Berne (Suisse).	157	55	7942	40	118	51
Le wiertel [9] . .	Bohême (Royaume d')	23	40	1179	52	17	58

[1] Le metzen vaut 13 litres 4 décilitres.

[2] Le peck vaut 2 gallons. Le bushel vaut 4 pecks. Le strick vaut 2 bushels. Le carnock vaut 2 stricks. Le quarter vaut 2 carnocks. Le chalder vaut 4 quarters. Le wey vaut 5 quarters, et le last vaut 10 quarters ou 2560 gallons.

[3] Le viersel vaut 4 makens. Le last vaut 130 makens.

[4] 4 quarts font 1 choffort.

[5] Le maass vaut 10 metzens.

[6] Le sac de Bâle vaut 8 muids.

[7] Le boisseau de Barbezieux est en usage à La Feuillade et Champagne-Mouton.

[8] Le vispel vaut 24 scheffels. Le scheffel vaut 16 metzens.

[9] Le thich vaut 4 wiertels.

SUITE du Rapport des Mesures de capacité, etc.

NOMS DES MESURES étrangères.	NOMS des Empires, Royaumes et Villes.	Valeur de la mesure étrangère en litres.		Valeur de la mesure étrangère en pouces cubes.		Poids moyen de la mesure étrangère en kilogrammes.	
		lit.ᵉ	cent.ᵉ	po. c.	cent.ᵉ	kilog.ᵉ	cent.ᵉ
La corba [1]. . .	Bologne (Italie).	73	80	3720	32	55	50
Le boisseau . . .	Bordeaux (France. Gironde). . .	80	50	4058	36	60	54
Idem	Bouteville (France. Charente). .	54	70	1749	54	26	09
Le scheffel [2] . .	Brémen (Ville anséatique). . .	70	24	3541	»	52	82
Idem	Breslaw (Prusse. Silésie). . . .	73	99	3730	»	55	64
Le boisseau . . .	Brillac (France. Charente) . .	24	85	1252	99	18	50
L'hinte nouveau [3].	Brunswik (Duché d'Allemagne). .	51	03	1564	16	23	52
Le sac.	Bruxelles (Royaume des Pays-Bas).	115	53	5824	»	87	55
Le boisseau . . .	Cadillac (France. Gironde). . .	97	78	4929	17	73	54
La charge . . .	Candie (Ile considérable. Méditerr.)	152	54	7680	»	114	59
Le metz. . . .	Cassel (Allemagne).	8	69	438	»	6	52
Le boisseau . . .	Castelmoron (France. Gironde). .	117	32	5915	»	88	25
Idem.	Cellefroin (France. Charente). .	33	98	1713	»	25	»
Idem [4]. . . .	Chabanais (France. Charente) .	20	52	1034	50	15	42
Idem [5]. . . .	Chalais (France. Charente) . .	31	75	1600	69	23	87
Idem [6]. . . .	Châteauneuf (France. Charente) .	28	85	1454	33	21	69
Idem	Cognac (France. Charente). .	30	87	1556	25	23	21
Le malter. . . .	Cologne (Allemagne. Electorat de).	161	99	8166	40	121	85
Le boisseau [7]. .	Confolens (France. Charente). .	23	72	1195	96	17	82
Le quillot. . . .	Constantinople (Turquie). . .	35	46	1787	52	26	66
Le scheffel [8] . .	Danemark (Royaume de). . .	17	71	892	95	13	50
Idem	Dantzick (Prusse).	54	77	2761	»	41	»
Idem	Dresde (Saxe).	105	89	5358	»	79	64
Le wiertel [9] . .	Eisenach (Saxe. Dans la Thuringe)	97	44	4912	»	73	»
Le metzen [10] . .	Erfurt (Allemagne. Thuringe) .	18	61	958	»	13	97
La fanéga [11] . .	Espagne (Royaume d'). . . .	56	98	2872	94	42	85
Le staja	Florence (Italie).	23	70	1194	88	17	81
Le malter [12] . .	Francfort-sur-le-Mein (Allemagne).	107	97	5443	20	81	21
Le simmer. . . .	Franconie (Allemagne	83	31	4200	»	62	66
Le sac [13] . . .	Gand (Royaume des Pays-Bas). .	25	87	1304	»	19	44

[1] La corba vaut 2 staras, ou 8 quartillorès, ou 32 quarticinis.
[2] Le last de Bremen vaut 40 scheffels.
[3] Le malter vaut 6 hintes. Le fuder vaut 12 malters. Le last vaut 16 malters.
[4] Le boisseau de Chabanais est en usage à Souffrignac et Charroux.
[5] Le boisseau de Chalais est en usage à Brossac, Deviac et Baignes.
[6] Le boisseau de Châteauneuf est en usage à Roullet, Saint-Estephe, Calaix, Jurignac et Plassac.
[7] Le boisseau de Confolens est en usage à Saint-Claude et à Allouë.
[8] 8 scheffels font 1 tonne.
[9] Le malter vaut 4 wiertels.
[10] Le malter vaut 48 metzens.
[11] La fanéga de Castille vaut 12 célémiens.
[12] Le malter vaut 24 simmers.
[13] L'halster vaut 2 sacs.

SUITE du Rapport des Mesures de capacité, etc.

NOMS DES MESURES étrangères.	NOMS des Empires, Royaumes et Villes.	Valeur de la mesure étrangère en litres.	Valeur de la mesure étrangère en pouces cubes.	Poids moyen de la mesure étrangère en kilogrammes.
		lit.s cent.s	po. c. cent.s	kilog.s cent.s
L'hémine	Gênes (Italie).	120 61	6080 »	90 71
Le sac. . . .	Génève (République de). . .	77 73	3918 72	58 46
Le wiertel [1] . .	Gotha (Saxe).	41 56	2095 36	31 25
Le scheffel. . . .	Hambourg (Allemagne)	52 69	2656 »	39 62
L'hinte. . . .	Heidesheim (Allemagne) . . .	24 50	1255 »	18 41
Le last [2]. . . .	Hollande (Royaume des Pays-Bas).	408 93	5491 20	81 95
Le mudens [3] . .	Holstein (Danemarck). . . .	15 09	760 96	11 34
Le boisseau . .	Jarnac (France. Charente). . .	49 33	2486 77	37 09
Idem	Landiras (France. Gironde) . .	104 30	5257 78	78 45
Le metz . . .	Langen-Salza (Allemagne). . .	18 56	935 68	13 94
Le boisseau . . .	Langoiran (France. Gironde) . .	96 47	4863 45	72 56
Idem	Langon (France. Gironde) . .	77 57	3910 48	58 34
Idem	Larochefoucault (France Charente).	51 99	1612 78	24 05
Idem [4] . . .	Lavalette (France. Charente). .	36 09	1819 66	27 19
Le scheffel. . . .	Leipsick (Saxe).	138 97	7006 »	104 55
Le boisseau . . .	Lesparre et Le Medoc (F.e Gir.e)	106 25	5356 37	79 92
Idem	Libourne (France. Gironde) . .	87 35	4403 39	65 70
Le setier [5] . ,	Liège (Royaume des Pays-Bas). .	29 44	1484 16	22 13
Le staro [6] . .	Livourne (Italie. Toscane) . .	23 65	1192 32	17 78
Le halster [7] .	Louvain (Royaume des Pays-Bas)	51 65	2604 »	38 85
Le staro . .	Lucques (Italie).	24 48	1233 92	18 39
Le scheffel. . . .	Lubeck (Allemagne. Basse-Saxe).	33 40	1684 »	25 12
Idem	Idem	39 24	1978 »	25 50
Le wiertel. . . .	Malines (Royaume des Pays-Bas).	83 79	4224 »	63 03
Le boisseau . . .	Marcillac (France. Charente). .	44 84	2260 72	33 72
Idem [8] . . .	Marthon (France. Charente). .	28 47	1939 27	28 92
Le scheffel. . . .	Mecklenbourg (Duché. Basse-Saxe)	42 45	2140 »	31 92
Le staro [9] . .	Milan (Italie).	17 15	864 80	12 70
Le boisseau . . .	Monthron (France. Charente). .	28 96	1459 87	21 76
Idem	Montmoreau (France. Charente).	35 26	1777 84	26 51
Le metzen. . . .	Moravie (Allemagne. Bohême) .	70 61	3559 68	53 10
Le wiertel [10] . .	Mulhausen (Allemagne) . . .	37 51	1891 20	28 20
Le scheffel (le demi)	Munich (Bavière)	178 82	9014 40	134 52

[1] Le wiertel vaut 4 metzens.

[2] 27 mudens font 1 last.

[3] 8 scheffels font 1 tonne.

[4] Le boisseau de Lavalette est en usage à Torsac et Dignac.

[5] 8 muddes font 1 setier de Liège.

[6] On dit staro au *singulier* et stara ou staja au *pluriel*. 3 staras font 1 sac.

[7] Le mudde vaut 8 halsters.

[8] Le boisseau de Marthon est en usage à Vouzan, Sers et Bouex.

[9] *Voyez* ci-dessus la note 6.

[10] Le malter vaut 4 wiertels.

Suite du Rapport des mesures de capacité, etc.

NOMS DES MESURES étrangères.	NOMS des Empires, Royaumes et Villes.	Valeur de la mesure étrangère en litres.		Valeur de la mesure étrangère en pouces cubes.		Poids moyen de la mesure étrangère en kilogrammes.	
		lit.ᵉ	cent.ᵉ	po. c.	cent.ˢ	kilog.ᵉ	cent.ˢ
Le tumolo. . . .	Naples (Royaume de).	50	58	2549	76	38	05
Le tomoli [[1]]. . .	Idem	89	37	4505	06	67	23
Le scheffel . . .	Naumbourg (Allemagne). . .	77	21	3892	48	53	07
La salmée. . . .	Nismes (France. Gard). . . .	199	87	10075	92	150	29
Le scheffel [2] . .	Nordhausen (Allemagne) . . .	43	32	2184	»	32	57
Le mesens [3]. . .	Nuremberg (Allemagne. Franconie).	20	78	1047	60	15	61
L'hinte	Osnabruck (Allemagne). . . .	117	88	5942	40	88	66
Le staro [4]. . .	Parme (Italie).	51	42	2592	»	38	66
Le boisseau . . .	Podensac (France. Gironde.) . .	94	52	4764	87	71	09
Le last [le quart] .	Pologne (Royaume d'Europe). .	607	47	30624	»	457	»
L'alquier [5]. . .	Portugal (Royaume de). . . .	13	84	697	98	10	40
Le nouveau scheffel.	Posen et Varsovie (Pologne). .	120	61	6080	»	90	70
Le wiertel [6] . .	Prague (Hongrie).	23	40	1179	52	17	55
Le sac	Reole (France. Gironde). . .	107	78	5433	60	81	07
La tonne	Revel (Russie dans l'Esthonie). .	110	56	5573	76	83	16
Le last.	Riga (Russie).	65	11	3282	56	48	97
Le quartallera [7] .	Rome (Italie).	33	40	1683	84	25	10
Le boisseau [8] . .	Rouffec (France. Charente). .	54	04	2522	91	37	63
Le tchetverik [9] .	Russie (Grand empire de). . .	25	89	1304	96	19	45
Le boisseau . . .	Salles (France. Charente). . .	50	77	1551	21	23	13
Le quillot. . . .	Salonique (Turquie Européenne).	133	95	6752	»	100	74
Le starello. . . .	Sardaigne (Royaume de). . . .	48	97	2468	48	36	80
Le muid	Schaffouse (Suisse).	86	33	4352	»	64	93
Le tomolo général [10]	Sicile (Ile de la Méditerranée). .	16	57	835	01	12	45
Le quillot. . . .	Smyrne (Turquie Asiatique). .	35	44	1786	88	26	65
Le scheffel [11] . .	Stralsund (Poméranie Suédoise.).	58	87	1959	68	29	32
La tonne [12]. . .	Suède (Royaume de)	161	79	8156	40	121	70
Le boisseau . . .	Teste (France. Gironde). . .	110	82	5586	40	83	37

[1] Le caro vaut 20 tomolis.

[2] Le malter vaut 4 scheffels.

[3] Le summer vaut 16 mesens.

[4] Le staro vaut 4 quartolores.

[5] Le fanega vaut 4 alguiers. Le moyo vaut 15 fanegas, ou 60 alguiers.

[6] Le strich vaut 4 wiertels.

[7] La quarta vaut 2 quartalleras, La rabbiatella vaut 4 quartalleras. Le rubbio vaut 8 quartalleras.

[8] Le boisseau de Ruffec est en usage à Mansle, Saint-Amant-de-Nouere, Jauldes, Ventouze, Valence, Saint-Front, Saint-Ciers, Rouillac, Aigre, Villefagnan, et Nanteuil.

[9] Le payoos vaut 2 tchetvériks. L'osmine vaut 2 payoos. Le tchevert vaut 2 osmines. Le koula ou sac vaut 10 tchetvériks.

[10] Le tomolo grosso vaut 10 litres 1 décilitre. Le salm général vaut 291 litres 4 décilitres. Le salm grosso vaut 347 litres 3 décilitres.

[11] La tonne vaut 3 scheffels.

[12] Le last vaut 18 tonnes.

Suite du Rapport des Mesures de capacité , etc.

NOMS DES MESURES étrangères.	NOMS des Empires , Royaumes et Villes.	Valeur de la mesure étrangère en litres.	Valeur de la mesure étrangère en pouces cubés.	Poids moyen de la mesure étrangère en kilogrammes,
		lit.ˢ cent.ˢ	po. c. cent.ˢ	kilog.ˢ cent.ˢ
Le coffii.	Tunis (Afrique. Barbarie) . .	355 47	17920 »	267 42
L'hémine [1] . . .	Turin (Piémont).	19 23	969 48	14 45
L'horn-flare . . .	Tyrol (Comté d'Allemagne). .	30 58	1541 76	23 »
Le mittlen . . .	Ulm (Royaume de Wurtemberg).	57 42	2894 72	43 17
Le staro [2] . . .	Vénise (Italie).	84 97	4283 52	63 90
Le scheffel [3] . .	Weimar (Duché de Saxe). . .	89 09	4491 28	67 »
Le metzen [4]. . .	Vienne (Autriche).	61 50	3100 56	46 25
Le simré	Wurtemberg (Royaume de) . .	21 91	1104 64	16 45
Le wiertel [5] . .	Zurick (Suisse).	20 63	1039 92	15 50

[1] Le staio vaut 2 hémines. Le sacco vaut 3 staios ou 6 hémines.

[2] Le staro vaut 1/2 sac.

[3] Le scheffel vaut 4 wiertels. Le wiertel vaut 4 marsehens.

[4] Le metzen vaut 8 achels. L'achel vaut 4 massels.

[5] Le mutt vaut 4 wiertels.

CHAPITRE VI.

ARTICLE PREMIER.

Mesures pour le Bois de chauffage.

Lᴇs anciennes mesures pour le bois de chauffage étaient *la voie de Paris , la corde des eaux et forêts , la corde de grand bois* et *la corde de port.*

La voie de Paris étoit de 4 pieds de haut , 4 de large , et 3 pieds 6 pouces de long , pour la longueur des bûches ; ce qui donnait 56 pieds cubes.

La corde des eaux et forêts valait deux voies de Paris , et par conséquent 112 pieds cubes.

La corde , dite *de grand bois* , était de 8 pieds de haut , 4 de large et 4 pieds de long , pour la longueur des bûches , dont le produit était de 128 pieds cubes.

La corde de port était de 5 pieds de haut , 8 de large , et 3 pieds 6 pouces de long , pour la longueur des bûches , dont le produit donnait 140 pieds cubes.

Toutes ces anciennes mesures sont remplacées par le mètre cube (ou stère).

Le stère est un mètre cube , dont les dimensions sont d'un mètre de haut , un mètre de large , et un mètre de long , pour la longueur des bûches. (Cette nouvelle mesure vaut 29 pieds cubes 1739 dix millièmes de l'ancien pied de Paris).

Si l'on veut convertir, sans membrure , une quantité de bois de chauffage , il faut multiplier la longueur des bûches par la longueur de la pile , et le produit par la hauteur de la pile.

Nᴏᴛᴀ. Si l'on a employé des mètres et centimètres à chaque dimension , il faut séparer six chiffres à droite du produit de la multiplication. Si , au contraire , on n'a employé que des centimètres pour exprimer la longueur des bûches , et des décimètres pour la longueur et la hauteur de la pile , il ne faut séparer que quatre chiffres , et deux seulement , si les dimensions sont exprimées en mètres sans fractions.

EXEMPLE.

	m	c
Supposons que les bûches aient, en longueur ,	1	22
La pile , en longueur ,	10	15
Et que la hauteur de la pile soit de	5	65

Il faut d'abord multiplier la longueur des bûches par la longueur de la pile , et ensuite multiplier le produit par la hauteur de la pile.

Opération.

La longueur des bûches est de   m c 1,22   qu'il faut multiplier par la longueur de la pile.
Longueur de la pile.   10 15

   6 10
   12 2
   122

Premier produit   123,830   qu'il faut multiplier par la hauteur de la pile.
Hauteur de la pile.   5,65

   6 191 50
   7 4298 0
   61 9150

Dernier produit.   69.9639,50

Le produit est donc 69 stères 96 centièmes , en négligeant les quatre derniers chiffres.

CHAPITRE VII.

ARTICLE PREMIER.

Des Rapports géométriques.

O~N~ entend par *rapport* le résultat de la comparaison de deux termes ou quantités qui doivent être homogènes , c'est-à-dire, de même nature.

On distingue deux sortes de rapports , savoir : *Arithmétique* et *Géométrie.* Nous ne parlerons que du dernier , comme étant le seul utile au commerce.

On appelle le premier terme *antécédent* , et le second *conséquent* ; le résulsat de la comparaison se nomme *quotient* ou *raison* , parce qu'il indique combien de fois le conséquent est contenu dans l'antécédent.

Antécédent.		Conséquent.		Quotient.
3	et	21	est	3/21 ou 1/7

L'on voit que le rapport géométrique est une division indiquée sous la forme d'une fraction , dont le numérateur est l'antécédent , et le dénominateur le conséquent.

ARTICLE II.

De la proportion géométrique.

L'égalité de deux rapports géométriques forme la proportion géométrique , qu'on écrit de cette manière : 12 : 4 :: 6 : 2 , c'est-à-dire , 12 est à 4 comme 6 est à 2 ; ou 12 , divisé par 4 , égale 6 divisé par 2.

D'après cela , la proportion géométrique est composée de quatre termes , savoir : deux extrèmes , deux moyens , deux antécédens et deux conséquens. Le premier et le troisième terme sont les antécédens ; le second et le quatrième , les conséquens ; le premier et le quatrième , les extrèmes ; le second et le troisième , les moyens. Le premier , divisé par le second , donne le même quotient que le troisième divisé par le quatrième ; c'est-à-dire que 12 , divisé par 4 , donne 3 , et que 6 , divisé par 2 , donne également 3 ; et le produit du premier , multiplié par le quatrième , est la même chose que le produit du second , multiplié par le troisième ; c'est-à-dire que le produit des extrêmes doit égaler le produit des moyens : en effet , 12 , multiplié par 2 , donne 24 , comme 4 , multiplié par 6 , donne 24.

Nous allons figurer cette proportion sous la forme fractionnaire. Comme nous l'avons déjà dit, l'antécédent est le numérateur, et le conséquent le dénominateur ; ainsi, $12/4 = 6/2$. On réduit ces deux fractions au même dénominateur, en multipliant 12, numérateur de la première fraction, par 2, dénominateur de la seconde, et on a 24 pour numérateur de la première fraction : ensuite on multiplie 6, numérateur de la seconde, par 4, dénominateur de la première, et l'on a 24 pour numérateur de la seconde fraction ; multipliant les deux dénominateurs l'un par l'autre, on a 8 pour dénominateur des deux fractions qui $24/8 = 24/8$. La suppression du dénominateur ne change rien au rapport qui existe entre les membres de cette équation (1), qui, par conséquent, devient 24 : 24 ; ce qui prouve que le produit des extrêmes est égal à celui des moyens.

Nous allons prouver que le produit des extrêmes est égal à celui des moyens, en renversant l'un et l'autre rapports, et multipliant numérateur par numérateur et dénominateur par dénominateur.

$$\text{Ainsi,} \quad \frac{12 \times 2}{4 \times 6} = 24 \text{, ou bien} \quad \frac{4 \times 6}{12 \times 2} = 24$$

ARTICLE III.

De la Règle de Trois.

On appelle *Règle de trois* l'opération que l'on fait pour trouver le quatrième terme inconnu représenté par x ; il doit être en proportion géométrique avec les autres, c'est-à-dire, que le premier doit être au second comme le troisième est au quatrième inconnu.

Il faut diviser, par l'extrême connu, le produit des deux moyens, si on les connaît ; le quotient sera l'extrême cherché. On divisera, par le moyen connu, le produit des deux extrêmes, si on les connaît ; le quotient sera le moyen cherché.

ARTICLE IV.

Règle de Trois directe.

44 hommes ont fait 110 mètres d'ouvrage ; combien en feront 130 hommes dans le même temps ?

On voit que 130 hommes feront plus d'ouvrage que 44 dans le même temps et en travaillant également que les 44, par la raison que le nombre de mètres doit augmenter

(1) *Équation* signifie une égalité de valeur entre des quantités qu'on exprime différemment.

dans le même rapport que le nombre d'hommes. Il faut comparer entr'eux les termes homogènes (c'est-à-dire ceux de même nature), les hommes avec les hommes et les mètres avec les mètres ; on a la proportion suivante :

$$44 : 130 :: 110 : x \text{ jours} = \frac{130 \times 110}{44}$$

Il faut donc multiplier 130 par 110 et diviser par 44.

Opération.

Multiplicande.	130		
Multiplicateur.	110		
	1300		
	130		
Produit.	14300	44	Diviseur.
	110	325	Quotient.
	220		
	00		

Ainsi , les 130 hommes ont fait 325 mètres d'ouvrage.

———————

Règle de Trois inverse.

30 hommes ont fait un ouvrage en 36 jours ; en combien de jours 80 hommes feront-ils le même ouvrage ?

On voit que cette question forme une proportion inverse , parce que la durée du travail doit diminuer dans le même rapport qu'augmente le nombre d'hommes ; on rend la proportion directe en disant :

$$80 : 30 :: 56 : x \text{ jours} = \frac{36 \times 30}{80}$$

C'est-à-dire qu'il faut multiplier 36 par 30, et diviser par 80.

Opération.

Multiplicande.	36			
Multiplicateur.	30	80	Diviseur.	
Produit.	1080	13 jours 12 heures.		Quotient.
	280			
	40			

Ainsi, les 80 hommes ont fait en 13 jours 12 heures ce qu'auraient fait les 30 hommes en 36 jours.

On voit, par les deux exemples précédens, que, pour trouver le quatrième terme inconnu, il faut, quand la règle est directe, multiplier les deux derniers termes, l'un par l'autre, et les diviser par le premier pour avoir le quatrième; mais, si la règle est inverse, il faut, pour trouver le quatrième terme, multiplier l'un par l'autre les deux premiers, et diviser par le dernier.

FORMULE.

On n'ignore pas ou l'on saura qu'une seule quantité de son espèce et de même nature que l'inconnu x, se trouve toujours dans les données d'un problème. On doit égaler l'inconnu x avec cette quantité, qui sera le numérateur de la première fraction; mais dans le cas que l'inconnu x doit être plus grand que ladite quantité, il faut que la plus grande des deux autres, qui sont toujours de même espèce, soit le numérateur de la seconde fraction, et la plus petite le dénominateur, par la raison que, plus le dénominateur est grand, plus le quotient l'est aussi; et, dans le cas contraire, c'est donc la plus petite quantité qui doit être le numérateur, et par conséquent la plus grande le dénominateur, par la raison que, plus le numérateur est petit, plus le quotient l'est aussi. Cette observation s'applique pour les règles de trois composées de tant de termes qu'on voudra en avoir, en ayant l'attention de comparer tour à tour, c'est-à-dire de deux à deux et de même espèce, toutes les quantités à l'inconnu x, et celle de sa nature; en saisissant bien cette marche, on aura moins de difficulté et de contention d'esprit, pour connaitre si la règle est directe ou inverse. (*Voyez* ci-après les règles de trois simple et composée, directe et inverse).

ARTICLE V.

Règle de Trois simple.

APPLICATIONS.

1.re QUESTION. On demande, si 65 hommes ont porté 4250 kilogrammes de marchandises, combien 105 hommes, portant le même fardeau, en porteront-ils? Ils en porteront davantage; ainsi, les kilogrammes doivent être multipliés par le plus grand nombre d'hommes, et divisés par le plus petit. La réponse ou le quotient devant être plus grand que 4250 kilogrammes, on a donc la proportion :

65 : 105 :: 4250 : x, c'est-à-dire 4250 multiplié par 105, et divisé par 65.

$$x \text{ kilogrammes} = \frac{4250 \times 105}{65}$$

(*Voir ci-après l'opération détaillée*).

Opération détaillée.

Ainsi,   4250   Multiplicande.
            105   Multiplicateur.

            21250
            4250

            446250   Produit.
            562 | 65   Diviseur.
            425 | 6865 kilog.,39
            350
            250
            55   Résidu.

Donc que les 105 hommes ont porté 6865 kilogrammes 39 centièmes.

Preuve ou l'inverse.

Si 105 hommes ont porté 6865 kilogrammes 39 centièmes, combien porteront 65 hommes ? Ils en porteront moins.

Il faut donc multiplier 6865,39 Multiplicande.
                par   65   Multiplicateur.

                34326 95
                411923 4

Produit.   446250,35   à diviser par | 105   Diviseur.
                262 | 4250   Quotient.
                525
                0000

2.me Question. On demande, si 5 ouvriers en 8 jours, ou 40 tailleurs en 1 jour, ont fait 52 habits, combien 7 hommes en 9 jours, ou 63 tailleurs en 1 jour, en feront-ils ? Il est facile de voir qu'ils en feront davantage. Ainsi, la quantité d'habits doit être multipliée par le plus grand nombre de tailleurs, et divisée par le plus petit ; la réponse ou le quotient devant être plus grand que 52, on a donc la proportion :

40 : 63 :: 52 : x, c'est-à-dire 52 multiplié par 63 et divisé par 40.

$$\text{Ainsi, } x \text{ habits} = \frac{52 \times 63}{40} \quad \textit{Réponse ou quot. :} \text{ 81 habits 9/10}$$

Preuve ou l'inverse.

Si 7 ouvriers en 9 jours, ou 63 tailleurs en 1 jour, ont fait 81 habits 9/10, combien 5 ouvriers en 8 jours, ou 40 tailleurs en 1 jour, en feront-ils ? On voit clairement qu'ils en feront moins.

Ainsi, la quantité d'habits doit être multipliée par le plus petit nombre d'ouvriers, et divisée par le plus grand ; la réponse ou le quotient devant être plus petit que 81 9/10, on a donc la proportion : 63 : 40 :: 81 9'10 : x, c'est-à-dire 81,9 multiplié par 40 et divisé par 63. ·

$$x \text{ habits} = \frac{819 \times 40}{630} \quad \textit{Réponse} \text{ ou } \textit{quot.} : 52 \text{ habits.}$$

Le dénominateur est rendu dix fois plus grand, attendu qu'il y a une décimale au 1.ᵉʳ numérateur·

ARTICLE VI.

Règle de Trois composée.

1.ʳᵉ QUESTION. On demande si un cheval, allant au trot pendant 4 heures par jour, fait 150 lieues en 8 jours, combien doit-il trotter d'heures par jour, avec la même vitesse, pour faire 195 lieues en 6 jours ?

1.º On voit que, si le cheval fait 150 lieues en trottant 4 heures par jour, il faudra nécessairement qu'il trotte plus d'heures par jour pour faire 195 lieues. Donc, $\frac{195}{150}$;

2.º Si le cheval, en trottant 4 heures par jour, fait une route en 8 jours, il est clair qu'il faudra qu'il trotte davantage pour la faire en 6 jours. Donc, $\frac{8}{6}$.

$$\text{Ainsi,} \quad \begin{array}{llll} 150 \text{ lieues} & 4 \text{ heures} & 8 \text{ jours.} \\ 195 \text{ lieues} & x \text{ heures} & 6 \text{ jours.} \end{array}$$

Il faut donc multiplier le plus grand nombre de lieues, par les heures connues 4, et le produit par le plus grand nombe de jours, et diviser ensuite ce produit par le plus petit nombre de lieues multiplié par le plus petit nombre de jours ; le produit ou quotient devant être plus grand que le nombre d'heures connu.

$$\text{Ainsi, } x \text{ heures} = \frac{4 \text{ heures} \times 195 \text{ lieues} \times 8 \text{ jours}}{150 \qquad \times 6} \quad \textit{Rép.} \text{ ou } \textit{quot.} : 6 \text{ heures } 56 \text{ minutes.}$$

Preuve ou l'inverse.

Si un cheval, allant au trot pendant 6 heures 56 minutes par jour, fait 195 lieues en 6 jours, combien doit-il trotter d'heures par jour, avec la même vitesse, pour faire 150 lieues en 8 jours ?

1.º On voit que, si le cheval fait 195 lieues en trottant 6 heures 56 minutes, il faudra nécessairement qu'il trotte moins d'heures par jour pour faire 150 lieues. Donc, $\frac{110}{195}$;

2.º Si le cheval, en trottant 6 heures 56 minutes par jour, fait une route en 6 jours, il est évident qu'il trottera moins d'heures par jour pour la faire en 8 jours. Donc, $\frac{6}{8}$.

$$\text{Ainsi,} \quad \begin{array}{lll} 195 \text{ lieues} & 6 \text{ heures } 56 \text{ minutes} & 6 \text{ jours.} \\ 150 \text{ lieues} & x \text{ heures} & 8 \text{ jours.} \end{array}$$

Il faut donc multiplier le plus petit nombre de lieues par les heures connues, et le produit par le plus petit nombre de jours, et diviser ensuite ce produit par le plus grand nombre de lieues multiplié par le plus grand nombre de jours ; le produit ou le quotient devant être plus petit que le nombre d'heures connu.

$$\text{Donc, } x \text{ heures} = \frac{6 \text{ heures } \frac{56}{60} \text{ (1)} \times 150 \text{ lieues} \times 6 \text{ jours}}{195 \text{ lieues} \times 8 \text{ jours}} \quad \textit{Réponse} \text{ ou } \textit{quot.} : 4 \text{ heures.}$$

2.me QUESTION. Si 45 pionniers travaillant 10 heures par jour, ou 450 hommes ne travaillant qu'une heure, ont été 22 jours pour creuser un canal de 221 mètres de long, 10 de large et 3 de profondeur, ce qui produit, pour les dimensions, 6630 mètres de solidité ; la longueur étant multipliée par la largeur, et le produit par la profondeur,

On demande combien de jours 65 hommes travaillant 8 heures par jour, ou 520 hommes ne travaillant qu'une heure également, mettront-ils pour creuser un canal de 260 mètres de longueur, 15 de large et 7 de profondeur, ce qui produit, pour les dimensions, 27300 mètres de solidité, la longueur étant multipliée par la largeur, et le produit par la profondeur ? Le terrain est deux fois plus dur et plus difficile à fouiller.

1.° On voit que 450 pionniers ont mis 22 jours pour faire un ouvrage, il faut nécessairement moins de temps à 520 hommes pour faire le même ouvrage dans le même temps. Ainsi, $\frac{450}{520}$;

2.° S'il a fallu 22 jours pour faire un ouvrage de 6630 mètres de solidité, il en faudra nécessairement davantage pour faire un ouvrage de 27300 mètres de solidité. Ainsi, $\frac{27300}{6630}$;

3.° Si, enfin, on a mis 22 jours pour faire un ouvrage comme 1, il est évident qu'il en faudra plus pour faire un ouvrage comme 2. Ainsi, $\frac{2}{1}$.

Il faut donc multiplier le plus grand nombre de mètres par le plus petit nombre d'hommes, le produit par le nombre de jours connu, et le résultat par 2 solidité ; on divise ensuite ce résultat par le plus grand nombre d'hommes, multiplié par le plus petit nombre de mètres ; le quotient devant être plus grand que le nombre de jours connu.

Dispositions des différens termes.

450 hommes   22 jours   6630 mètres   1. solidité.
520 hommes x jours   27300 mètres   2. solidité.

$$\text{Donc, } x \text{ jours} = \frac{\overset{\text{jours. hommes. mètres. solidité.}}{22 \times 450 \times 27300 \times 2}}{520 \times 6630 \times 1} \quad \textit{Rép.} \text{ 156 jours 18 heures 53 minutes 45 secondes } \frac{11700}{14476}.$$

Preuve ou l'inverse.

Si 65 hommes travaillant 8 heures par jour, ou 520 hommes ne travaillant qu'une heure par jour, ont mis 156 jours 18 heures 53 minutes 45 secondes $\frac{11700}{14476}$ de seconde, pour creuser un canal de 260 mètres de long, 15 de large et 7 de profondeur, ce qui produit, pour les dimensions, 27300 mètres de solidité,

On demande combien de jours 45 hommes travaillant 10 heures par jour, ou 420 hommes ne travaillant qu'une heure, mettront-ils pour creuser un canal de 221 mètres de long, 10 de large et 3 de profondeur, ce qui donne, pour les dimensions, 6630 mètres de solidité ? Le terrain est deux fois moins dur et moins difficile à fouiller.

---

(1) L'heure étant de 60 minutes, 56 minutes font donc 56/60.

1.º On voit que, si 520 hommes ont mis 156 jours 18 heures 53 minutes 45 secondes $\frac{11700}{14476}$ de seconde, il est clair que 450 hommes mettront plus de temps pour faire le même ouvrage. Ainsi, $\frac{520}{450}$;

2.º S'il a fallu 156 jours 18 heures 53 minutes 45 secondes $\frac{11700}{14476}$ pour faire un ouvrage de 27300 mètres de solidité, il est évident qu'on en mettra moins pour faire un ouvrage de 6630 mètres de solidité. Ainsi, $\frac{6630}{27300}$;

3.º Si, enfin, on a mis 156 jours 18 heures 53 minutes 45 secondes $\frac{11700}{14476}$ pour faire un ou-vrage comme 2, il est facile de voir qu'il en faudra moins pour en faire un comme 1. Ainsi, $\frac{1}{2}$.

Disposition des différens termes.

520 hommes 156 jours 18 heures 53 minutes 45 secondes $\frac{11700}{14476}$ 27300 mètres 2. solidité.
450 hommes x jours.   6630 mètres 1. solidité.

Il faut donc multiplier le plus petit nombre de mètres par le plus grand nombre d'hommes, et le produit par le nombre de jours connu, et diviser le résultat par le plus grand nombre de mètres multiplié par le plus petit nombre d'hommes, et le produit par 2 solidité; le quotient devant être plus petit que le nombre de jours connu.

$$\text{Ainsi, } x \text{ jours (1)} = \frac{156 \; \frac{18}{24} \quad \frac{53}{60} \quad \frac{45}{60} \times 520 \times 6630 \times 1}{24 \times 60 \times 60 \times 450 \times 27300 \times 2} \quad \textit{Réponse} \text{ ou } \textit{quot.} : 22 \text{ jours.}$$

ARTICLE VII.

Règle d'Escompte.

L'*Escompte* est une déduction que l'on fait de l'intérêt d'une somme qu'on paie avant l'échéance, d'après le consentement du créancier et du débiteur, c'est-à-dire, qu'on déduit l'intérêt convenu à tant pour $^0/_0$ pour le temps qui reste à s'écouler jusqu'à l'époque du paiement.

1.ᵉʳ EXEMPLE. Il est dû à un créancier 27521 fr., somme qu'il a prêtée, y compris l'intérêt à 5 p. $^0/_0$ par an. Le débiteur propose de payer au bout de 7 mois; le créancier accepte l'offre. On demande quelle est la somme que le débiteur doit payer, en déduisant l'intérêt pour 5 mois ? Pour résoudre ce problème, on dit :

1.º Si 100 fr. en rapportent 5 d'intérêt, il est évident que 27521 fr. en rapporteront davan-tage. Ainsi, $\frac{27521}{100}$;

2.º Si pour 12 mois on a 5 fr. d'intérêt, on aura moins pour 5 mois. Ainsi, $\frac{5}{12}$.

$$\text{Donc, } x \text{ francs} = \frac{5 \times 27521 \times 5}{105 \times 12} \quad \textit{Réponse} : 546 \text{ fr. } 05 \text{ c.}$$

Il résulte de l'opération que le débiteur doit payer   27521 fr. » c.
moins l'intérêt des cinq mois, qui est de   546   05

Somme à payer par le débiteur. . . 26974 fr. 95 c.

---

(1) On convertit les jours en heures, en les multipliant par 24, et les heures en minutes en les multipliant par 60, les

2.me Exemple. Il est dû à un créancier 40252 fr. qu'il a prêtés pour un an , y compris l'intérêt à 7 1/5 p. %. Le débiteur propose de payer au bout de 5 mois 8 jours, ou 158 jours, le créancier accepte l'offre. On demande combien le débiteur doit payer, en déduisant l'intérêt pour 6 mois 22 jours, ou 202 jours ? Pour résoudre ce problème on dit :

1.º Si 107 1/5 donnent 7 1/5, il est évident que 40252 fr. en rapporteront davantage. Ainsi, $\frac{40252}{107-115}$;

2.º Si pour 360 jours (1) on a 7 1/5 d'intérêt, il est clair que pour 158 jours on aura moins. Ainsi, $\frac{158}{360}$.

$$\text{Donc, } x \text{ francs} = \frac{7\frac{1}{7} \times 40252 \times 158}{107\frac{1}{7} \times 360}$$

$$\text{Ou } x \text{ francs} = \frac{56\,(2) \times 40252 \quad 5 \times 158}{5 \quad \times \quad 535\,(3) \times \quad 560} \qquad Réponse : 1185 \text{ fr. } 49 \text{ c.}$$

Il résulte, de l'opération ci-dessus, que le débiteur doit payer 40252 fr. » c. moins l'intérêt de 202 jours qui est de ⎯⎯⎯ 1185 49

Somme à payer par le débiteur. ⎯⎯⎯ 39066 fr. 51 c.

ARTICLE VIII.

Règle pour trouver le terme moyen de plusieurs paiemens, en supposant que l'intérêt est le même pour toutes les sommes.

On peut payer à une certaine époque la totalité de différentes sommes qui devraient être payées à des époques déterminées. Il faut, pour déterminer l'intervalle entre cette époque et celle du 1.er paiement, multiplier chaque somme (en commençant par la seconde) par l'intervalle qu'il y a entre l'époque où la somme doit être acquittée et celle du 1.er paiement; l'on en fera ensuite une somme totale, qui sera le numérateur de la fraction, ou le dividende ; le produit de l'addition de toutes les quantités sera le dénominateur ou le diviseur , et le produit ou le quotient sera le terme moyen de l'époque du paiement.

---

secondes également; on a ajouté 18 au produit des heures , 53 au produit des minutes, et 45 au produit des secondes , et on porte 24, 60 et 60 au dénominateur , pour n'indiquer que les jours ont été rendus 24 fois plus grand , les minutes 60 fois plus grandes , et les secondes 60 fois plus grandes. Les jours sont de 24 heures, les heures de 60 minutes et les minutes de 60 secondes.

(1) L'année , dans le commerce, se compte pour 360 jours; cependant on peut la compter aussi pour 365 jours.

(2) J'ai rendu le 1.er numérateur 7 1/5, cinq fois plus grand en le multipliant par 5, et en ajoutant numérateur ; j'ai eu 36, et j'ai porté 5 pour dénominateur.

(3) J'ai fait la même opération pour le 1.er dénominateur. (*Voyez* la position des deux règles).

APPLICATION.

sommes.		époques déterminées.
5271 fr.	à payer le	30 décembre.
3251	idem.	15 idem.
7354	idem.	5 janvier.
6225	idem.	10 idem.
3251	idem.	15 idem.
7541	idem.	20 idem.

Produit des sommes 32893 fr., diviseur et dénominateur de la fraction.

Maintenant, pour trouver le numérateur ou le dividende, il faut compter l'intervalle qu'il y a du 10 décembre au 15 dudit, du 10 décembre au 5 janvier, du 10 décembre au 10 janvier, du 10 décembre au 15 janvier et du 10 décembre au 20 janvier, et multiplier chaque somme par ces différens intervalles, en commençant par la seconde somme.

EXEMPLE :

2.me somme. 5251 à multiplier par 5, intervalle du 10 décembre au 15 décembre, produit. 16255
3.me id. 7354 idem. 25, idem. 10 décembre au 5 janvier, produit. 183850
4.me id. 6225 idem. 30, idem. 10 décembre au 10 janvier, produit. 186750
5.me id. 3251 idem. 35, idem. 10 décembre au 15 janvier, produit. 113785
6.me id. 7541 idem. 40, idem. 10 décembre au 20 janvier, produit. 301640

Produit. Dividende. . . . 802280

Ainsi , x jours $= \dfrac{802280}{32893}$ Réponse ou quotient : 24.

D'après l'opération ci-dessus, le terme moyen du paiement est le 24.me jour, c'est-à-dire , le 4 janvier, puisque du 10 décembre au 4 janvier il y a 24 jours.

ARTICLE IX.

Règle de Compagnie ou de Partage.

Cette règle sert à trouver la somme que doit recevoir ou payer chaque associé d'après le gain ou la perte qui résulte de leur spéculation ou commerce, ou à diviser en partie un tout dont les rapports sont donnés.

1.er EXEMPLE. Un fonds de la somme de 95000 fr. a été fait par quatre associés.

Le 1.er a mis 25000 fr. }
Le 2.me a mis 24000 }
Le 3.me a mis 22000 } Le gain est de 52000 fr., multiplicateur des mises.
Le 4.me a mis 24000 }

Total des mises, 95000 fr.

15

On demande quelle est la somme que chaque associé doit recevoir sur le produit du gain ?

Il est évident que chaque associé ne doit avoir que le gain proportionné à sa mise, c'est-à-dire, que le fonds qu'ils ont fait doit être à chaque mise ce que le gain commun est au gain de chacun d'eux.

On doit multiplier la mise de chaque associé par le gain commun, et diviser le produit par le fonds ou la somme totale des mises. Le produit ou quotient sera la part du gain que chaque associé devra recevoir. Donc,

Pour le 1.er x francs $= \dfrac{52000 \times 25000}{95000}$ *Réponse* ou *quotient :* 13684 fr. 21 c. 1/19.

Pour le 2.me x francs $= \dfrac{52000 \times 24000}{95000}$ *Réponse* ou *quotient :* 13136   84   4/19.

Pour le 3.me x francs $= \dfrac{52000 \times 22000}{95000}$ *Réponse* ou *quotient :* 12042   10   10/19.

Pour le 4.me x francs $= \dfrac{52000 \times 24000}{95000}$ *Réponse* ou *quotient :* 13136   84   4/19.

Preuve . . . . . . 52000 fr. » c. »

On voit que la somme des gains partiels est égale à la somme du gain commun. Donc, l'opération est exacte.

2.me EXEMPLE. Trois négocians ont fait un fonds qui a produit 27000 fr. de gain.

Le 1.er associé doit avoir 1/3
Le 2.me *idem.*   2/3
Le 3.me *idem.*   3/4

On demande quelle est la somme qui revient à chaque associé ?

Au premier abord, cette question ne paraît pas difficile à résoudre (elle ne l'est pas non plus quand on sait faire l'opération). Les personnes qui n'ont pas l'habitude de faire ces sortes de règles, peuvent croire qu'il faut prendre le 1/3, les 2/3 et les 3/4 de la somme pour avoir la réponse. Il est facile de voir qu'en opérant de cette manière le dernier associé n'aurait rien (c'est celui qui doit avoir le plus), puisque le 1.er, en prenant le 1/3, aurait 9000 fr., et le 2.me, en prenant les 2/3, aurait 18000 fr., ce qui fait la somme totale de 27000 fr. Il faut donc, pour résoudre le problème, multiplier les uns par les autres, les dénominateurs des trois fractions, c'est-à-dire, 3 par 3 et le produit par 4, ce qui donne 36, dont on prend le 1/3, pour avoir le numérateur du 1.er associé, qui est 12; ensuite, prenant les 2/3 de 36 pour avoir le numérateur de la fraction du 2.me associé, on a 24; et, enfin, on prend les 3/4 de 36 pour avoir le numérateur de la fraction du 3.me associé, on a 27. Maintenant, pour trouver le dénominateur, on additionne les numérateurs 12, 24 et 27, et l'on a 63 pour dénominateur commun.

D'après cela, la part du 1.ᵉʳ associé est les 12/63 du gain.

Celle du 2.ᵐᵉ associé . . 24/63 du gain.

Celle du 3.ᵐᵉ associé . . 27/63 du gain.

Ensuite, on multiplie la somme du gain commun par le numérateur de chaque fraction ; le produit est le dividende, et le dénominateur de chaque fraction est le diviseur ; le produit ou le quotient sera la somme qui revient à chaque associé. Ainsi,

Pour le 1.ᵉʳ x francs $= \dfrac{27000 \times 12}{63}$ *Réponse ou quot.* : 5142 fr. 85 c. $\frac{44}{63}$

Pour le 2.ᵐᵉ x francs $= \dfrac{27000 \times 24}{63}$ *Réponse ou quot.* : 10285 71 $\frac{17}{63}$

Pour le 3.ᵐᵉ x francs $= \dfrac{27000 \times 27}{63}$ *Réponse ou quot.* : 11571 42 $\frac{54}{63}$

Preuve . . . . . . 27000 fr. » c. »

On voit que la somme des gains partiels est égale à la somme du gain commun. Donc, l'opération est exacte.

3.ᵐᵉ EXEMPLE. Un fonds a été fait par trois négocians associés.

Le 1.ᵉʳ a mis 42000 fr. pour 10 mois.

Le 2.ᵐᵉ a mis 63000 fr. pour 12 mois.

Le 3.ᵐᵉ a mis 18000 fr. pour 15 mois.

Ils ont gagné en commun 61000 fr. ; quel est le gain de chacun des associés ? Il faut que le gain soit proportionné à la mise de chaque associé, et au temps pendant lequel il a été associé. Pour résoudre ce problème, on multipliera la mise de chaque associé par le temps de son association, qui sera le second numérateur de la fraction, le gain commun devant être le premier ; et le produit de toutes les sommes des associés, multiplié par le temps de chaque associé, sera le dénominateur ou le diviseur. Le produit ou quotient sera la somme du gain qui reviendra à chaque associé. Donc,

Le 1.ᵉʳ a mis 42000 fr. à multiplier par le temps 10 mois. *Réponse* : 420000

Le 2.ᵐᵉ a mis 63000 fr. *idem. idem.* 12 mois. *Réponse* : 756000

Le 3.ᵐᵉ a mis 18000 fr. *idem. idem.* 15 mois. *Réponse* : 270000

Somme des trois produits . . . 1446000 Diviseur.

Ainsi, on a pour le 1.ᵉʳ x francs $= \dfrac{61000 \times 420000}{1446000}$ *Réponse :* 17717 fr. 84 c. $\frac{116}{1446}$.

Pour le 2.ᵐᵉ x francs $= \dfrac{61000 \times 756000}{1446000}$ *Réponse :* 31892 11 $\frac{824}{1446}$.

Pour le 3.ᵐᵉ x francs $= \dfrac{61000 \times 270000}{1446000}$ *Réponse :* 11390 04 $\frac{116}{1446}$.

Preuve . . . . . . 61000 fr. » c. »

On voit que la somme des gains partiels est égale à la somme du gain commun. Donc, l'opération est exacte.

ARTICLE X.

Règle de la Tare.

La *tare*, fixée selon la volonté des marchands, est une diminution ou rabais que l'on fait sur les marchandises gâtées, ou en tonneaux, caisses, etc. Il y a des marchands qui rabattent tant pour 100, et d'autres tant sur 100; ce qui n'est pas la même chose, comme nous allons le démontrer par les proportions suivantes :

Formule pour la Règle de la Tare.

Quand on rabattra à tant pour 100, il faut multiplier la quantité *ort* par 100, moins le taux fixé, c'est-à-dire que, si l'on rabat 10 pour 100, il faut multiplier par 90; si l'on rabat 12 sur 100, il faut diviser par 112; si l'on rabat 8 sur 100, il faut diviser par 108, et ainsi de suite.

1.er CAS. A tant pour 100, un marchand achète 40 caisses ou tonneaux de sucre pesant *ort* 50421 kilogrammes. On demande combien il doit payer de net, en rabattant 12 pour 100 ?
Il faut multiplier les 50421 kilogrammes par 88 et diviser le produit par 100.

$$\text{Ainsi } x \text{ kilogrammes} = \frac{50421 \times 88}{100} \qquad \textit{Réponse ou quot.} : 44370 \text{ kilog. } 48 \text{ cent.}$$

2.me CAS. A tant sur 100, un marchand achète 40 caisses ou tonneaux de sucre, pesant *ort* 50421 kilogrammes. On demande combien il doit payer de net, en rabattant 12 sur 100 ?
Il faut multiplier les 50421 kilogrammes par 100 et diviser par 112.

$$\text{Ainsi } x \text{ kilogrammes} = \frac{50421 \times 100}{112} \qquad \textit{Réponse ou quot.} : 45018 \text{ fr. } 75 \text{ c.}$$

Il est donc plus avantageux au marchand qui achète de rabattre tant pour 100, que tant sur 100, puisqu'en rabattant 12 pour 100 il n'a payé que 44370 kil. 48 c de sucre. au lieu qu'en rabattant 12 sur 100 il en paie 45018 75

Différence.   648   27

ARTICLE XI.

Règle du Change intérieur.

Lorsqu'on veut faire passer des fonds d'une ville à une autre, on prend une lettre de change, et l'on paie un intérêt à tant pour 100; c'est ce qu'on appelle *change intérieur* (nous parlerons plus tard du change étranger); il se prend en dedans et en dehors.

1.er CAS. *En dehors.* Une personne de Nismes veut envoyer à une autre personne à Bordeaux 52625 fr. ; elle s'adresse à un banquier de sa ville, pour lui demander une lettre de change de cette somme, payable à Bordeaux, moyennant (supposons) 3 p. o/o. Quelle est la somme que la personne qui envoie doit compter au banquier, l'intérêt de la somme principale devant être pris en dehors ? voici la proportion :

100 : 103 :: 52625 : *x*, c'est-à-dire 52625 multiplié par 103 et divisé par 100.

$$\text{Ainsi}, x \text{ francs} = \frac{52625 \times 103}{100} \qquad \textit{Réponse ou quot.} : \quad 54203 \text{ fr. } 75 \text{ c.}$$

L'on voit que la personne doit compter au banquier 54203 fr. 75 c. pour une lettre de change de 52625, d'après le taux ci-dessus.

Toutes les fois que l'intérêt est pris en dehors, il faut multiplier la somme principale par 100, plus le taux de l'intérêt, c'est-à-dire que, si l'on prend 2 p. %, il faut multiplier par 102 ; si l'on prend 4 p. %, il faut multiplier par 104, etc. : le diviseur est invariable, il est toujours 100.

2.me CAS. *En dedans.* Une personne de Nismes veut envoyer à une autre personne à Bordeaux 52625 fr. moins les frais ; elle s'adresse à un banquier de sa ville, pour lui demander une lettre de change de ladite somme, payable à Bordeaux, moins l'intérêt (supposons) à 3 p. %. La personne compte au banquier 52625 fr. ; mais le banquier déduisant l'intérêt de 3 p. %, on demande de combien de francs sera la lettre de change que le banquier remettra à la personne qui envoie ? voici la proportion :

103 : 100 :: 52625 : *x*, c'est-à-dire, 52625 multiplié par 100 et divisé par 103.

Le produit sera le montant de la lettre de change.

$$\text{Ainsi}, x \text{ francs} = \frac{52625 \times 100}{103} \qquad \textit{Réponse ou quot.} : \quad 51092 \text{ fr. } 72 \text{ c.}$$

Toutes les fois que l'intérêt est pris en dedans, il faut toujours multiplier la somme principale par 100 et diviser le produit par 100, plus le taux de l'intérêt, c'est-à-dire que, si l'on prend 4 p. %, il faut diviser par 104 ; si l'on prend 3 p. %, il faut diviser par 103 ; si l'on prend 2 p. %, il faut diviser par 102, etc. On voit que ces deux manières de prendre l'intérêt sont différentes.

ARTICLE XII.

Règle de la Rente constituée.

1.re QUESTION. Combien doit-on vendre ou acheter (supposons) 500 fr. de rente à 5 p%, dont le cours est à 61 ?

Pour trouver la valeur de cette rente, on fait la proportion : 5 : 61 :: 500 : *x* c'est-à-dire, 61 multiplié par 500, et le produit divisé par 5.

$$\text{Ainsi}, x \text{ francs} = \frac{500 \times 61}{5} \qquad \textit{Réponse} : \quad 6100 \text{ fr.}$$

La valeur de la rente ci-dessus, d'après le cours 61, est donc de 6100 fr.

On voit que , pour vendre ou acheter une rente , il faut toujours multiplier la rente par le cours, et diviser par le taux de la rente.

Veut-on savoir combien on aurait de rente pour 6100 fr. , au cours de 61 (5 p. $°/_0$), on établit cette proportion : 61 : 5 :: 6100 : x, c'est-à-dire, 6100 multiplié par 5, et divisé par 61.

$$\text{Ainsi , } x \text{ francs} = \frac{6100 \times 5}{61} \qquad \textit{Réponse : } 500 \text{ fr.}$$

Preuve de la 1.re Question.

Pour savoir à combien p. $°/_0$ on place son argent, le cours de la rente étant à 61 (5 p. $°/_0$), on a cette proportion :

61 : 100 :: 5 : x , c'est-à-dire, 100 multiplié par 5 , et le produit divisé par 61.

$$\text{Ainsi , } x \text{ francs} = \frac{100 \times 5}{61} \qquad \textit{Réponse : } 8 \text{ fr. } 20 \text{ c.}$$

Donc, que la personne qui a acheté 500 fr. de rente pour 6100 fr., au cours de 61 (5 p. $°/_0$), a placé son argent à 8 fr. 20 c. p. $°/_0$.

2.me QUESTION. Combien doit-on vendre ou acheter (supposons) 500 fr. de rente à 3 p. $°/_0$), dont le cours est 72 ?

Pour résoudre cette question et trouver la valeur de cette rente , on fait la proportion :

3 : 72 :: 500 : x , c'est-à-dire, 72 multiplié par 500 et divisé par 3.

$$\text{Ainsi , } x \text{ francs} = \frac{500 \times 72}{3} \qquad \textit{Réponse : } 12000 \text{ fr.}$$

La valeur de la rente de la 2.me question , d'après le cours 72 , est donc de 12000 fr.

Veut-on savoir combien on aurait de rente pour 12000 fr. , au cours de 72 (3 p. $°/_0$) on établit cette proportion :

72 : 3 :: 12000 : x , c'est-à-dire, 12000 multiplié par 3 et divisé par 72.

$$\text{Ainsi, } x \text{ francs} = \frac{12000 \times 3}{72} \qquad \textit{Réponse : } 500 \text{ fr.}$$

Preuve de la 2.me Question.

Pour savoir à combien pour 100 on place son argent, le cours de la rente étant à 72 (3 p.$°/_0$), on a cette proportion :

72 : 100 :: 3 : x , c'est-à-dire, 100 multiplié par 3 , et le produit divisé par 72.

$$\text{Ainsi, } x \text{ francs} = \frac{100 \times 3}{72} \qquad \textit{Réponse : } 4 \text{ fr. } 17 \text{ c.}$$

Donc que la personne qui a acheté 500 fr. de rente pour 12000 fr. , au cours de 72 (3 p. $°/_0$), a placé son argent à 4 fr. 17 c. p. $°/_0$.

ARTICLE XIII.

Règle du Marc le franc.

On entend par la règle du *Marc le franc*, ce que doit donner un franc au *prorata* d'une somme qu'on veut partager, soit en augmentation, soit en diminution.

Par exemple, un particulier fait une banqueroute de 150000 fr.; tout ce quil possède n'est estimé et vendu que 45000 fr., il doit à quatre personnes; savoir :

A la 1.re   2734 fr.
A la 2.me   5675
A la 3.me   100000
A la 4.me   41591

150000 fr. que doit le débiteur.

On demande combien il revient à chaque créancier par franc, sur les 45000 fr. trouvés ?

Pour résoudre ce problème, il faut diviser la somme trouvée, 45000 fr., par celle due 150000, ce qui donne pour produit 30 centimes par franc à chaque créancier.

Il est dû au 1.er créancier   2734 fr. à multiplier par 30 c. *Réponse :*   820 fr. 20 c.
au 2.me   5675 fr.   *idem.*   *idem.*   *Réponse :*   1702   50
au 3.me   100000 fr.   *idem.*   *idem.*   *Réponse :* 30000   »
au 4.me   41561 fr.   *idem.*   *idem.*   *Réponse :* 12477   30

Total des sommes dues. 150000 fr.   Total de la somme trouvée. 45000 fr.   » c.

ARTICLE XIV.

Règle pour trouver le taux commun d'évaluation de différentes classes de chaque nature de propriété.

Pour trouver le taux commun d'évaluation de différentes classes de chaque nature de propriété, il faut multiplier la quantité de chaque classe par l'évaluation ou le prix, additionner les quantités de chaque classe, ainsi que les produits; le total des produits sera le dividende, et le total des quantités sera le diviseur; le quotient sera la réponse.

Opération.

1.re classe 2524 hectares à 32 fr. l'un, ce qui donne 80768 fr.
2.me classe 3524 *idem.* à 27 fr.   *idem.*   95148 fr.
3.me classe 2735 *idem.* à 15 fr.   *idem.*   41025 fr.
4.me classe 5241 *idem.* à 8 fr.   *idem.*   41928 fr.

Total des hectares. 14024 Diviseur.   Total des produits. 258869 fr. Dividende.

Le taux commun de l'hectare est de 18 fr. 459, ou 18 fr. 46 c.

L'on voit que le total est de 14024, et le produit des quantités des hectares de chaque classe, multiplié par le prix de chaque hectare, donne pour total des produits 258869 fr., qui, divisé par le total des hectares, donne pour quotient 18 fr. 46 c. pour le taux commun de chaque hectare. '

Il y a des personnes qui font une faute grave en faisant cette règle, c'est celle d'additionner l'évaluation ou le prix de chaque hectare, pour chaque classe, et diviser la somme par le nombre de classes, ce qui donne un produit trop fort, comme nous allons le démontrer par l'opération.

Opération.

L'hectare de la 1.re classe est à 32 fr.

	2.me	idem.	27
	3.me	idem.	15
	4.me	idem.	8

Somme . . 82 fr. dont on prend le quart, puisqu'il y a quatre classes.

Ainsi, en divisant 82 par 4, on a 20 fr. 50 c. pour le taux commun, ce qui évidemment est trop fort, puisque 14024 hectares à 20 fr. 50 c. donne 287492, ce qui fait une différence, en plus, de 2 fr. 04 c. par hectare, ou sur la totalité des 14024 hectares la somme de 28623 fr. que payerait de plus l'acquéreur des quatre différentes classes dont nous avons parlé.

ARTICLE XV.

Règle d'Alliage.

Cette règle sert à trouver la valeur moyenne de plusieurs quantités de différentes valeurs, ou la partie que l'on doit prendre de chaque quantité, pour composer un mélange d'une valeur moyenne déterminée.

Pour opérer dans le 1.er cas, il faut. multiplier chaque quantité par sa valeur respective et diviser ensuite la somme des produits par celle des quantités ; le produit sera la réponse.

EXEMPLE DANS LE 1.er CAS.

On a mêlé ensemble 93 bouteilles de vin, savoir : 23 bouteilles à 75 c., 27 à 80 c., 43 à 87 c. On demande le prix moyen de la bouteille de vin.

Opération.

	Quantités.		Valeurs.		Produits.	
	23 bouteilles	à	75 c.	donnent	17 fr.	25 c.
	27		80		21	60
	43		87		37	41
Total des quantités.	93	Diviseur.		Total des produits.	76 fr.	26 c. Dividende.

Dividende 76,26 | 93 Diviseur.
1 86
00   0,82 ^{c}

Le prix moyen de la bouteille de vin est donc de 82 c.

AUTRE EXEMPLE.

On a tiré , avec une pièce d'artillerie , 79 coups qui ont donné , savoir :

Quantités.	Valeurs.	Produits.
3o coups ont porté à	622 mètres; ils donnent	18660 mèt.
25	630	15750
18	642	11556
6	635	3810

Total des quantités. 79 Diviseur.   Total des produits. 49776 mèt. Dividende.

Dividende. 49776 | 79 Diviseur.
          237 | 63o mèt. o7 cent.
        00600
          47

L'estime de la portée moyenne est donc 63o mètres o7 centimètres.

AUTRE EXEMPLE.

On veut évaluer le kilogramme d'un mélange composé de 8 kilogrammes de métal à 82 c., de 15 kilogrammes à 92 c. , et de 7 kilogrammes à 61 c. On demande le prix moyen du kilogramme.

Quantités.	Valeurs.	Produits.
8 kilogrammes à	82 c. donnent	6 fr. 56 c.
15	92	13 8o
7	61	4 27

Total des quantités. 3o Diviseur.   Total des produits. 24 fr. 63 Dividende.

Dividende. 24,63 | 3ooo Diviseur.
          63oo | 0,82 c. 1/10.
          3ooo

Le prix du kilogramme est de 82 c. 1/10.

AUTRE EXEMPLE.

On a deux lingots d'argent à différens titres , savoir : un de 5 kilogrammes à 947 millièmes, et un autre de 7 kilogrammes à 882 millièmes. Quel sera le titre moyen de ces deux lingots après le mélange ?

Quantités.	Valeurs.	Produits.
5 kilogrammes à	947 millièmes. donnent	4735
7	882	6174

Total des quantités. 12 Diviseur.   Total des produits. 10909 Diviseur.

Dividende 10906 | 12 Diviseur.
          1o9 | 9o9 millièmes.
            1

Le titre moyen est de 9o9 millièmes.

16

EXEMPLE DANS LE 2.ᵐᵉ CAS. (*Opération bien plus difficile*).

On a deux lingots , l'un au titre de 675 millièmes , et l'autre au titre de 906 millièmes. Quelle partie doit-on prendre de chacun de ces lingots , pour en composer un au titre de 800 millièmes ?

Pour résoudre ce problème, on cherche l'excès qu'il y a de 906 sur 675 , c'est-à-dire , que de 906 à 675 il y a 231 ; cette différence est le dénominateur commun des deux fractions. Maintenant il faut avoir le numérateur des deux fractions. Pour trouver celui de la première , il faut voir la différence ou l'excès qu'il y a de 906 sur 800 , c'est-à-dire , que de 906 à 800 il y a 106 de différence. C'est cette différence qui doit être le numérateur de la première fraction, qui vaut par conséquent 106/231. Pour avoir le numérateur de la deuxième , il faut voir la différence ou l'excès de 800 sur 675 , c'est-à-dire , que de 800 à 675 il y a 125. Cette différence doit être le numérateur de la seconde fraction, qui est 125/231 ; donc qu'il faut prendre les 106/231 du lingot au titre de 675 millièmes et les 125/231 de celui au titre de 906 millièmes.

AUTRE EXEMPLE.

Un kilogramme de plomb coûte 1 fr. 10 c. , et un kilogramme d'étain coûte 1 fr. 80 c. Quelle partie faut-il prendre du kilogramme de plomb et du kilogramme d'étain , pour composer un kilogramme de mélange coûtant 1 fr. 50 c. ?

Pour résoudre ce problème , on cherche l'excès qu'il y a de 1 fr. 80 c. sur 1 fr. 10 c. , c'est-à-dire , que de 1 fr. 80 c. à 1 fr. 10 c. il y a 70. Cette différence est le dénominateur commun des deux fractions. Pour trouver le numérateur de la première fraction , il faut voir la différence ou l'excès de 1 fr. 80 c. sur 1 fr. 50 c. , c'est-à-dire , que de 1 fr. 80 c. à 1 fr. 50 c. il y a 30 de différence. C'est cette différence qui doit être le numérateur de la première fraction ; par conséquent , la première fraction est donc 30/70 , ou , plus simplement , 3/7 , en retranchant le zéro du numérateur et du dénominateur. Pour avoir le numérateur de la seconde fraction , il faut voir la différence qu'il y a de 150 à 110 , c'est-à-dire , que de 150 à 110 il y a 40. Cette différence doit être le numérateur de la seconde fraction , qui est 40/70 , ou , plus simplement , 4/7 , en retranchant le zéro du numérateur et du dénominateur ; donc , il faut prendre les 3/7 du kilogramme de plomb et les 4/7 du kilogramme d'étain.

AUTRE EXEMPLE.

On suppose un lingot d'or de 24 hectogrammes et un lingot d'argent du poids de 14 hectogrammes. On demande quelle partie faut-il prendre de chacune de ces matières , pour composer un lingot de mélange du poids de 18 hectogrammes ?

Pour résoudre ce problème , on forme les fractions 6/10 et 4/10 , ou plus simplement 3/5 et 2/5 , qui ont pour commun dénominateur l'excès de 24 sur 14 , c'est-à-dire , que 24 moins 14 donne 10 ; le numérateur de la première fraction est l'excès de 24 sur 18 , c'est-à-dire , que 18 plus 6 donne 24 ; et le numérateur de la seconde fraction est l'excès de 18 sur 14 , c'est-à-dire , que 4 plus 14 donne 18.

Donc , il faut prendre les 3/5 du lingot d'argent et les 2/5 du lingot d'or.

NOTA. Pour la règle d'alliage , du *second cas* , on doit toujours prendre d'autant moins de chaque quantité , que sa valeur diffère davantage de la valeur moyenne.

~~~~~~

CHAPITRE VIII.

ARTICLE PREMIER.

De l'Intérêt simple.

Ox distingue deux sortes d'intérêts : l'intérêt *simple* et l'intérêt *composé*.

L'intérêt simple, dont nous allons parler, est le profit que l'on tire de l'argent qu'on prête à un taux quelconque, et qui, après l'échéance du prêt, ne produit pas un nouvel intérêt, au lieu que l'intérêt composé est l'intérêt sur intérêt qui provient tant du capital que des intérêts successifs d'année en année ou de mois en mois, de sorte qu'à l'échéance celui qui a emprunté est obligé de payer le capital, plus les intérêts des intérêts.

L'intérêt simple est donc une déduction que l'on fait sur le montant d'un billet payable à une époque plus ou moins reculée. L'intérêt se prend ordinairement et généralement en dedans (du moins c'est l'usage à Paris) ; cependant il peut aussi se prendre en dehors : c'est affaire de convention entre celui qui prête et celui qui emprunte.

On entend, par prendre l'intérêt *en dedans*, déduire l'intérêt sur la somme que l'on prête, au lieu qu'en prenant l'intérêt *en dehors* on ajoute l'intérêt à la somme prêtée.

1.er Cas. *Intérêt en dedans.* Une personne emprunte 600 fr. pour un an, à raison de 5 p. %; elle fait un billet de 600 fr., quoiqu'elle ne reçoive que 570 fr.

2.me Cas. *Intérêt en dehors.* Une personne emprunte 600 fr. pour un an, à raison de 5 p. %; elle fait un billet de 630 fr., quoiqu'elle ne reçoive que 600 fr.

ARTICLE II.

De la Règle d'intérêt simple.

Pour trouver l'intérêt d'une somme quelconque, n'importe à quel taux et pour quel nombre de jours, mois ou années, on commence par égaliser x, intérêt qu'on cherche avec le taux de l'intérêt donné, qui sera toujours le numérateur de la première fraction ; le numérateur de la seconde sera la somme dont on prend l'intérêt, et le numérateur de la troisième et dernière fraction sera le nombre de jours, de mois ou d'années pour lesquels on prend l'intérêt.

Le premier dénominateur sera toujours 100, s'il n'y a pas de centimes à la somme, et 10000, s'il y en a ; le dernier dénominateur sera toujours 12, 30, ou 360 ; si on prend l'intérêt à tant p. % par mois pour un nombre de jours, le dénominateur sera 30, attendu qu'il faut 30 jours pour un mois ; si l'on prend l'intérêt à tant p. % par an pour un nombre de mois, le dénominateur sera 12, attendu qu'il faut 12 mois pour un an ; si l'on prend l'intérêt à tant p. % par an pour un nombre de jours, le dénominateur sera 360, attendu qu'il faut 360 jours pour

(124)

un an (Nous avons déjà dit que l'année commerciale est comptée de 30 jours pour un mois, et par conséquent de 360 jours pour un an.).

Quand on aura posé la règle de la manière indiquée, on fera, si l'on veut, pour abréger l'opération, la règle de réduction dont nous allons parler ci-après ; ensuite on multipliera les numérateurs les uns par les autres, pour avoir le dividende, et les dénominateurs également les uns par les autres, pour avoir le diviseur ; le produit des numérateurs, divisé par le produit des dénominateurs, sera la réponse ou le quotient.

Règle de réduction.

Cette règle sert à abréger les multiplications de fractions, en effaçant indistinctement les numérateurs et dénominateurs semblables, ou à les diviser par un même nombre.

On peut prendre la moitié d'un nombre, si le dernier chiffre est pair ; comme on peut en prendre le quart, s'il est divisible par 4 ; ou en prendre le huitième, si les trois derniers chiffres sont divisibles par 8. On peut en prendre le tiers, si le nombre est divisible par 3 ; comme on peut en prendre le sixième, si, outre qu'il est divisible par 3, le dernier chiffre est pair ; ou en prendre le neuvième, si la somme est divisible par 9. On peut prendre le cinquième d'un nombre, si le dernier chiffre est 5 ou zéro. Si un numérateur et un dénominateur sont terminés par un ou plusieurs zéros, on en retranchera autant du numérateur que du dénominateur.

APPLICATION.

On propose de multiplier l'une par l'autre les fractions ci-après, pour n'en faire qu'un numérateur et un dénominateur, pour ensuite en trouver le quotient.

Position de la règle sans faire la réduction.

$$\frac{12 \times 15 \times 9 \times 24 \;=\; 58880 \text{ Dividende.}}{15 \times 18 \times 12 \times 16 \;=\; 51840 \text{ Diviseur.}}$$

Réponse : 0,75 ou 3/4.

On voit que, pour avoir le résultat sans faire usage de la règle de réduction, il faut faire six multiplications et une division, puisque, pour connaître le dividende, il a fallu multiplier 12 par 15, le produit par 9, et ce dernier produit par 24 ; ce qui donne bien 58880. Pour connaître maintenant le diviseur, il a fallu multiplier 15 par 18, le produit par 12, et ce dernier produit par 16 ; ce qui donne pour diviseur 51840. En divisant le numérateur dividende par le dénominateur, on a pour quotient 0,75 centièmes ou 3/4. Pour faire l'opération ci-dessus, il a fallu faire 83 chiffres.

Nous allons figurer cette même opération, en faisant usage de la règle de réduction, pour démontrer l'avantage qu'il y a de s'en servir.

Position de la même règle en faisant les réductions.

$$\frac{\overset{3}{\cancel{12}} \times \cancel{15} \times \;\; 9 \times \cancel{24}}{\underset{2}{\cancel{15}} \times \cancel{18} \times \underset{2}{\cancel{12}} \times \cancel{16}}$$

Réponse : 3/4 ou 75 centièmes.

Après avoir posé la règle comme ci-dessus, on efface les numérateurs et dénominateurs sem-

blables , et on divise les autres par un même nombre , c'est-à-dire qu'en effaçant le 9 numérateur , on prend le neuvième de 18 qui est 2 , que l'on met au-dessous ; ensuite on prend le
huitième de 16 dénominateur qui est 2 , que l'on place également au-dessous, et le huitième
de 24 numérateur qui est 3 , que l'on place au-dessus. Ne pouvant plus réduire les numérateurs
et dénominateurs restans , on multiplie l'un par l'autre les deux dénominateurs ; ce qui donne 4
pour seul dénominateur, le numérateur restant est 3 ; ainsi, en divisant 3, seul numérateur , par 4 ,
produit des deux dénominateurs multipliés l'un par l'autre , on a pour produit ou quotient 3,4
ou 75 centièmes. Donc , en faisant usage de la règle de réduction , on n'a fait que onze chiffres
au lieu de quatre-vingt-trois.

Revenons maintenant aux règles d'intérêt.

1.er EXEMPLE. On demande quel est l'intérêt de la somme de 3751 fr., à 1 p. °/₀ par mois,
pour 21 mois ?

$$\text{Ainsi , } x \text{ francs.} = \frac{1 \times 3751 \times 21}{100 \times 30} \qquad \textit{Réponse ou quot.} : 27 \text{ fr. 51 c.}$$

2.me EXEMPLE. Quel est l'intérêt de 46781 fr. 71 c. à 1 1/7 p. °/₀ par mois pour 27 jours ?
Si pour 100 fr. on a 1 1/7 de franc, on aura davantage pour 46781 fr. 71 c. Ainsi , $\frac{4678171}{10000}$.
Si pour 30 jours on a 1 1/7 de franc, on aura moins pour 27 jours. Donc , $\frac{27}{30}$.

Numérateurs.
Ainsi , x francs $\dfrac{1 \ 1/7 \times 4678171 \times 27}{10000 \times 30}$ ——— $\textit{Réponse ou quot.}$: 481 fr. 18 c.
Dénominateurs.

Nous allons indiquer le moyen de calculer les intérêts simples par des nombres fixes , méthode
aussi simple qu'expéditive.

EXEMPLE. On demande quel est l'intérêt de la somme de 3500 fr. à 5 1/4 p. °/₀ par an ou
7|16 p. °/₀ par mois , pour 24 jours ?
Pour résoudre la question , on cherche dans le tableau ci-après la colonne indiquant 24 jours,
et en suivant la même ligne , au taux 5 1/4 , on trouve le nombre 0035 ; on multiplie la somme
par ce nombre , on retranche quatre chiffres sur la droite ; le produit sera l'intérêt cherché.

Opération.

```
          Somme.            3500
          Nombre fixe (1)   oo35
                          --------
                            1 7500
                           10 5000
                          --------
                           12,2500
```

Ainsi , l'intérêt est de 12 fr. 25 c.

(1) Les zéros qui précèdent les nombres sont placés exprès pour indiquer la quantité de chiffres qu'il faut retrancher ;
comme par exemple , le nombre fixe ci-dessus 35, précédé de deux zéros, indique qu'il faut retrancher quatre chiffres ;
s'il se trouvait précédé de trois , il faudrait en retrancher cinq , et ainsi de suite.

TABLEAU DES INTÉRÊTS SIMPLES

JOURS	Par an 1 ½ — Par mois 1/8	2 — 1/6	3 — 1/4	3 ¼ — 5/16	4 — 1/3	4 ½ — 3/8	5 — 5/12	5 ¼ — 7/16	6 — 1/2	6 ¼ — 9/16
1	,000042	,000056	,000085	,000104	,000111	,000125	,000139	,000146	,000167	,000188
2	,000083	,000111	,000167	,000208	,000222	,00025	,000278	,000292	,000333	,000375
3	,000125	,000167	,00025	,000313	,000333	,000375	,000417	,000438	,0005	,000563
4	,000167	,000222	,000333	,000417	,000444	,0005	,000556	,000583	,000667	,00075
5	,000208	,000278	,000417	,000521	,000556	,000625	,000694	,000729	,000833	,000938
6	,00025	,000333	,0005	,000625	,000667	,00075	,000833	,000875	,001	,001125
7	,000292	,000389	,000583	,000729	,000778	,000875	,000972	,001021	,001167	,001313
8	,000333	,000444	,000667	,000833	,000889	,001	,001111	,001167	,001333	,0015
9	,000375	,0005	,00075	,000938	,001	,001125	,00125	,001313	,0015	,001688
10	,000417	,000556	,000833	,001042	,001111	,00125	,001389	,001458	,001667	,001875
11	,000458	,000611	,000917	,001146	,001222	,001375	,001528	,001604	,001833	,002063
12	,0005	,000667	,001	,00125	,001333	,0015	,001667	,00175	,002	,00225
13	,000542	,000722	,001083	,001354	,001444	,001625	,001806	,001896	,002167	,002438
14	,000583	,000778	,001167	,001458	,001556	,00175	,001944	,002042	,002333	,002625
15	,000625	,000833	,00125	,001563	,001667	,001875	,002083	,002188	,0025	,002813
16	,000667	,000889	,001335	,001667	,001778	,002	,002222	,002333	,002667	,003
17	,000708	,000944	,001417	,001771	,001889	,002125	,002361	,002479	,002833	,003183
18	,00075	,001	,0015	,001875	,002	,002225	,0025	,002625	,003	,003375
19	,000792	,001056	,001583	,001979	,002111	,002375	,002639	,002771	,003167	,003563
20	,000833	,001111	,001667	,002083	,002222	,0025	,002778	,002917	,003333	,00375
21	,000875	,001167	,00175	,002188	,002333	,002625	,002917	,003063	,0035	,003938
22	,000917	,001222	,001833	,002292	,002444	,00275	,003056	,003208	,003667	,004125
23	,000958	,001278	,001917	,002396	,002556	,002875	,003194	,003354	,003833	,004313
24	,001	,001333	,002	,0025	,002667	,003	,003333	,0035	,004	,0045
25	,001042	,001389	,002083	,002604	,002778	,003125	,003472	,003646	,004167	,004688
26	,001083	,001444	,002167	,002708	,002889	,00325	,003611	,003792	,004333	,004875
27	,001125	,0015	,00225	,002813	,003	,003375	,00375	,003958	,0045	,005063
28	,001167	,001556	,002333	,002917	,003111	,0035	,003889	,004083	,004667	,00525
29	,001208	,001611	,002417	,003021	,003222	,003625	,004028	,004229	,004833	,005438
30	,00125	,001667	,0025	,003125	,003333	,00375	,004167	,004375	,005	,005625
31	,001292	,001722	,002583	,003229	,003444	,003875	,004306	,004521	,005167	,005813
32	,001333	,001778	,002667	,003333	,003556	,004	,004444	,004667	,005333	,006
33	,001375	,001833	,00275	,003458	,003667	,004125	,004583	,004813	,0055	,006188
34	,001417	,001889	,002833	,003542	,003778	,00425	,004722	,004958	,005667	,006375
35	,001458	,001944	,002917	,003646	,003889	,004375	,004861	,005104	,005833	,006562
36	,0015	,002	,003	,00375	,004	,0045	,005	,00525	,006	,006675
37	,001542	,002056	,003083	,003854	,004111	,004625	,005139	,005396	,006167	,006938
38	,002585	,002111	,003167	,003958	,004222	,00475	,005278	,005542	,006333	,007125
39	,001625	,002167	,00325	,004065	,004333	,004875	,005417	,005688	,0065	,007313
40	,001667	,002222	,003335	,004167	,004444	,005	,005556	,005835	,006667	,0075
41	,001708	,002278	,003417	,004271	,004556	,005125	,005694	,005979	,006835	,007688
42	,00175	,002333	,0035	,004375	,004667	,00525	,005835	,006125	,007	,007875
43	,001792	,002389	,003583	,004479	,004778	,005375	,005972	,006271	,007167	,008063
44	,001833	,002444	,003667	,004583	,004889	,0055	,006111	,006417	,007333	,008385
45	,001875	,0025	,00375	,004688	,005	,005625	,00625	,006563	,0075	,008458
46	,001917	,002556	,003833	,004792	,005111	,00575	,006389	,006708	,007667	,008625
47	,001958	,002611	,003917	,004896	,005222	,005875	,006528	,006854	,007835	,008813
48	,002	,002667	,004	,005	,005333	,006	,006667	,007	,008	,009

PAR DES NOMBRES FIXES.

JOURS.	7	7 ½	8	8 ¼	9	9 ¾	10	10 ½	11	11 ¼
	$\frac{7}{12}$	$\frac{5}{8}$	$\frac{2}{3}$	$\frac{11}{16}$	$\frac{3}{4}$	$\frac{13}{16}$	$\frac{5}{6}$	$\frac{7}{8}$	$\frac{11}{12}$	$\frac{15}{16}$
1	,000194	,000208	,000222	,000229	,00025	,000271	,000278	,000292	,000306	,000313
2	,000389	,000416	,000444	,000458	,0005	,000542	,000555	,000583	,000611	,000625
3	,000583	,000625	,000667	,000688	,00075	,000813	,000833	,000875	,000917	,000937
4	,000778	,000833	,000889	,000917	,001	,001083	,001111	,001167	,001222	,00125
5	,000972	,001042	,001111	,001146	,00125	,001354	,001389	,001458	,001528	,001563
6	,001167	,00125	,001333	,001375	,0015	,001625	,001667	,00175	,001833	,001875
7	,001361	,001458	,001556	,001604	,00175	,001896	,001944	,002042	,002139	,002188
8	,001556	,001667	,001778	,001833	,002	,002167	,002222	,002334	,002444	,0025
9	,00175	,001875	,002	,002063	,002225	,002438	,0025	,002625	,00275	,002813
10	,001944	,002083	,002222	,002292	,0025	,002708	,002778	,002916	,003056	,003125
11	,002139	,002292	,002444	,002521	,00275	,002979	,003056	,003208	,003361	,003438
12	,002333	,0025	,002667	,00275	,003	,00325	,003333	,0035	,003667	,00375
13	,002528	,002708	,002889	,002979	,00325	,003521	,003611	,003792	,003972	,004063
14	,002722	,002917	,003111	,003208	,0035	,003792	,003889	,004083	,004278	,004375
15	,002917	,003125	,003333	,003438	,00375	,004063	,004167	,004375	,004583	,004688
16	,003111	,003333	,003556	,003667	,004	,004333	,004444	,004667	,004889	,005
17	,003306	,003542	,003778	,003896	,00425	,004604	,004722	,004958	,005194	,005313
18	,0035	,00375	,004	,004125	,0045	,004875	,005	,00525	,00555	,005625
19	,003694	,003958	,004222	,004354	,00475	,005146	,005278	,005542	,005806	,005938
20	,003889	,004167	,004444	,004583	,005	,005417	,005556	,005833	,006111	,006250
21	,004083	,004375	,004667	,004813	,00525	,005688	,005833	,006125	,006417	,006563
22	,004278	,004583	,004889	,005042	,0055	,005958	,006111	,006417	,006722	,006875
23	,004472	,004792	,005111	,005271	,00575	,006229	,006389	,006708	,007028	,007188
24	,004667	,005	,005333	,0055	,006	,0065	,006667	,007	,007333	,0075
25	,004861	,005208	,005556	,005729	,00625	,006771	,006944	,007292	,007639	,007813
26	,005056	,005417	,005778	,005958	,0065	,007042	,007222	,007583	,007944	,008125
27	,00525	,005625	,006	,006188	,00675	,007313	,0075	,007875	,00825	,008438
28	,005444	,005833	,006222	,006417	,007	,007583	,007778	,008167	,008556	,00875
29	,005639	,006042	,006444	,006646	,00725	,007854	,008056	,008458	,008861	,009063
30	,005833	,00625	,006667	,006875	,0075	,008125	,008333	,00875	,009167	,009375
31	,006028	,006458	,006889	,007104	,00775	,008396	,008611	,009042	,009472	,009688
32	,006222	,006667	,007111	,007333	,008	,008667	,008889	,009333	,009778	,01
33	,006417	,006875	,007333	,007563	,00825	,008938	,009167	,009625	,010083	,010313
34	,006611	,007083	,007556	,007792	,0085	,009208	,009444	,009917	,010389	,010625
35	,006806	,007291	,007778	,008021	,00875	,009479	,009722	,010208	,010694	,010938
36	,007	,0075	,008	,00825	,009	,00975	,01	,0105	,011	,01125
37	,007194	,007708	,008222	,008479	,00925	,010021	,010278	,010792	,011306	,011563
38	,007389	,007917	,008444	,008708	,0095	,010292	,010556	,011083	,011611	,011875
39	,007583	,008125	,008667	,008938	,00975	,010563	,010833	,011375	,011917	,012188
40	,007778	,008333	,008889	,009167	,01	,010833	,011111	,011667	,012222	,0125
41	,007972	,008542	,009111	,009396	,01025	,011104	,011389	,011958	,012528	,012813
42	,008167	,00875	,009333	,009625	,0105	,011375	,011667	,01225	,012833	,013125
43	,008361	,008958	,009556	,009854	,01075	,011646	,011944	,012542	,013139	,013438
44	,008556	,009167	,009778	,010083	,011	,011917	,012222	,012833	,013444	,01375
45	,00875	,009375	,01	,010313	,01125	,012188	,0125	,013125	,01375	,014063
46	,008944	,009583	,010222	,010542	,0115	,012458	,012778	,013417	,014055	,014375
47	,009139	,009792	,010444	,010772	,01175	,012729	,013056	,013708	,014361	,014688
48	,009333	,01	,010667	,011	,012	,013	,013333	,014	,014667	,015

TABLEAU DES INTÉRÊTS SIMPLES

JOURS.	Par an 1 1/2 / Par mois 1/8	2 / 1/6	3 / 1/4	3 1/4 / 5/16	4 / 1/3	4 1/2 / 3/8	5 / 5/12	5 1/4 / 7/16	6 / 1/2	6 1/4 / 9/16
49	,002042	,002722	,004083	,005104	,005444	,006125	,006806	,007146	,008167	,009188
50	,002083	,002778	,004167	,005208	,005556	,00625	,006944	,007292	,008333	,009375
51	,002125	,002833	,00425	,005313	,005667	,006375	,007083	,007438	,0085	,009563
52	,002167	,002889	,004333	,005417	,005778	,0065	,007222	,007583	,008667	,00975
53	,002208	,002944	,004417	,005521	,005889	,006625	,007361	,007729	,008833	,009958
54	,00225	,003	,0045	,005625	,006	,00675	,0075	,007875	,009	,010125
55	,002292	,003056	,004583	,005729	,006111	,006875	,007639	,008021	,009167	,010313
56	,002333	,003111	,004667	,005833	,006222	,007	,007778	,008167	,009333	,0105
57	,002375	,003167	,00475	,005938	,006333	,007125	,007917	,008313	,0095	,010688
58	,002417	,003222	,004833	,006042	,006444	,00725	,008056	,008458	,009667	,010875
59	,002458	,003278	,004917	,006146	,006556	,007375	,008194	,008604	,009833	,011063
60	,0025	,003333	,005	,00625	,006667	,0075	,008333	,00875	,01	,01125
61	,002542	,003389	,005083	,006354	,006778	,007625	,008472	,008896	,010167	,011438
62	,002583	,003444	,005167	,006458	,006889	,00775	,008611	,009042	,010333	,011625
63	,002625	,0035	,00525	,006563	,007	,007875	,00875	,009188	,0105	,011813
64	,002667	,003556	,005333	,006667	,007111	,008	,008889	,009333	,010667	,012
65	,002708	,003611	,005417	,006771	,007222	,008125	,009028	,009479	,010833	,012188
66	,00275	,003667	,0055	,006875	,007333	,00825	,009167	,009625	,011	,012375
67	,002792	,003722	,005583	,006979	,007444	,008375	,009306	,009771	,011167	,012563
68	,002833	,003778	,005667	,007083	,007556	,0085	,009444	,009917	,011333	,01275
69	,002875	,003833	,00575	,007188	,007667	,008625	,009583	,010063	,0115	,012938
70	,002917	,003889	,005833	,007292	,007778	,00875	,009722	,010208	,011667	,013125
71	,002958	,003944	,005917	,007396	,007889	,008875	,009861	,010354	,011833	,013313
72	,003	,004	,006	,0075	,008	,009	,01	,0105	,012	,0135
73	,003042	,004056	,006083	,007604	,008111	,009125	,010139	,010646	,012167	,013688
74	,003083	,004111	,006167	,007708	,008222	,00925	,010278	,010792	,012333	,013875
75	,003125	,004167	,00625	,007813	,008333	,009375	,010417	,010938	,0125	,014063
76	,003167	,004222	,006333	,007917	,008444	,0095	,010556	,011083	,012667	,01425
77	,003208	,004278	,006417	,008021	,008556	,009625	,010694	,011229	,012833	,014438
78	,00325	,004333	,0065	,008125	,008667	,00975	,010833	,011375	,013	,014625
79	,003292	,004389	,006583	,008229	,008778	,009875	,010972	,011521	,013167	,014813
80	,003333	,004444	,006667	,008333	,008889	,01	,011111	,011667	,013333	,015
81	,003375	,0045	,00675	,008438	,009	,010125	,01125	,011813	,0135	,015188
82	,003417	,004556	,006833	,008542	,009111	,01025	,011389	,011958	,013667	,015375
83	,003458	,004611	,006917	,008646	,009222	,010375	,011528	,012104	,013833	,015563
84	,0035	,004667	,007	,00875	,009333	,0105	,011667	,01225	,014	,01575
85	,003542	,004722	,007083	,008854	,009444	,010625	,011806	,012396	,014167	,015958
86	,003583	,004778	,007167	,008958	,009556	,01075	,011944	,012542	,014333	,016125
87	,003625	,004833	,00725	,009063	,009667	,010875	,012083	,012688	,0145	,016313
88	,003667	,004889	,007333	,009167	,009778	,011	,012222	,012833	,014667	,0165
89	,003708	,004944	,007417	,009271	,009889	,011125	,012361	,012979	,014833	,016688
90	,00375	,005	,0075	,009375	,01	,01125	,0125	,013125	,015	,016875

PAR DES NOMBRES FIXES.

JOURS.	7	7 ½	8	8 ¼	9	9 ¼	10	10 ½	11	11 ¼
	7/12	5/8	2/3	11/16	3/4	13/16	5/6	7/8	11/12	15/16
49	,009528	,010208	,010889	,011229	,01225	,013271	,013611	,014292	,014972	,015313
50	,009722	,010417	,011111	,011458	,0125	,013542	,013889	,014583	,015278	,015625
51	,009917	,010625	,011333	,011687	,01275	,013813	,014167	,014875	,015583	,015938
52	,010111	,010833	,011556	,011917	,013	,014083	,014444	,015167	,015889	,01625
53	,010306	,011042	,011778	,012146	,01325	,014354	,014722	,015458	,016194	,016563
54	,0105	,01125	,012	,012375	,0135	,014625	,015	,015575	,0165	,016875
55	,010694	,011458	,012222	,012604	,01375	,014896	,015278	,016042	,016806	,017188
56	,010889	,011667	,012444	,012833	,014	,015167	,015556	,016333	,017111	,0175
57	,011083	,011875	,012667	,013063	,01425	,015438	,015833	,016625	,017417	,017813
58	,011278	,012083	,012889	,013292	,0145	,015708	,016111	,016917	,017732	,018125
59	,011472	,012292	,013111	,013521	,01475	,015979	,016389	,017208	,018028	,018438
60	,011667	,0125	,013333	,01375	,015	,01625	,016667	,0175	,018333	,01875
61	,011861	,012708	,013556	,013979	,01525	,016521	,016944	,017792	,018639	,019063
62	,012056	,012917	,013778	,014208	,0155	,016792	,017222	,018083	,018944	,019375
63	,01225	,013125	,014	,014438	,01575	,017063	,0175	,018375	,01925	,019688
64	,012444	,013333	,014222	,014667	,016	,017333	,017778	,018667	,019556	,02
65	,012639	,013542	,014444	,014896	,01625	,017604	,018056	,018958	,019861	,020313
66	,012833	,01375	,014667	,015125	,0165	,017875	,018333	,01925	,020167	,020625
67	,013028	,013958	,014889	,015354	,01675	,018146	,018611	,019542	,020472	,020938
68	,013222	,014167	,015111	,015583	,017	,018417	,018889	,019833	,020778	,02125
69	,013417	,014375	,015333	,015813	,01725	,018688	,019167	,020125	,021083	,021563
70	,013611	,014583	,015556	,016042	,0175	,018958	,019444	,020417	,021389	,021875
71	,013806	,014792	,015778	,016271	,01775	,019229	,019722	,020708	,021694	,022188
72	,014	,015	,016	,0165	,018	,0195	,02	,021	,022	,0225
73	,014194	,015208	,016222	,016729	,01825	,019771	,020278	,021292	,022306	,022813
74	,014389	,015417	,016444	,016958	,0185	,020042	,020556	,021583	,022611	,023125
75	,014583	,015625	,016667	,017188	,01875	,020313	,020833	,021875	,022917	,023438
76	,014778	,015833	,016889	,017417	,019	,020583	,021111	,022167	,023222	,02375
77	,014972	,016042	,017111	,017646	,01925	,020854	,021389	,022458	,023528	,024063
78	,015167	,01625	,017333	,017875	,0195	,021125	,021667	,02275	,023833	,024375
79	,015361	,016458	,017556	,018104	,01975	,021396	,021944	,023042	,024139	,024688
80	,015556	,016667	,017778	,018333	,02	,021667	,022222	,023333	,024444	,025
81	,015575	,016875	,018	,018563	,02025	,021938	,0225	,023625	,02475	,025313
82	,015944	,017083	,018222	,018792	,0205	,022208	,022778	,023917	,025056	,025625
83	,016139	,017292	,018444	,019021	,02075	,022479	,023056	,024208	,025361	,025938
84	,016333	,0175	,018667	,01925	,021	,02275	,023333	,0245	,025667	,02625
85	,016528	,017708	,018889	,019479	,02125	,023021	,023611	,024792	,025972	,026563
86	,016722	,017917	,019111	,019708	,0215	,023292	,023889	,025083	,026278	,026875
87	,016917	,018125	,019333	,019938	,02175	,023563	,024167	,025375	,026583	,027188
88	,017111	,018333	,019556	,020167	,022	,023833	,024444	,025667	,026889	,0275
89	,017306	,018542	,019778	,020396	,02225	,024104	,024722	,025958	,027194	,027813
90	,0175	,01875	,02	,020625	,0225	,024375	,025	,02625	,0275	,028125

17

TABLEAU DES INTÉRÊTS SIMPLES

MOIS.	Par an 1 $\frac{1}{2}$	2	3	3 $\frac{3}{4}$	4	4 $\frac{1}{2}$	5	5 $\frac{1}{4}$	6	6 $\frac{1}{4}$
	Par mois 1 / 8	1 / 6	1 / 4	5 / 16	1 / 3	3 / 8	5 / 12	7 / 16	1 / 2	9 / 16
1	,00125	,001667	,0025	,005125	,003333	,00375	,004167	,004375	,005	,005625
2	,0025	,003333	,005	,00625	,006667	,0075	,008333	,00875	,01	,01125
5	,00375	,005	,0075	,009375	,01	,011125	,0125	,013125	,015	,016875
4	,005	,006667	,01	,0125	,013333	,015	,016667	,0175	,02	,0225
5	,00625	,008333	,0125	,015625	,016667	,01875	,020833	,021875	,025	,028125
6	,0075	,01	,015	,01875	,02	,0225	,025	,02625	,03	,03375
7	,00875	,011667	,0175	,021875	,023333	,02625	,029167	,030625	,035	,039375
8	,01	,013333	,02	,025	,026667	,03	,033333	,035	,04	,045
9	,01125	,015	,0225	,028125	,03	,03375	,0375	,039375	,045	,050625
10	,0125	,016667	,025	,03125	,033333	,0375	,041667	,04375	,05	,05625
11	,01375	,018333	,0275	,034375	,036667	,04125	,045833	,048125	,055	,061875
12	,015	,02	,03	,0375	,04	,045	,05	,0525	,06	,0675

EXEMPLE.

Quel est l'intérêt de la somme de 1749 fr. 53 c. à 1/2 p. °/₀ par mois , pour 9 mois ?

Pour résoudre la question , cherchez dans la table , à la colonne des mois , le n.° 9 ; ensuite prenez le numéro qui lui correspond dans la colonne du taux , c'est-à-dire, dans la colonne de 1/2 p. °/₀ , qui est o45 ; multipliez le capital par ce nombre fixe, retranchez ensuite trois chiffres sur la droite du produit , et le restant sera l'intérêt demandé.

Opération.

Capital.	1749,53
Nombre fixe.	o45 (1)

$$8\,74765$$
$$69\,9812$$
$$\overline{78,72885}$$

L'intérêt est donc de 78 fr. 73 c.

(1) J'ai retranché deux chiffres de plus , attendu qu'il y a des centimes au capital. On aura soin de retrancher toujours deux chiffres de plus lorsqu'il y aura des décimales à la somme.

PAR DES NOMBRES FIXES.

MOIS.	7	7 ½	8	8 ¼	9	9 ¼	10	10 ½	11	11 ¼
	7/12	5/8	2/3	11/16	3/4	13/16	5/6	7/8	11/12	15/16
1	,005833	,00625	,006667	,006875	,0075	,008125	,008333	,00875	,009167	,009375
2	,011667	,0125	,013333	,01375	,015	,01625	,016667	,0175	,018333	,01875
3	,0175	,01875	,02	,020625	,0225	,024375	,025	,02625	,0275	,028125
4	,023333	,025	,026667	,0275	,03	,0325	,033333	,035	,036667	,0375
5	,029167	,03125	,033333	,034375	,0375	,040625	,041667	,043375	,045833	,046875
6	,035	,0375	,04	,04125	,045	,04875	,05	,0525	,055	,05625
7	,040833	,04375	,046667	,048125	,0525	,056875	,058333	,06125	,064167	,065625
8	,046667	,05	,053333	,055	,06	,065	,066667	,07	,073333	,075
9	,0525	,05625	,06	,061875	,0675	,073125	,075	,07875	,0825	,084375
10	,058333	,0625	,066667	,06875	,075	,08125	,083333	,0875	,091667	,09375
11	,064167	,06875	,073333	,075625	,0825	,089375	,091667	,09625	,100833	,103125
12	,07	,075	,08	,0825	,09	,0975	,10	,0105	,11	,1125

EXEMPLE.

On demande quel est l'intérêt de la somme de 3451 fr., à 15/16 p. °/₀ par mois, pour 8 mois ou 240 jours ?

Pour résoudre la question, on cherche dans la table, à la colonne des mois, le n.º 8, et, en suivant la même ligne jusqu'au taux à 15/16 p. °/₀ par mois, ou 11 1/4 par an, on trouve le nombre fixe et invariable 075 ; l'on multiplie la somme dont on veut avoir l'intérêt par ce nombre fixe ; le produit sera la réponse, après avoir retranché trois chiffres dont le nombre fixe est composé.

Opération.

Capital.   3451 fr. (1).
Nombre fixe.   075

     17 255
     241 57

     258,825

Ainsi, l'intérêt de la somme de 3451 fr. à 15/16 p. °/₀ par mois, ou 11 1/4 p. °/₀ par an, pour 8 mois ou 240 jours, est donc de 258 fr. 82 c.

_____

(1) Quand il y aura des centimes à la somme, on aura l'attention de retrancher toujours deux chiffres de plus au produit de la multiplication, non compris ceux du nombre fixe.

ARTICLE III.

Intérêt sur Intérêt , ou Intérêt composé.

On appelle *intérêt composé* l'intérêt sur intérêt qui provient tant du capital que des intérêts successifs d'année en année ou de mois en mois. Il résulte donc qu'à l'époque de l'échéance le débiteur doit payer le capital , plus les intérêts des intérêts.

Par le moyen des tableaux suivans , il est facile de savoir à combien se montera , après une époque donnée , le capital d'une somme quelconque avec les intérêts des intérêts ; en multipliant simplement le capital par le nombre fixe et invariable , placé vis-à-vis le nombre d'années qui indique l'époque de l'échéance , le produit de la multiplication sera la somme due , après avoir retranché sur la droite autant de chiffres qu'il y aura de décimales au nombre fixe.

Exemple. Un capital de 30000 fr. à 6 p. %, par an , de combien sera-t-il après 12 ans ?

Voir le taux à 6 p. %, et multiplier le nombre 2,012196 , qui est vis-à-vis le 12.ᵐᵉ terme , par 30000 fr.

Opération.

Nombre fixe.	2,012196
Somme.	30000 fr.

60365,880000   Produit.

Ainsi , le capital de 30000 fr. , y compris l'intérêt à 6 p. %, par an et l'intérêt des intérêts , est donc , après 12 ans , de la somme de 60365 fr. 88 c.

Exemple. Un capital de 50010 fr. 22 c. à 7 p. %, par an , de combien sera-t-il après 6 ans ?

Pour résoudre la question , on cherche , dans le tableau ci-après la colonne indiquant 6 ans , et vis-à-vis, en suivant la même ligne au taux 7 p. %, on trouve le nombre fixe 1,50073 ; on multiplie le capital par cedit nombre , le produit donne la réponse , après avoir retranché sept chiffres sur la droite , savoir cinq , indiqués par le nombre fixe , et deux , attendu qu'il y a des centimes à la somme.

Opération.

Somme.	50 010,22	(1)
Nombre fixe.	1,500 73	

1 50030 66
35 00715 4
25005 110
50010 22

Produit.	75051,83746 06

---

(1) Quand il y aura des centimes à la somme , on aura l'attention de retrancher au produit de la multiplication deux chiffres de plus (*Voyez* l'opération ci-dessus).

Ainsi, le capital de 50010 fr. 22 c., y compris l'intérêt à 7 p. %, par an, et l'intérêt des intérêts, est donc, après 6 ans, de 75051 fr. 84 c.

EXEMPLE. Un capital de 31415 fr. 75 c. à 5 p. %, par an, de combien sera-t-il après 22 ans ? Pour résoudre la question, on cherche dans le tableau ci-après la colonne indiquant 22 ans, et vis-à-vis, en suivant la même ligne au taux 5, on trouve le nombre fixe 2,925262 ; on multiplie le capital par cedit nombre, le produit donne la réponse, après avoir retranché huit chiffres sur la droite, savoir six, indiqués par le nombre fixe, et deux, attendu qu'il y a des centimes à la somme.

Opération.

Somme.	31415,75	(1)
Nombre fixe.	2,9252 62	

$$
\begin{array}{r}
62831\ 5o \\
884945.o \\
6\ 283150 \\
157\ 07875 \\
628\ 3150 \\
28274\ 175 \\
62831\ 5o \\
\hline
\end{array}
$$

Produit.   91899,299676 5o

Ainsi, le capital de 31415 fr. 75 c., y compris l'intérêt à 5 p. %, par an, et l'intérêt des intérêts, est donc, après 22 ans, de 91899 fr. 3o c.

<hr/>

(1) Voyez la note ci-contre.

TABLEAU DES INTÉRÊTS COMPOSÉS

Ans.	à 1 p. %/₀	à 2 p. %/₀	à 3 p. %/₀	à 4 p. %/₀	à 5 p. %/₀	à 6 p. %/₀
1	1,01	1,02	1,03	1.04	1,05	1,06
2	1,0201	1,0404	1,0609	1,0816	1,1025	1,1236
3	1,030301	1,061208	1,092727	1,124864	1,157625	1,191016
4	1,040604	1,082452	1,125509	1,169859	1,215506	1,262477
5	1,051010	1,104081	1,159274	1,216653	1,276282	1,338226
6	1,06152	1,126162	1,194052	1,265319	1,340096	1,418519
7	1,072135	1,148686	1,229874	1,315932	1,407101	1,503630
8	1,082857	1,171659	1,26677	1,368569	1,477454	1,593848
9	1,093685	1,195093	1,304773	1,423312	1,551328	1,689479
10	1,104622	1,218994	1,343916	1,480244	1,628895	1,790848
11	1,115668	1,243774	1,384234	1,539454	1,710339	1,898299
12	1,126825	1,268242	1,425761	1,601052	1,795856	2,012196
13	1,138093	1,293607	1,468534	1,665073	1,885649	2,132928
14	1,149474	1,319479	1,512588	1,731676	1,979932	2,260904
15	1,160969	1,345868	1,557967	1,800943	2,078928	2,396558
16	1,172579	1,372786	1,614706	1,872981	2,182875	2,540552
17	1,184304	1,400241	1,652847	1,9479	2,292018	2,692773
18	1,196147	1,428246	1,702433	2,025816	2,406619	2,854339
19	1,208109	1,456811	1,753506	2,106849	2,526950	3,0256
20	1,220190	1,485947	1,806111	2,191123	2,653298	3,207136
21	1,232392	1,515666	1,860294	2,278768	2,785963	3,399564
22	1,244716	1,54598	1,916103	2,369919	2,925262	3,603537
23	1,257163	1,576899	1,973586	2,464715	3,071525	3,81975
24	1,269735	1,608437	2,032794	2,563304	3,225101	4,048935
25	1,282432	1,640606	2,093778	2,665836	3,386356	4,291871
26	1,295256	1,673418	2,156591	2,77247	3,555674	4,549383
27	1,308209	1,706886	2,221289	2,883369	3,733458	4,822546
28	1,321291	1,741024	2,287927	2,998703	3,920131	5,111687
29	1,334504	1,775845	2,356565	3,118651	4,116137	5,418388
30	1,347849	1,811362	2,427262	3,243397	4,321944	5,743491

EXEMPLE. Un capital de 42000 fr. à 5 p. %/₀ par an, de combien sera-t-il après 15 ans ? Voyez où l'intérêt est à 5 p. %/₀, et multipliez le nombre 2,078928, qui est vis-à-vis le 15.ᵐᵉ terme ou 15 ans, par le capital 42000.

Opération.

Nombre fixe.   2,078928
Capital.   42000

4157 856000
83157 12

Produit.   87314,976000

Le capital de 42000 fr., y compris l'intérêt à 5 p. %/₀, et l'intérêt des intérêts, s'élève donc, après 15 ans, à la somme de 87314 fr. 98 c.

PAR DES NOMBRES FIXES.

Ans.	à 7 p. °/₀	à 8 p. °/₀	à 9 p. °/₀	à 10 p. °/₀	à 11 p. °/₀	à 12 p. °/₀
1	1,07	1,08	1,09	1,1	1,11	1,12
2	1,1449	1.11664	1,1881	1,21	1,2321	1,2544
3	1,225043	1,259712	1,295029	1,331	1,367631	1,409228
4	1,310796	1,360489	1,411582	1,4641	1,51807	1,573519
5	1,402552	1,469328	1,538624	1,61051	1,685058	1,762342
6	1,50073	1,586874	1,6771	1,771561	1,870415	1,973823
7	1,605781	1,713824	1,828039	1,948717	2,07616	2,210681
8	1,718186	1,85093	1,992563	2,143589	2,304538	2,475963
9	1,838459	1,999005	2,171893	2,357948	2,558037	2,773079
10	1,967151	2,158925	2,367364	2,593742	2,859421	3,105848
11	2,104852	2,331639	2,580426	2,853117	3,151757	3,47855
12	2,252192	2,51817	2,812665	3,138428	3,498451	3,895976
13	2,409845	2,719624	3,065805	3,452271	3,88328	4,363493
14	2,578534	2,937194	3,341727	3,797498	4,310441	4,887112
15	2,759031	3,172169	3,642482	4,177248	4,78459	5,473566
16	2,952164	3,425943	3,970306	4,594973	5,310894	6,130594
17	3,158815	3,700018	4,327655	5,05447	5,895093	6,46604
18	3,379932	3,996019	4,71712	5,559917	6,543553	7,689966
19	3,616527	4,3157	5,141661	6,115909	7,263544	8,612762
20	3,869674	4,66957	5,604411	6,7275	8,062312	9,646293
21	4,140562	5,033834	6,108808	7,40025	8,949166	10,803548
22	4,430402	5,43654	6,6586	8,140275	9,933574	12,10051
23	4,74053	5,871464	7,257874	8,954302	11,026367	13,552347
24	5,072367	6,341181	7,911083	9,849733	12,239157	15,178629
25	5,427433	6,843475	8,623581	10,834707	13,585464	17,000064
26	5,807053	7,396353	9,399158	11,918178	15,079865	19,040072
27	6,213868	7,988061	10,245082	13,109995	16,73865	21,524881
28	6,648839	8,627106	11,167139	14,420995	18,579901	23,885367
29	7,114257	9,317275	12,172182	15,863094	20,623691	26,749931
30	7,612255	10,062657	13,267678	17,449404	22,892297	29,959922

EXEMPLE. Un capital de 2000 fr. à 8 p. °/₀ par an, de combien sera-t-il après 21 ans ?
Voyez la colonne du tableau où l'intérêt est à 8 p. °/₀, et multipliez le nombre 5,033834, qui est vis-à-vis le 21.ᵐᵉ terme ou 21 ans, par le capital 2000.

Opération.

Nombre fixe.	5,033834
Capital.	2000
Produit.	10067,668000

Le capital de 2000 fr., y compris l'intérêt à 8 p. °/₀ par an, et l'intérêt des intérêts, s'élève donc, après 21 ans, à la somme de 10067 fr. 67 c.

ARTICLE IV.

Tableau des Jours dont se compose un Compte d'intérêt.

Généralement, dans le commerce, on fixe presque toujours les comptes d'intérêt à la fin d'un mois quelconque.

Nous allons indiquer le moyen de trouver de suite, d'après les tableaux qui vont suivre, le nombre de jours qui se sont écoulés depuis la date du paiement de chaque article dont se compose un compte courant, jusqu'à l'époque à laquelle il est fixé.

Comme, par exemple, on veut savoir combien il y a de jours depuis le 10 mars jusqu'au 30 novembre de la même année, on cherche le tableau de mars ; on trouve, en suivant la même ligne, que, du 10 mars au 30 novembre, le nombre de jours que l'on cherche est 265.

On saura également le nombre de jours qu'il y a du 25 octobre au 31 décembre ; en cherchant le mois octobre 25.me jour, en suivant sur la même ligne, en s'arrêtant au mois de décembre, on aura 67 jours.

Veut-on savoir le nombre de jours qu'il y a du 10 mai au 30 novembre de la même année, on cherche, au mois de mai, le n.º 10 ; vis-à-vis, en suivant la même ligne jusqu'au mois de novembre, on trouve que du 10 mai au 30 novembre il y a 204 jours, nombre que l'on cherche.

Veut-on savoir combien il s'est écoulé de jours du 4 mars ou 31 décembre de la même année ; il suffit de chercher, dans la 1.re colonne, le nombre 4, et vis-à-vis, en suivant la même ligne jusqu'au mois de décembre, on trouve que du 4 mars au 31 décembre il y a 302 jours.

On demande combien il y a de jours depuis le 16 mai au 30 avril d'une année suivante ? On cherche au mois de mai le nombre 16, et, en suivant sur la même ligne jusqu'au mois d'avril, on trouve qu'il s'est écoulé 349 jours.

TABLEAU DES JOURS DONT SE COMPOSE UN COMPTE D'INTÉRÊT.

JANVIER.

Du 1.er au 31.	31 Janvier.	28 Février.	31 Mars.	30 Avril.	31 Mai.	30 Juin.	31 Juillet.	31 Août.	30 Septem.	31 Octobre.	30 Novem.	31 Décem.
1	30	58	89	119	150	180	211	242	272	303	333	364
2	29	57	88	118	149	179	210	241	271	302	332	363
3	28	56	87	117	148	178	209	240	270	301	331	362
4	27	55	86	116	147	177	208	239	269	300	330	361
5	26	54	85	115	146	176	207	238	268	299	329	360
6	25	53	84	114	145	175	206	237	267	298	328	359
7	24	52	83	113	144	174	205	236	266	297	327	358
8	23	51	82	112	143	173	204	235	265	296	326	357
9	22	50	81	111	142	172	203	234	264	295	325	356
10	21	49	80	110	141	171	202	233	263	294	324	355
11	20	48	79	109	140	170	201	232	262	293	323	354
12	19	47	78	108	139	169	200	231	261	292	322	353
13	18	46	77	107	138	168	199	230	260	291	321	352
14	17	45	76	106	137	167	198	229	259	290	320	351
15	16	44	75	105	136	166	197	228	258	289	319	350
16	15	43	74	104	135	165	196	227	257	288	318	349
17	14	42	73	103	134	164	195	226	256	287	317	348
18	13	41	72	102	133	163	194	225	255	286	316	347
19	12	40	71	101	132	162	193	224	254	285	315	346
20	11	39	70	100	131	161	192	223	253	284	314	345
21	10	38	69	99	130	160	191	222	252	283	313	344
22	9	37	68	98	129	159	190	221	251	282	312	343
23	8	36	67	97	128	158	189	220	250	281	311	342
24	7	35	66	96	127	157	188	219	249	280	310	341
25	6	34	65	95	126	156	187	218	248	279	309	340
26	5	33	64	94	125	155	186	217	247	278	308	339
27	4	32	63	93	124	154	185	216	246	277	307	338
28	3	31	62	92	123	153	184	215	245	276	306	337
29	2	30	61	91	122	152	183	214	244	275	305	336
30	1	29	60	90	121	151	182	213	243	274	304	335
31	0	28	59	89	120	150	181	212	242	273	303	334

TABLEAU DES JOURS DONT SE COMPOSE

FEVRIER.

Du 1.er au 28.	28 Février.	31 Mars.	30 Avril.	31 Mai.	30 Juin.	31 Juillet.	31 Août.	30 Septem.	31 Octobre.	30 Novem.	31 Décem.	31 Janvier.
1	27	58	88	119	149	180	211	241	272	302	333	364
2	26	57	87	118	148	179	210	240	271	301	332	363
3	25	56	86	117	147	178	209	239	270	300	331	362
4	24	55	85	116	146	177	208	238	269	299	330	361
5	23	54	84	115	145	176	207	237	268	298	329	360
6	22	53	83	114	144	175	206	236	267	297	328	359
7	21	52	82	113	143	174	205	235	266	296	327	358
8	20	51	81	112	142	173	204	234	265	295	326	357
9	19	50	80	111	141	172	203	233	264	294	325	356
10	18	49	79	110	140	171	202	232	263	293	324	355
11	17	48	78	109	139	170	201	231	262	292	323	354
12	16	47	77	108	138	169	200	230	261	291	322	353
13	15	46	76	107	137	168	199	229	260	290	321	352
14	14	45	75	106	136	167	198	228	259	289	320	351
15	13	44	74	105	135	166	197	227	258	288	319	350
16	12	43	73	104	134	165	196	226	257	287	318	349
17	11	42	72	103	133	164	195	225	256	286	317	348
18	10	41	71	102	132	163	194	224	255	285	316	347
19	9	40	70	101	131	162	193	223	254	284	315	346
20	8	39	69	100	130	161	192	222	253	283	314	345
21	7	38	68	99	129	160	191	221	252	282	313	344
22	6	37	67	98	128	159	190	220	251	281	312	343
23	5	36	66	97	127	158	189	219	250	280	311	342
24	4	35	65	96	126	157	188	218	249	279	310	341
25	3	34	64	95	125	156	187	217	248	278	309	340
26	2	33	63	94	124	155	186	216	247	277	308	339
27	1	32	62	93	123	154	185	215	246	276	307	338
28	0	31	61	92	122	153	184	214	245	275	306	337

UN COMPTE D'INTÉRÊT.

MARS.

Du 1.er au 31.	31 Mars.	30 Avril.	31 Mai.	30 Juin.	31 Juillet.	31 Août.	30 Septem.	31 Octobre	30 Novem.	31 Décem.	31 Janvier.	28 Février.
1	30	60	91	121	152	183	213	244	274	305	336	364
2	29	59	90	120	151	182	212	243	273	304	335	363
3	28	58	89	119	150	181	211	242	272	303	334	362
4	27	57	88	118	149	180	210	241	271	302	333	361
5	26	56	87	117	148	179	209	240	270	301	332	360
6	25	55	86	116	147	178	208	239	269	300	331	359
7	24	54	85	115	146	177	207	238	268	299	330	358
8	23	53	84	114	145	176	206	237	267	298	329	357
9	22	52	83	113	144	175	205	236	266	297	328	356
10	21	51	82	112	143	174	204	235	265	296	327	355
11	20	50	81	111	142	173	203	234	264	295	326	354
12	19	49	80	110	141	172	202	233	263	294	325	353
13	18	48	79	109	140	171	201	232	262	293	324	352
14	17	47	78	108	139	170	200	231	261	292	323	351
15	16	46	77	107	138	169	199	230	260	291	322	350
16	15	45	76	106	137	168	198	229	259	290	321	349
17	14	44	75	105	136	167	197	228	258	289	320	348
18	13	43	74	104	135	166	196	227	257	288	319	347
19	12	42	73	103	134	165	195	226	256	287	318	346
20	11	41	72	102	133	164	194	225	255	286	317	345
21	10	40	71	101	132	163	193	224	254	285	316	344
22	9	39	70	100	131	162	192	223	253	284	315	343
23	8	38	69	99	130	161	191	222	252	283	314	342
24	7	37	68	98	129	160	190	221	251	282	313	341
25	6	36	67	97	128	159	189	220	250	281	312	340
26	5	35	66	96	127	158	188	219	249	280	311	339
27	4	34	65	95	126	157	187	218	248	279	310	338
28	3	33	64	94	125	156	186	217	247	278	309	337
29	2	32	63	93	124	155	185	216	246	277	308	336
30	1	31	62	92	123	154	184	215	245	276	307	335
31	0	30	61	91	122	153	183	214	244	275	306	334

TABLEAU DES JOURS DONT SE COMPOSE

AVRIL.

Du 1.er au 3o.	3o Avril.	3 I Mai.	3o Juin.	3 I Juillet.	3 I Août.	3o Septem.	3 I Octobre	3o Novem.	3 I Décem.	3 I Janvier.	28 Février.	3 I Mars.
1	29	60	90	121	152	182	213	243	274	3o5	333	364
2	28	69	89	120	151	181	212	242	273	3o4	332	363
3	27	58	88	119	150	180	211	241	272	3o3	331	362
4	26	57	87	118	149	179	210	240	271	3o2	33o	361
5	25	56	86	117	148	178	209	239	270	3o1	329	36o
6	24	55	85	116	147	177	208	238	269	3oo	328	359
7	23	54	84	115	146	176	207	237	268	299	327	358
8	22	53	83	114	145	175	2o6	236	267	298	326	357
9	21	52	82	113	144	174	2o5	235	266	297	325	356
10	20	51	81	112	143	173	204	234	265	296	324	355
11	19	50	8o	111	142	172	2o3	233	264	295	323	354
12	18	49	79	110	141	171	202	232	263	294	322	353
13	17	48	78	109	140	170	201	231	262	293	321	352
14	16	47	77	108	139	169	200	230	261	292	320	351
15	15	46	76	107	138	168	199	229	260	291	319	35o
16	14	45	75	106	137	167	198	228	259	290	318	349
17	13	44	74	105	136	166	197	227	258	289	317	348
18	12	43	73	104	135	165	196	226	257	288	316	347
19	11	42	72	103	134	164	195	225	256	287	315	346
20	10	41	71	102	133	163	194	224	255	286	314	345
21	9	40	70	101	132	162	193	223	254	285	313	344
22	8	39	69	100	131	161	192	222	253	284	312	343
23	7	38	68	99	13o	160	191	221	252	283	311	342
24	6	37	67	98	129	159	190	220	251	282	310	341
25	5	36	66	97	128	158	189	219	250	281	309	34o
26	4	35	65	96	127	157	188	218	249	280	308	339
27	3	34	64	95	126	156	187	217	248	279	307	338
28	2	33	63	94	125	155	186	216	247	278	3o6	337
29	1	32	62	93	124	154	185	215	246	277	3o5	336
30	0	31	61	92	123	153	184	214	245	276	3o4	335

UN COMPTE D'INTÉRÊT.

MAI.

Du 1.er au 31.	31 Mai.	30 Juin.	31 Juillet.	31 Août.	30 Septem.	31 Octobre	30 Novem.	31 Décem.	31 Janvier.	28 Février.	31 Mars.	30 Avril.
1	30	60	91	122	152	183	213	244	275	303	334	364
2	29	59	90	121	151	182	212	243	274	302	333	363
3	28	58	89	120	150	181	211	242	273	301	332	362
4	27	57	88	119	149	180	210	241	272	300	331	361
5	26	56	87	118	148	179	209	240	271	299	330	360
6	25	55	86	117	147	178	208	239	270	298	329	359
7	24	54	85	116	146	177	207	238	269	297	328	358
8	23	53	84	115	145	176	206	237	268	296	327	357
9	22	52	83	114	144	175	205	236	267	295	326	356
10	21	51	82	113	143	174	204	235	266	294	325	355
11	20	50	81	112	142	173	203	234	265	293	324	354
12	19	49	80	111	141	172	202	233	264	292	323	353
13	18	48	79	110	140	171	201	232	263	291	322	352
14	17	47	78	109	139	170	200	231	262	290	321	351
15	16	46	77	108	138	169	199	230	261	289	320	350
16	15	45	76	107	137	168	198	229	260	288	319	349
17	14	44	75	106	136	167	197	228	259	287	318	348
18	13	43	74	105	135	166	196	227	258	286	317	347
19	12	42	73	104	134	165	195	226	257	285	316	346
20	11	41	72	103	133	164	194	225	256	284	315	345
21	10	40	71	102	132	163	193	224	255	283	314	344
22	9	39	70	101	131	162	192	223	254	282	313	343
23	8	38	69	100	130	161	191	222	253	281	312	342
24	7	37	68	99	129	160	190	221	252	280	311	341
25	6	36	67	98	128	159	189	220	251	279	310	340
26	5	35	66	97	127	158	188	219	250	278	309	339
27	4	34	65	96	126	157	187	218	249	277	308	338
28	3	33	64	95	125	156	186	217	248	276	307	337
29	2	32	63	94	124	155	185	216	247	275	306	336
30	1	31	62	93	123	154	184	215	246	274	305	335
31	0	30	61	92	122	153	183	214	245	273	304	334

TABLEAU DES JOURS DONT SE COMPOSE
JUIN.

Du 1.er au 30.	30 Juin.	31 Juillet.	31 Août.	30 Septem.	31 Octobre	30 Novem.	31 Décem.	31 Janvier.	28 Février.	31 Mars.	30 Avril.	31 Mai.
1	29	60	91	121	152	182	213	244	272	303	333	364
2	28	69	90	120	151	181	212	243	271	302	332	363
3	27	58	89	119	150	180	211	242	270	301	331	362
4	26	57	88	118	149	179	210	241	269	300	330	361
5	25	56	87	117	148	178	209	240	268	299	329	360
6	24	55	86	116	147	177	208	239	267	298	328	359
7	23	54	85	115	146	176	207	238	266	297	327	358
8	22	53	84	114	145	175	206	237	265	296	326	357
9	21	52	83	113	144	174	205	236	264	295	325	356
10	20	51	82	112	143	173	204	235	263	294	324	355
11	19	50	81	111	142	172	203	234	262	293	323	354
12	18	49	80	110	141	171	202	233	261	292	322	353
13	17	48	79	109	140	170	201	232	260	291	321	352
14	16	47	78	108	139	169	200	231	259	290	320	351
15	15	46	77	107	138	168	199	230	258	289	319	350
16	14	45	76	106	137	167	198	229	257	288	318	349
17	13	44	75	105	136	166	197	228	256	287	317	348
18	12	43	74	104	135	165	196	227	255	286	316	347
19	11	42	73	103	134	164	195	226	254	285	315	346
20	10	41	72	102	133	163	194	225	253	284	314	345
21	9	40	71	101	132	162	193	224	252	283	313	344
22	8	39	70	100	131	161	192	223	251	282	312	343
23	7	38	69	99	130	160	191	222	250	281	311	342
24	6	37	68	98	129	159	190	221	249	280	310	341
25	5	36	67	97	128	158	189	220	248	279	309	340
26	4	35	66	96	127	157	188	219	247	278	308	339
27	3	34	65	95	126	156	187	218	246	277	307	338
28	2	33	64	94	125	155	186	217	245	276	306	337
29	1	32	63	93	124	154	185	216	244	275	305	336
30	0	31	62	92	123	153	184	215	243	274	304	335

UN COMPTE D'INTÉRÊT.

JUILLET.

Du 1.er au 31.	31 Juillet.	31 Août.	30 Septem.	31 Octobre	30 Novem	31 Décem.	31 Janvier.	28 Février.	31 Mars	30 Avril.	31 Mai.	30 Juin.
1	30	61	91	122	152	183	214	244	273	303	334	364
2	29	60	90	121	151	182	213	241	272	302	333	363
3	28	59	89	120	150	181	212	240	271	301	331	362
4	27	58	88	119	149	180	211	239	270	300	331	361
5	26	57	87	118	148	179	210	238	269	299	330	360
6	25	56	86	117	147	178	209	237	268	298	329	359
7	24	55	85	116	146	177	208	236	267	297	328	358
8	23	54	84	115	145	176	207	235	266	296	327	357
9	22	53	83	114	144	175	206	234	265	295	326	356
10	21	52	82	113	143	174	205	233	264	294	325	355
11	20	51	81	112	142	173	204	232	263	293	324	354
12	19	50	80	111	141	172	203	231	262	292	323	353
13	18	49	79	110	140	171	202	230	261	291	322	352
14	17	48	78	109	139	170	201	229	260	290	321	351
15	16	47	77	108	138	169	200	228	259	289	320	350
16	15	46	76	107	137	168	199	227	258	288	319	349
17	14	45	75	106	136	167	198	226	257	287	318	348
18	13	44	74	105	135	166	197	225	256	286	317	347
19	12	43	73	104	134	165	196	224	255	285	316	346
20	11	42	72	103	133	164	195	223	254	284	315	345
21	10	41	71	102	132	163	194	222	253	283	314	344
22	9	40	70	101	131	162	193	221	252	282	313	343
23	8	39	69	100	130	161	192	220	251	281	312	342
24	7	38	68	99	129	160	191	219	250	280	311	341
25	6	37	67	98	128	159	190	218	249	279	310	340
26	5	36	66	97	127	158	189	217	248	278	309	339
27	4	35	65	96	126	157	188	216	247	277	308	338
28	3	34	64	95	125	156	187	215	246	276	307	337
29	2	33	63	94	124	155	186	214	245	275	306	336
30	1	32	62	93	123	154	185	213	244	274	305	335
31	0	31	61	92	122	153	184	212	243	273	304	334

TABLEAU DES JOURS DONT SE COMPOSE
AOUT.

Du 1.er au 31.	31 Août.	30 Septem.	31 Octobre.	30 Novem.	31 Décem.	31 Janvier.	28 Février.	31 Mars.	30 Avril.	31 Mai.	30 Juin.	31 Juillet.
1	30	60	91	121	152	183	211	242	272	303	333	364
2	29	59	90	120	151	182	210	241	271	302	332	363
3	28	58	89	119	150	181	209	240	270	301	331	362
4	27	57	88	118	149	180	208	239	269	300	330	361
5	26	56	87	117	148	179	207	238	268	299	329	360
6	25	55	86	116	147	178	206	237	267	298	328	359
7	24	54	85	115	146	177	205	236	266	297	327	358
8	23	53	84	114	145	176	204	235	265	296	326	357
9	22	52	83	113	144	175	203	234	264	295	325	356
10	21	51	82	112	143	174	202	233	263	294	324	355
11	20	50	81	111	142	173	201	232	262	293	323	354
12	19	49	80	110	141	172	200	231	261	292	322	353
13	18	48	79	109	140	171	199	230	260	291	321	352
14	17	47	78	108	139	170	198	229	259	290	320	351
15	16	46	77	107	138	169	197	228	258	289	319	350
16	15	45	76	106	137	168	196	227	257	288	318	349
17	14	44	75	105	136	167	195	226	256	287	317	348
18	13	43	74	104	135	166	194	225	255	286	316	347
19	12	42	73	103	134	165	193	224	254	285	315	346
20	11	41	72	102	133	164	192	223	253	284	314	345
21	10	40	71	101	132	163	191	222	252	283	313	344
22	9	39	70	100	131	162	190	221	251	282	312	343
23	8	38	69	99	130	161	189	220	250	281	311	342
24	7	37	68	98	129	160	188	219	249	280	310	341
25	6	36	67	97	128	159	187	218	248	279	309	340
26	5	35	66	96	127	158	186	217	247	278	308	339
27	4	34	65	95	126	157	185	216	246	277	307	338
28	3	33	64	94	125	156	184	215	245	276	306	337
29	2	32	63	93	124	155	183	214	244	275	305	336
30	1	31	62	92	123	154	182	213	243	274	304	335
31	0	30	61	91	122	153	181	212	242	273	303	334

UN COMPTE D'INTÉRÊT.

SEPTEMBRE.

Du 1.er au 30.	30 Septem.	31 Octobre.	30 Novem.	31 Décem.	31 Janvier.	28 Février.	31 Mars.	30 Avril.	31 Mai.	30 Juin,	31 Juillet.	31 Août.
1	29	60	90	121	152	180	211	241	272	302	333	364
2	28	59	89	120	151	179	210	240	271	301	332	363
3	27	58	88	119	150	178	209	239	270	300	331	362
4	26	57	87	118	149	177	208	238	269	299	330	361
5	25	56	86	117	148	176	207	237	268	298	329	360
6	24	55	85	116	147	175	206	236	267	297	328	359
7	23	54	84	115	146	174	205	235	266	296	327	358
8	22	53	83	114	145	173	204	234	265	295	326	357
9	21	52	82	113	144	172	203	233	264	294	325	356
10	20	51	81	112	143	171	202	232	263	293	324	355
11	19	50	80	111	142	170	201	231	262	292	323	354
12	18	49	79	110	141	169	200	230	261	291	322	353
13	17	48	78	109	140	168	199	229	260	290	321	352
14	16	47	77	108	139	167	198	228	259	289	320	351
15	15	46	76	107	138	166	197	227	258	288	319	350
16	14	45	75	106	137	165	196	226	257	287	318	349
17	13	44	74	105	136	164	195	225	256	286	317	348
18	12	43	73	104	135	163	194	224	255	285	316	347
19	11	42	72	103	134	162	193	223	254	284	315	346
20	10	41	71	102	133	161	192	222	253	283	314	345
21	9	40	70	101	132	160	191	221	252	282	313	344
22	8	39	69	100	131	159	190	220	251	281	312	343
23	7	38	68	99	130	158	189	219	250	280	311	342
24	6	37	67	98	129	157	188	218	249	279	310	341
25	5	36	66	97	128	156	187	217	248	278	309	340
26	4	35	65	96	127	155	186	216	247	277	308	339
27	3	34	64	95	126	154	185	215	246	276	307	338
28	2	33	63	94	125	153	184	214	245	275	306	337
29	1	32	62	93	124	152	183	213	244	274	305	336
30	0	31	61	92	123	151	182	212	243	273	304	335

TABLEAU DES JOURS DONT SE COMPOSE
OCTOBRE.

Du 1.er au 31.	31 Octobre	30 Novem.	31 Décem.	31 Janvier.	28 Février.	31 Mars.	30 Avril.	31 Mai.	30 Juin.	31 Juillet.	31 Août.	30 Septem.
1	30	60	91	122	150	181	211	242	272	303	334	364
2	29	59	90	121	149	180	210	241	271	302	333	363
3	28	58	89	120	148	179	209	240	270	301	332	362
4	27	57	88	119	147	178	208	239	269	300	331	361
5	26	56	87	118	146	177	207	238	268	299	330	360
6	25	55	86	117	145	176	206	237	267	298	329	359
7	24	54	85	116	144	175	205	236	266	297	328	358
8	23	53	84	115	143	174	204	235	265	296	327	357
9	22	52	83	114	142	173	203	234	264	295	326	356
10	21	51	82	113	141	172	202	233	263	294	325	355
11	20	50	81	112	140	171	201	232	262	293	324	354
12	19	49	80	111	139	170	200	231	261	292	323	353
13	18	48	79	110	138	169	199	230	260	291	322	352
14	17	47	78	109	137	168	198	229	259	290	321	351
15	16	46	77	108	136	167	197	228	258	289	320	350
16	15	45	76	107	135	166	196	227	257	288	319	349
17	14	44	75	106	134	165	195	226	256	287	318	348
18	13	43	74	105	133	164	194	225	255	286	317	347
19	12	42	73	104	132	163	193	224	254	285	316	346
20	11	41	72	103	131	162	192	223	253	284	315	345
21	10	40	71	102	130	161	191	222	252	283	314	344
22	9	39	70	101	129	160	190	221	251	282	313	343
23	8	38	69	100	128	159	189	220	250	281	312	342
24	7	37	68	99	127	158	188	219	249	280	311	341
25	6	36	67	98	126	157	187	218	248	279	310	340
26	5	35	66	97	125	156	186	217	247	278	309	339
27	4	34	65	96	124	155	185	216	246	277	308	338
28	3	33	64	95	123	154	184	215	245	276	307	337
29	2	32	63	94	122	153	183	214	244	275	306	336
30	1	31	62	93	121	152	182	213	243	274	305	335
31	0	30	61	92	120	151	181	212	242	273	304	334

UN COMPTE D'INTÉRÊT.

NOVEMBRE.

Du 1.er au 30.	30 Novem.	31 Décem.	31 Janvier.	28 Février.	31 Mars.	30 Avril.	31 Mai.	30 Juin.	31 Juillet.	31 Août.	30 Septem.	31 Octobre
1	29	60	91	119	150	180	211	241	272	303	333	364
2	28	59	90	118	149	179	210	240	271	302	332	363
3	27	58	89	117	148	178	209	239	270	301	331	362
4	26	57	88	116	147	177	208	238	269	300	330	361
5	25	56	87	115	146	176	207	237	268	299	329	360
6	24	55	86	114	145	175	206	236	267	298	328	359
7	23	54	85	113	144	174	205	235	266	297	327	358
8	22	53	84	112	143	173	204	234	265	296	326	357
9	21	52	83	111	142	172	203	233	264	295	325	356
10	20	51	82	110	141	171	202	232	263	294	324	355
11	19	50	81	109	140	170	201	231	262	293	323	354
12	18	49	80	108	139	169	200	230	261	292	322	353
13	17	48	79	107	138	168	199	229	260	291	321	352
14	16	47	78	106	137	167	198	228	259	290	320	351
15	15	46	77	105	136	166	197	227	258	289	319	350
16	14	45	76	104	135	165	196	226	257	288	318	349
17	13	44	75	103	134	164	195	225	256	287	317	348
18	12	43	74	102	133	163	194	224	255	286	316	347
19	11	42	73	101	132	162	193	223	254	285	315	346
20	10	41	72	100	131	161	192	222	253	284	314	345
21	9	40	71	99	130	160	191	221	252	283	313	344
22	8	39	70	98	129	159	190	220	251	282	312	343
23	7	38	69	97	128	158	189	219	250	281	311	342
24	6	37	68	96	127	157	188	218	249	280	310	341
25	5	36	67	95	126	156	187	217	248	279	309	340
26	4	35	66	94	125	155	186	216	247	278	308	339
27	3	34	65	93	124	154	185	215	246	277	307	338
28	2	33	64	92	123	153	184	214	245	276	306	337
29	1	32	63	91	122	152	183	213	244	275	305	336
30	0	31	62	90	121	151	182	212	243	274	304	335

TABLEAU DES JOURS DONT SE COMPOSE UN COMPTE D'INTÉRÊT.

DÉCEMBRE.

Du 1.er au 31.	31 Décem.	31 Janvier.	28 Février.	31 Mars.	30 Avril.	31 Mai.	30 Juin.	31 Juillet.	31 Août.	30 Septem.	31 Octobre.	30 Novem.
1	30	61	89	120	150	181	211	242	273	303	334	364
2	29	60	88	119	149	180	210	241	272	302	333	363
3	28	59	87	118	148	179	209	240	271	301	332	362
4	27	58	86	117	147	178	208	239	270	300	331	361
5	26	57	85	116	146	177	207	238	269	299	330	360
6	25	56	84	115	145	176	206	237	268	298	329	359
7	24	55	83	114	144	175	205	236	267	297	328	358
8	23	54	82	113	143	174	204	235	266	296	327	357
9	22	53	81	112	142	173	203	234	265	295	326	356
10	21	52	80	111	141	172	202	233	264	294	325	355
11	20	51	79	110	140	171	201	232	263	293	324	354
12	19	50	78	109	139	170	200	231	262	292	323	353
13	18	49	77	108	138	169	199	230	261	291	322	352
14	17	48	76	107	137	168	198	229	260	290	321	351
15	16	47	75	106	136	167	197	228	259	289	320	350
16	15	46	74	105	135	166	196	227	258	288	319	349
17	14	45	73	104	134	165	195	226	257	287	318	348
18	13	44	72	103	133	164	194	225	256	286	317	347
19	12	43	71	102	132	163	193	224	255	285	316	346
20	11	42	70	101	131	162	192	223	254	284	315	345
21	10	41	69	100	130	161	191	222	253	283	314	344
22	9	40	68	99	129	160	190	221	252	282	313	343
23	8	39	67	98	128	159	189	220	251	281	312	342
24	7	38	66	97	127	158	188	219	250	280	311	341
25	6	37	65	96	126	157	187	218	249	279	310	340
26	5	36	64	95	125	156	186	217	248	278	309	339
27	4	35	63	94	124	155	185	216	247	277	308	338
28	3	34	62	93	123	154	184	215	246	276	307	337
29	2	33	61	92	122	153	183	214	245	275	306	336
30	1	32	60	91	121	152	182	213	244	274	305	335
31	0	31	59	90	120	151	181	212	243	273	304	334

CHAPITRE IX.

ARTICLE PREMIER.

Système monétaire français.

Par sa simplicité, le système monétaire français a l'avantage incontestable d'abréger considé-
rablement tous les calculs ; les monnaies, d'après leurs divisions et leurs poids, peuvent servir
pour vendre, acheter, et même vérifier les nouveaux poids, étant des parties de toutes leurs
valeurs, comme on le verra par le tableau ci-après ; elles sont par conséquent la branche la
plus essentielle du nouveau système.

L'alliage des pièces de monnaie d'or et d'argent a été fixé au 10.me de leurs poids pour faci-
liter le calcul de la matière pure contenue dans chacune d'elle, c'est-à-dire, au titre de 9
parties d'or, ou d'argent sur 10, et de plus on a adopté pour l'unité monétaire la pièce d'un
franc, comme sans doute étant la plus rapprochée de l'ancienne livre (de compte) tournois.

Le franc se divise en 100 centimes.

Noms, valeur et poids des nouvelles monnaies d'or et d'argent de France.

NOMS des NOUVELLES MONNAIES.	VALEUR EN		POIDS EN				OBSERVATIONS.
	Francs.	Centimes.	Myriagrammes.	Kilogrammes.	Hectogrammes.	Grammes.	
1/4 de franc,.........	»	25	»	»	»	1 25/100	La tolérance du titre pour l'or est de
1/2 franc...........	»	50	»	»	»	2 50/100	2 millièmes, et de 3 millièmes sur l'argent,
1 franc............	1	100	»	»	»	5 »	en-dessus et en-dessous.
2 francs...........	2	200	»	»	10	»	
5 francs...........	5	500	»	»	»	25 »	La pièce de 40 fr., avec tolérance en-dedans,
4 pièces de 5 francs....	20	2000	»	»	1	» »	pèse . . . . 12 grammes 877
40 pièces de 5 francs....	200	20000	»	1	»	» »	Avec tolérance en-dehors. 12 9,90
200 pièces de 5 francs....	1000	100000	»	5	»	» »	La pièce de 5 francs. . 25 »
400 pièces de 5 francs...	2000	200000	1	»	»	» »	Avec tolérance en-dedans. 24 9,5
1 pièce d'or de 20 fr. (1).	20	2000	»	»	»	6 45/100	Avec tolérance en-dehors. 25 6,5
1 pièce d'or de 40 francs.	40	4000	»	»	»	12 90/100	
155 pièces d'or de 20 francs.	3100	310000	»	1	»	» »	

(1) La pièce de 20 fr. a 21 millimètres de diamètre, celle de 40 fr. en a 26 ; de sorte que 34 pièces de 20 fr.
et 11 de 40 fr., mises l'une à côté de l'autre, donnent la longueur du mètre.

ANCIENNES MONNAIES D'OR.

Le double louis pèse 15 grammes 2971 dix millièm., titre 901 millièm. $=$ 47 fr. 20 c. (1)
Le simple louis pèse 7 grammes 6485 dix millièm., titre 901 millièm. $=$ 23 fr. 55 c.

ANCIENNES MONNAIES D'ARGENT.

La pièce de	6	livres	pèse	29 grammes	4883	dix millièm.,	titre	906 millièm.	$=$ 5 fr. 80 c. (2)
idem.	3	*idem.*	14	*idem.*	7442	*idem.*		906 *idem.*	$=$ 2 fr. 75 c.
idem.	30 sous	pèse	10	*idem.*	1366	*idem.*		660 *idem.*	$=$ 1 fr. 50 c. (3)
idem.	15	*idem.*	5	*idem.*	0683	*idem.*		660 *idem.*	$=$ » fr. 75 c.
idem.	24	*idem.*	5	*idem.*	8977	*idem.* supposée à 906 millièm.			$=$ 1 fr. » c.
idem.	12	*idem.*	2	*idem.*	9488	*idem.*		*idem.*	$=$ » fr. 50 c.
idem.	6	*idem.*	1	*idem.*	4744	*idem.*		*idem.*	$=$ » fr. 25 c.

NOUVELLES MONNAIES DE CUIVRE ET DE BILLON.

Cuivre (4).

Le centime, petite monnaie de cuivre, 100.me partie du franc, pèse 2 grammes. (Loi du 3 brumaire an VII). La pièce de cuivre de 5 centimes, 20.me partie du franc, et la pièce d'un décime, 10.me partie du franc.

Billon.

La pièce de 10 centimes, 10.me partie du franc, pèse 2 grammes. (Loi du 15 septembre 1807).

La loi du 7 germinal an XI tolère sur le poids de l'or, de l'argent et du billon, moitié en-dedans moitié en-dehors; savoir : sur le billon 14/100; sur les monnaies d'argent, de 20/1000 pour les 1/4 de franc, de 14/1000 pour les 1/2 et 3/4 de franc, de 10/1000 pour le franc et les 2 francs, de 6/1000 pour les 5 francs, et enfin de 4/1000 pour les pièces d'or.

5 francs de monnaie de cuivre pèsent.	1	kilogramme.
50 francs de monnaie de billon pèsent	1	*idem.*
200 francs de monnaie d'argent pèsent	1	*idem.*
3100 francs d'or, ou 155 pièces d'or de 20 francs, pèsent .	1	*idem.*
100 francs de cuivre monnayé pèsent.	20	*idem.*
100 francs de billon pèsent	2	*idem.*
40 kilogrammes de cuivre monnayé valent.	1	kilogramme d'argent.
620 kilogrammes de cuivre monnayé valent.	1	kilogramme d'or.
15 1/2 kilogrammes d'argent monnayé valent	1	*idem.*

Il s'ensuit donc que le rapport du cuivre à l'argent est de 1 à 40, et celui de l'argent à l'or est de 1 à 15 1/2. Le billon avec le cuivre est dans le rapport de 10 à 1, et avec l'argent de 1 à 4; par conséquent, 10 kilogrammes de cuivre monnayé valent 1 kilogramme de billon, et 4 kilogrammes de billon valent 1 kilogramme d'argent monnayé.

---

(1) Les pièces de 48 et de 24 livres seront reçues, au change des monnaies, à raison de 3094 fr. 43 cent. le kilogramme. (Art. 2 du décret du 12 septembre 1810).

(2) Les pièces de 6 et 3 livres seront reçues, au change des monnaies, à raison de 198 fr. 31 cent. le kilogramme. (Art. 2 du décret ci-dessus).

(3) Les pièces de 30 et de 15 sous ne pourront entrer dans les paiemens que pour les appoints au-dessous de 5 fr. (Art. 3 du décret ci-dessus).

(4) Les pièces de 3/4 de franc, de 2 et 3 centimes, qui devaient être mises en circulation d'après la loi du 9 germinal an XI, n'ont pas été fabriquées en France, mais bien en Italie.

~~~~~~

CHAPITRE X.

ARTICLE PREMIER.

Règle pour trouver la valeur en francs, soit d'un lingot d'or, ou d'une pièce d'or, d'après le poids et le titre (1).

1000 grammes, ou 1 kilogramme d'or fin au titre de 1000 millièmes, vaut 3434 fr. 44 c.

1.re QUESTION. Quelle est la valeur en francs d'une pièce d'or dont le poids est de 8 grammes 455 millièmes de gramme, le titre de ladite pièce étant de 941 millièmes ?

On voit que, si, pour 1000 grammes ou 1 kilogramme, on a 3434 fr. 44 c., il est évident que, pour 8 grammes 455 millièmes, on aura moins. Ainsi, $\frac{8455}{1000}$

Si le titre de 1000 millièmes donne 3434 fr. 44 c., il est évident que le titre de 941 millièmes donnera moins. Ainsi, $\frac{941}{1000}$

$$\text{Donc, } x \text{ francs} = \frac{5434,44 \times 8,455 \times 941}{100 \times 1000000 \times 1000} \qquad \textit{Quotient : } 27 \text{ fr. } 32 \text{ c.}$$

NOTA. *Règle générale.* Pour résoudre les problèmes du 1.er cas, il n'y a jamais qu'une seule multiplication à faire de numérateurs par numérateurs ; la division se trouvant faite, en retranchant seulement autant de chiffres sur la droite du produit qu'il y a de zéros pour dénominateurs, le premier dénominateur sera de deux zéros ; la valeur du kilogramme étant rendue cent fois plus grande à cause des deux décimales, le second dénominateur sera de six zéros, s'il y a des millièmes de gramme ; de cinq, s'il n'y a que des centièmes ; et de quatre seulement, s'il n'y a que des dixièmes, mais il y en aura toujours trois sans fraction de gramme ; le troisième dénominateur sera toujours de trois zéros.

EXEMPLE. Les trois numérateurs de la position de la règle ci-dessus, multipliés les uns par les autres, donnent un produit de 27,32493697820 : en retranchant onze chiffres sur la droite, on a 27 fr. 32 c. pour la valeur de la pièce, les deux chiffres après la virgule étant toujours des centimes, les autres sont considérés nuls.

_____

(1) Le produit de la question proposée sera de l'or fin.

ARTICLE II.

TARIF EN OR du prix auquel doivent être payées, au change, les espèces de France antérieures à la refonte ordonnée en 1785 et les espèces étrangères et autres matières d'or, en conformité de la loi du 7 germinal an XI, qui ordonne que les nouvelles pièces d'or seront fabriquées au titre de 900/1000, et à la taille de 155 pièces de 20 fr. et de 77 1/2 pièces de 40 fr. au kilogramme, et qui fixe la retenue, pour frais de fabrication, à 9 fr. par kilogramme, au titre des nouvelles espèces.

Le pair intrinsèque résulte, comme l'on voit, du titre et du poids des matières d'or ou d'argent, fabriquées ou monnayées. Ainsi, pour trouver la valeur réelle ou intrinsèque de ces matières, il faut voir, vis-à-vis le titre, le prix auquel le kilogramme est reçu à l'hôtel des monnaies, et multiplier ce prix par le poids de l'objet. Le produit divisé par 1000 donnera la valeur intrinsèque.

Le pair politique n'est autre chose que le change, c'est-à-dire, le cours éventuel du commerce qui varie suivant les circonstances.

DÉNOMINATIONS DES ESPÈCES.	Titre nouveau en mill.	Valeur du kilogramme en francs.	DÉNOMINATIONS DES ESPÈCES.	Titres nouv. en mill.	Valeur du kilogramme en francs.
		f c			f c
	1000	3434 44 444/1000		979	3362 32
	999	3431 01	Ducats *ad legem imperii* d'Al-		
	998	3427 58	lemagne, de Hollande, et		
	997	3424 14	Ducats fins de Prusse . .	978	3358 89
Sequins de Venise et Sequins sondoukli de Turquie . .	996	3420 71		977	3355 45
Sequins de Gênes	995	3417 27		976	3352 02
	994	3413 84	Sequins de Malte, Ducats de		
Sequins de Florence, aux lis.	993	3410 40	Pologne et de Suède . .	975	3348 58
	992	3406 97		974	3345 15
Sequins de Florence, à l'effigie.	991	3403 53	Ducats à l'aigle déployée de		
	990	3400 10	Russie	973	3341 71
	989	3396 67		972	3338 28
	988	3393 23		971	3334 85
Sequins de Piémont, à l'an-				970	3331 41
nonciade	987	3389 80		969	3327 98
	986	3386 36		968	3324 54
	985	3382 93		967	3321 11
Ducats d'Autriche, de Hon-				966	3317 67
grie et de Bohême . . .	984	3379 49	Ducats de Hesse-Darmstadt,		
	983	3376 06	et à la croix de Saint-André-		
Francs à pied et à cheval, et			de-Russie.	965	3314 24
Agnelets de France . .	982	3372 62		964	3310 80
	981	3369 19		963	3307 37
Ducats de l'Empereur, de				962	3303 94
Hambourg, de Francfort, et				961	3300 50
				960	3297 07
Ducats fins de Danemarck.	980	3365 76		959	3293 63

Suite du Tarif en or.

DÉNOMINATIONS DES ESPÈCES.	Titre nouv. en mill.	Valeur du kilogramme en francs.	DÉNOMINATIONS DES ESPÈCES.	Titre nouv. en mill.	Valeur du kilogramme en francs.
		f c			f c
	958	3290 20		912	3132 21
	957	3286 76		911	3128 78
	956	3283 33		910	3125 34
	955	3279 89	Pistoles d'Espagne, au balan-		
	954	3276 46	cier, aux armes et à l'effigie,		
	953	3273 03	avant 1772 . . , . .	909	3121 91
	952	3269 59	Pistoles du Mexique, Roupies		
	951	3266 16	d'or du Mogol	908	3118 48
	950	3262 72		907	3115 04
	949	3259 29	Vaisselle d'or, marquée de trois		
	948	3255 85	poinçons de Paris . . .	906	3111 61
	947	3252 42		905	3108 17
	946	3248 98	Pièces de France de toute fabri-		
	945	3245 55	cation, avant 1726 . . .	904	3104 74
Sequins de Rome : . . .	944	3242 12		903	3101 30
	943	3238 68	Pistoles d'or de Piémont, depuis		
	942	3235 25	1755	902	3097 87
	941	3231 81	Florins de Brunswick . . .	901	3094 43
	940	3228 38		900	3091 00
	939	3224 94		899	3087 57
	938	3221 51	Pistoles du Palatinat . . .	898	3084 13
Écus d'or de France : : .	937	3218 07	Pistoles du Pérou	897	3080 70
	936	3214 64	Pièces de France depuis 1726		
	935	3211 21	jusqu'à 1785	896	3077 26
	934	3207 77		895	3073 83
	933	3204 34		894	3070 39
	932	3200 90	Nouvelles pistoles d'Espagne,		
	931	3197 47	de la fabrication commencée		
	930	3194 03	en 1772 (Voir la note à la		
	929	3190 60	suite du présent tarif) . .	893	3066 96
	928	3187 16	Pièces à la rose de Florence, et		
	927	3183 73	vieilles Pistoles de Piémont,	892	3063 52
	926	3180 30		891	3060 09
	925	3176 86		890	3056 66
	924	3173 43		889	3053 22
	923	3169 99		888	3049 79
	922	3166 56	Albertus, et Écus d'or de Flan-		
	921	3163 12	dre et des Pays - Bas au-		
	920	3159 69	trichiens	887	3046 35
	919	3156 25		886	3042 92
	918	3152 82		885	3039 48
	917	3149 39		884	3036 05
	916	3145 95		883	3032 61
Souverains de Flandre et Pays-Bas autrichiens, et Impériales de Russie	915	3142 52		882	3029 18
				881	3025 75
Guinées d'Angleterre , Portu-gaises et Millerets de Portugal,	914	3139 08		880	3022 31
				879	3018 88
Pistoles de Genève, de Florence, et Riders de Hollande . .	913	3135 65		878	3015 44
				877	3012 01
				876	3008 57

20

SUITE du Tarif en or.

DÉNOMINATIONS DES ESPÈCES.	Titre nouv. en mill	Valeur du kilogramme en francs.		DÉNOMINATIONS DES ESPÈCES.	Titre nouv. en mill.	Valeur du kilogramme en francs.	
		f	c			f	c
	875	3005	14		832	2857	46
	874	3001	70		831	2854	02
	873	2998	27		830	2850	59
	872	2994	84		829	2847	15
					828	2843	72
Ducats courans de Danemarck, Onces de Naples et Sequins de Tunis					827	2840	29
	871	2991	40		826	2836	85
	870	2987	97		825	2833	42
	869	2984	53		824	2829	98
	868	2981	10		823	2826	55
	867	2977	66		822	2823	11
	866	2974	23		821	2819	68
	865	2970	79		820	2816	24
	864	2967	36	Zermahbouds de Turquie . .	819	2812	81
	863	2963	95		818	2809	38
	862	2960	49		817	2805	94
	861	2957	06		816	2802	51
	860	2953	62		815	2799	07
	859	2950	19		814	2795	64
	858	2946	75		813	2792	20
	857	2943	32		812	2788	77
	856	2939	88		811	2785	33
	855	2936	45		810	2781	90
	854	2933	02	Pagodes d'or des Indes, au croissant	809	2778	47
	853	2929	58		808	2775	03
	852	2926	15		807	2771	60
	851	2922	71		806	2768	16
	850	2919	28		805	2764	73
	849	2915	84		804	2761	29
	848	2912	41		803	2757	86
	847	2908	97		802	2754	42
	846	2905	54		801	2750	99
	845	2902	11		800	2747	56
	844	2898	67	Pagodes d'or des Indes, à l'étoile.	798	2740	69
	843	2895	24	Florins d'Hanovre	777	2668	56
	842	2891	80	Florins du Rhin et de Hesse-Darmstadt	772	2651	39
	841	2888	37	Florins du Palatinat, de Bavière et d'Anspach . . .	767	2634	22
Onces de Sicile	840	2884	93	Florins de Convention, doubles et triples Florins	758	2603	51
	839	2881	50	Florins de Bade-Dourlach . .	757	2599	88
	838	2878	06				
	837	2874	63	Bijoux d'or marqués de trois poinçons de Paris . . .	750	2575	83
	836	2871	20				
	835	2867	76				
	834	2864	33				
	833	2860	89				

NOTA. Les quadruples de la fabrication de 1772, portés dans le tarif du 26 pluviôse an II au titre de 893 millièmes, ayant été altérés à l'époque de 1786, on ne saurait les recevoir au change à ce titre. Les personnes qui en présenteront , pourront les faire fondre , en leur présence , par le directeur ; et le titre des lingots qui en proviendront sera constaté par un des essayeurs des monnaies. Les propriétaires en feront ensuite la remise au change , et l'évaluation en sera faite d'après ce titre. Les frais de ces deux opérations seront à leur charge.

Les quadruples , fabriqués avant 1786 , seront payés conformément au tarif.

A l'égard des monnaies des départemens , le gouvernement leur indiquera les mesures qu'il conviendra de prendre à ce sujet , lorsque la fabrication de l'or y sera établie.

Dans les pesées d'or inférieures à 300 grammes , les caissiers seront tenus d'employer au poids de 25 milligrammes ou un quart de décigramme (environ un demi-grain poids de marc).

ARTICLE III.

Règle pour trouver la valeur d'un lingot d'argent , ou d'une pièce d'argent, d'après le poids et le titre (1).

1000 grammes ou 1 kilogramme d'argent fin , au titre de 1000 millièmes , vaut 218 fr. 88 c.

1.re QUESTION. Quelle est la valeur en francs d'une pièce d'argent du poids de 27 grammes 355 millièmes de gramme, le titre étant à 875 millièmes ?

Si 1000 grammes, ou 1 kilogramme d'argent fin , donne 218 fr. 88 c. , il est évident que 27 grammes 355 millièmes donneront moins. Ainsi , $\frac{27355}{1000}$

Si le titre de 1000 millièmes donne 218 fr. 88 c. , il est évident que 875 millièmes de titre donneront moins. Ainsi , $\frac{875}{1000}$

$$\text{Donc, } x = \frac{218,88 \times 27355 \times 875}{100 \times 1000000 \times 1000} \qquad \textit{Quotient} : 5 \text{ fr. } 24 \text{ c.}$$

Voyez le *nota* du chapitre X, article I.er , pag. 151.

L'on peut s'assurer que les trois numérateurs de la position de la règle ci-dessus , multipliés les uns par les autres , donnent pour produit 5,23892960000 ; en retranchant onze chiffres sur la droite , on a 5 fr. 24 c. pour la valeur de la pièce , les deux chiffres après la virgule étant toujours des centimes , les autres étant négligés et considérés nuls.

---

(1) Le produit de la question proposée sera de l'argent fin.

ARTICLE II.

TARIF EN ARGENT du prix auquel doivent être payées, au change, les espèces de France antérieures à la refonte ordonnée en 1726, les espèces étrangères et autres matières d'argent, en conformité de la loi du 7 germinal an XI, qui ordonne que les nouvelles pièces d'argent seront fabriquées au titre de 900/1000; que le franc, unité monétaire, sera du poids de 5 grammes, et les autres pièces dans une proportion exacte avec leur valeur, et qui fixe la retenue, pour frais de fabrication, à 3 fr. par kilogramme d'argent, au titre des nouvelles monnaies.

Le pair intrinsèque résulte, comme l'on voit, du titre et du poids des matières d'or ou d'argent, fabriquées ou monnayées. Ainsi, pour trouver la valeur réelle ou intrinsèque de ces matières, il faut voir, vis-à-vis le titre, le prix auquel le kilogramme est reçu à l'hôtel des monnaies, et multiplier ce prix par le poids de l'objet. Le produit divisé par 1000 donnera la valeur intrinsèque.

Le pair politique n'est autre chose que le change, c'est-à-dire, le cours éventuel du commerce qui varie suivant les circonstances.

DÉNOMINATIONS DES ESPÈCES.	Titre nouveau en mill.	Valeur du kilogramme en francs.	DÉNOMINATIONS DES ESPÈCES.	Titres nouv. en mill.	Valeur du kilogramme en francs.
		f c			f c
	1000	218 88 880/1000		973	212 98
	999	218 67		972	212 76
	998	218 45		971	212 54
	997	218 25		970	212 32
	996	218 01		969	212 10
	995	217 79		968	211 88
	994	217 58		967	211 67
	993	217 36		966	211 45
	992	217 14		965	211 23
	991	216 92		964	211 01
	990	216 70		963	210 79
	989	216 48		962	210 57
	988	216 26		961	210 35
	987	216 04		960	210 13
	986	215 82		959	209 91
	985	215 61		958	209 70
	984	215 39		957	209 48
Gros Écus du Palatinat.	983	215 17		956	209 26
	982	214 95		955	209 04
	981	214 73		954	208 82
	980	214 51		953	208 60
	979	214 29		952	208 38
	978	214 07			
	977	213 85	Jetons de France et Roupies de Pondichéry	951	208 16
Gros Écus de Nassau-Weilbourg	976	213 64		950	207 94
	975	213 42		949	207 73
	974	213 20			

SUITE du Tarif en argent.

DÉNOMINATIONS DES ESPÈCES.	Titre nouv. en mill.	Valeur du kilogramme en francs.	
		f	c
Argenterie au poinçon de Paris, tant plate non soudée que plate soudée, et Roupies du Mogol	948	207	51
	947	207	29
	946	207	07
	945	206	85
Roupies de Madras	944	206	63
	943	206	41
	942	206	19
Roupies d'Arcate des Iudes .	941	205	97
	940	205	76
	939	205	54
Vaisselle plate des départemens.	934	204	44
	933	204	22
	932	204	00
	931	203	79
	930	203	57
	929	203	35
	928	203	13
Vaisselle plate soudée, et Vaisselle montée des départemens.	927	202	91
	926	202	69
	925	202	47
	924	202	25
	923	202	03
	922	201	82
	921	201	60
Couronnes et Schelings d'Angleterre, et Vaisselle anglaise.	920	201	58
	919	201	16
	918	200	94
Ducatons de Liége	917	200	72
	916	200	50
	915	200	28
	914	200	06
Écus de France avant 1726, de 8, 9, 10, et 10 3/8 au marc	913	199	85
	912	199	63
	911	199	41
Écus de banque de Gênes ..	910	199	19
	909	198	97
	908	198	75
	907	198	53
Piastres aux deux globes, Mexico et Sévillernes, Écus de Rome, et Pièces de 8 de Florence .	906	198	31
	905	198	09

DÉNOMINATIONS DES ESPÈCES.	Titre nouv. en mill.	Valeur du kilogramme en francs.	
		f	c
Écus de Piémont :	904	197	88
	903	197	66
	902	197	44
	901	197	22
	900	197	00
Ducats de Naples, et Écus de Suède	899	196	78
	898	196	56
	897	196	34
Piastres à l'effigie, de la fabrication commencée en 1772, et Creuzades de Portugal .	896	196	12
	895	195	91
	894	195	69
	893	195	47
	892	195	25
	891	195	03
	890	194	81
	889	194	59
	888	194	37
	887	194	15
	886	193	94
	885	193	72
	884	193	50
	883	193	28
Pièces de 12 Carlins d'Italie .	882	193	06
	881	192	84
	880	192	62
	879	192	40
	878	192	18
	877	191	97
	876	191	75
Écus de Hanovre et de Hambourg.	875	191	53
	874	191	31
	873	191	09
Florins d'Autriche	872	190	87
	871	190	65
	870	190	43
	869	190	21
	868	190	00
	867	189	78
	866	189	56
	865	189	34
	864	189	12
	863	188	90
	862	188	68
Doubles Écus de Danemarck .	861	188	46
	860	188	24

Suite du Tarif en argent.

DÉNOMINATIONS DES ESPÈCES.	Titre nouv. en mill.	Valeur du kilogramme en francs.	DÉNOMINATIONS DES ESPÈCES.	Titre nouv. en mill.	Valeur du kilogramme en francs.
		f c			f c
	859	188 03	Anciennes Pièces de France, dites de 20 s., 10 s. et 4 s., Rixdales et Couronnes de Danemarc k. et Pièces de 12 Tarius de Sicile	823	180 15
Ducatons et Écus de Flandre et des Pays-Bas autrichiens, Rixdales de Hollande, et Georgines de Gênes . . .	858	187 81		822	179 93
	857	187 59		821	179 71
	856	187 37		820	179 49
	855	187 15	Écus ou Rixdales d'Anspach et de Bavière	819	179 27
	854	186 93		818	179 05
	853	186 71		817	178 83
	852	186 49		816	178 61
	851	186 27		815	178 39
	850	186 06		814	178 18
	849	185 84		813	177 96
	848	185 62	Ducats de Venise	813	177 96
	847	185 40		812	177 74
	846	185 18		811	177 52
	845	184 96		810	177 30
	844	184 74		809	177 08
	843	184 52		808	176 86
	842	184 30		807	176 64
	841	184 09		806	176 42
Patagons de Genève . . .	840	183 87		805	176 21
	839	183 65		804	175 99
	838	183 43		803	175 77
	837	183 21		802	175 55
	836	182 99		801	175 33
	835	182 77		800	175 11
	834	182 55	Roubles de Russie	788	172 48
	833	182 33	Argenterie marquée d'un aigle, et celle marquée de la lettre A, surmontée d'une croix. . .	785	171 83
	832	182 12			
	831	181 90			
Écus de Malte	830	181 68	Argenterie marquée d'une scie.	757	165 70
	829	181 46	Florins de Mayence . . .	747	163 51
	828	181 24	Florins de Bade-Dourlbach .	740	161 98
	827	181 02	Écus de Lubeck, et Kopecks de Hesse-Darmstadt et de Cologne	733	160 45
Écus de Brunswick, de Ratisbonne, et Madonines de Gênes.	826	180 80			
	825	180 58	Écus de Bareith	729	159 59
	824	180 36	Florines de Mecklenbourg . .	608	133 10
			Piastres de Tunis	528	115 59

CHAPITRE X.

ARTICLE PREMIER.

Rapport du titre et du poids ancien des Monnaies d'or des Puissances des quatre parties du monde, avec le titre et le poids nouveau français, et leur valeur en francs or fin (1).

MONNAIE D'OR.

Le carat était, pour les monnaies d'or, le nom qui en exprimait le titre ; on distinguait le *carat de fin*, le *carat de prix* et le *carat de poids*. 24 carats étaient le titre de l'or fin. Le carat se divisait en 32 parties. On disait : Telle pièce ou tel bijou d'or est au titre de 18 carats 17/32, de 21 carats 30/32, de 23 carats 3/32, etc., etc.

D'après le nouveau système monétaire français, on exprime le titre des monnaies d'or et bijoux en dixièmes ou millièmes, c'est-à-dire que telle pièce a 9/10 d'or pur sur 1/10 d'alliage, ou 900/1000 d'or pur et 100/1000 d'alliage. Le kilogramme d'or fin, c'est-à-dire au titre de 100/1000, vaut 3434 fr. 44 c.

Conversions des carats titre ancien *en millièmes* titre nouveau.

N.° 1. Pour convertir les carats titre ancien en millièmes titre nouveau, multipliez les carats titre ancien à convertir par le nombre 41,66667, et retranchez cinq chiffres sur la droite ; le produit sera des millièmes titre nouveau.

N.° 2. Pour convertir les fractions de 32.me de carat titre ancien en millièmes titre nouveau, multipliez les fractions de 32.me de carat titre ancien par 1,30208, et retranchez cinq chiffres sur la droite ; le produit sera des millièmes titre nouveau.

N.° 3. Pour convertir les millièmes titre nouveau en carats et fractions de carat titre ancien, multipliez les millièmes titre nouveau à convertir par le nombe 0,024, et retranchez trois chiffres sur la droite ; le produit sera des carats et fractions de carat titre ancien.

QUESTION.

Quel est le titre nouveau d'une pièce ou lingot d'or au titre de 22 carats 17/32 de carat ?

1.° On convertit les 22 carats titre ancien en millièmes titre nouveau, en les multipliant par le nombre fixe du n.° 1 des conversions ; après avoir retranché cinq chiffres sur la droite, ainsi qu'il est prescrit, on a des millièmes titre nouveau.

(1) L'or est regardé fin, lorsqu'il ne contient pas plus de 5 millièmes d'alliage (Loi du 5 brumaire an VI, art. 118). Ainsi, une pièce au titre de 995 millièmes est réputée or fin.

2.º On convertit également les 17/32 de carat titre ancien en millièmes titre nouveau, en les multipliant par le nombre fixe du n.º 2 des conversions; après avoir retranché cinq chiffres sur la droite, ainsi qu'il est prescrit, on a des millièmes titre nouveau; ensuite on additionne les deux produits, et l'on a le titre nouveau de la pièce ou du lingot d'or au titre ancien de 22 carats 17/32.

1.ʳᵉ *Opération figurée de la Question.*

Le nombre fixe pour convertir les carats titre ancien en millièmes titre nouveau (n.º 1 des conversions) est . . . .⁣ 41,66667

Le nombre de carats titre ancien à convertir en millièmes, est.⠀⠀⠀⠀⠀⠀ 22

⠀⠀ 83 33334
⠀⠀⠀⠀⠀⠀⠀⠀⠀⠀⠀⠀⠀⠀⠀⠀⠀⠀⠀⠀⠀⠀⠀⠀⠀⠀⠀⠀⠀⠀⠀⠀⠀⠀⠀⠀⠀ 833 3334

⠀⠀⠀⠀⠀1.ᵉʳ Produit pour les 22 carats convertis en millièmes.⠀⠀⠀ 916|66674

Le nombre fixe pour convertir les fractions de 32.ᵐᵉ de carat titre ancien en millièmes titre nouveau (n.º 2 des conversions) est . . . .⠀ 1,30208

La fraction de 32.ᵐᵉ de carat titre ancien à convertir, est⠀⠀⠀⠀⠀ 17

⠀⠀⠀⠀⠀⠀⠀⠀⠀⠀⠀⠀⠀⠀⠀⠀⠀⠀⠀⠀⠀⠀⠀⠀⠀⠀⠀⠀⠀⠀⠀⠀⠀⠀⠀ 9 11456
⠀⠀⠀⠀⠀⠀⠀⠀⠀⠀⠀⠀⠀⠀⠀⠀⠀⠀⠀⠀⠀⠀⠀⠀⠀⠀⠀⠀⠀⠀⠀⠀⠀ 13 0208

⠀⠀⠀⠀⠀2.ᵐᵉ Produit pour les 17/32 de carat. . . . .⠀⠀ 22|13536

Le 1.ᵉʳ Produit donne, pour les 22 carats convertis. . .⠀⠀ 916 millièmes 66674
Le 2.ᵐᵉ *idem⠀⠀idem*⠀⠀les 17/32 de carats convertis.⠀⠀ 22 *id.*⠀ 13536

Le titre nouveau de la pièce ou du lingot est donc de. . .⠀⠀ 938 millièmes 80210, ou 8/10.

Nous venons de trouver que 22 carats 17/32 de carat titre ancien donnent 938 millièmes 8/10 titre nouveau.

Voyons si les 938 millièmes 8/10 titre nouveau nous donneront les 22 carats 17/32 titre ancien.

2.ᵐᵉ *Opération figurée de la Question.*

Pour convertir les millièmes titre nouveau en carats et fraction de carat titre ancien, le nombre des conversions n.º 3 est . . . .⠀⠀ 0,024

Le nombre des millièmes et fraction est . . . .⠀⠀ 9 38,0

⠀⠀⠀⠀⠀⠀⠀⠀⠀⠀⠀⠀⠀⠀⠀⠀⠀⠀⠀⠀⠀⠀⠀⠀⠀⠀⠀⠀⠀⠀⠀⠀⠀⠀⠀⠀⠀⠀⠀ 192
⠀⠀⠀⠀⠀⠀⠀⠀⠀⠀⠀⠀⠀⠀⠀⠀⠀⠀⠀⠀⠀⠀⠀⠀⠀⠀⠀⠀⠀⠀⠀⠀⠀⠀⠀⠀⠀⠀⠀ 192
⠀⠀⠀⠀⠀⠀⠀⠀⠀⠀⠀⠀⠀⠀⠀⠀⠀⠀⠀⠀⠀⠀⠀⠀⠀⠀⠀⠀⠀⠀⠀⠀⠀⠀⠀⠀⠀⠀⠀ 72
⠀⠀⠀⠀⠀⠀⠀⠀⠀⠀⠀⠀⠀⠀⠀⠀⠀⠀⠀⠀⠀⠀⠀⠀⠀⠀⠀⠀⠀⠀⠀⠀⠀⠀⠀⠀⠀⠀⠀ 216

⠀⠀⠀⠀⠀Produit des 938 millièmes 8/10 en carats et fraction . .⠀⠀ 22|5312

On voit que les 938 millièmes 8/10 titre nouveau donnent bien les 22 carats 17/32 de carat titre ancien, les 53/100 représentant 17/32, comme on peut s'en convaincre en divisant 17 par 32.

TITRE, POIDS ET VALEUR DES MONNAIES D'OR.

DÉSIGNATION DES EMPIRES, ROYAUMES, DUCHÉS, etc. ET NOMS DES PIÈCES D'OR.	VALEUR EN						
	Titre ancien (1).		Titre nouv.	Poids nouveau.		Francs, or fin (2).	
	carat	3/4.e de carat.	milli.	gram.	millig.	francs	cent.es
AMÉRIQUE (Nouveau Monde).							
Aigle de 5 dollars, de l'an 1800	22	»	917	8	763	27	60 1/8
— de 10 dollars, de 1795	22	»	917	17	528	55	20 1/4
— idem , de 1801 . . . . , ...	22	»	917	17	528	55	20 1/4
ANGLETERRE (Royaume d').							
Guinée de la reine Anne, de l'an 1713	22	»	917	8	235	26	09 1/4
— de George I.er, de 1725	22	»	917	8	285	26	09 1/4
— de George III. de 1784	22	»	917	8	285	26	09 1/4
— idem , de 1790	22	»	917	8	285	26	09 1/4
1/1 guinée de George III , de 1787	22	»	917	4	142	13	05 1/2
1/3 de guinée idem , de 1780	22	»	917	2	761	8	69 1/4
1/1 guinée nouvelle , de 1804	22	»	917	4	142	13	05 1/2
AUTRICHE (Empire d').							
Double ducat impérial, de l'an 1799	23	24	990	6	904	23	47 1/2
— souverain de Joseph II, de 1786	22	»	917	11	100	34	96
Ducat d'empire de Joseph II, de 1787	23	22	987	3	452	11	70 3/10
— de Hongrie, de 1730	23	24	990	3	452	11	73 3/4
— d'Autriche, de Marie-Thérèse, de 1773. . . .	23	22	987	3	452	11	70 3/10
— de Bohême, de Charles VI, de 1740. . . .	23	18	982	3	452	11	64 1/5
— de Transilvanie, de Marie-Thérèse, de 1762 . .	23	22	987	3	452	11	70 3/10
— idem , idem , de 1741	23	22	987	3	452	11	70 3/10
— de Silésie, de Charles VI, de 1734	23	20	984	3	452	11	66 3/5
Hongre de Cremnitz, de Charles VI, de 1735 . . .	23	21	996	3	452	11	69
BALE (Canton suisse).							
Pistole de 16 livres, de Bâle, de l'an 1795	21	19	900	7	648	23	64
Florin	16	22	695	3	187	7	60 3/4
Ducat	21	31	915	3	187	10	01 1/2
BAVIÈRE (Royaume de)							
Carolin de Maximilien , de l'an 1731	18	16	771	9	720	25	74
Ducat de Maximilien-Joseph, de 1801.	23	16	979	3	452	11	60 2/3
BERNE (Canton suisse).							
Pistole de 16 livres, de Berne, de 1796 et 1797 . . .	21	20	901	7	648	23	66 2/3
Ducat de 1697	23	16	979	3	452	11	60 2/3
Doubles ducats de 1727 et 1789	23	16	979	6	904	23	21 1/6
BRUNSWICK (Allemagne. Duché de).							
Charles de 5 thalers, de l'an 1749	21	21	902	6	638	20	56 1/3
Double Charles de 10 thalers, de 1747	21	24	906	13	279	41	32
— idem , de 1772	21	22	904	13	279	41	22 2/3
Ducat d'Auguste-Guillaume , 1719	23	24	990	3	452	11	73 7/10
— de Ferdinand-Charles-Guillaume, de 1790 . . .	23	24	990	3	452	11	73 7/10
COLOGNE (Allemagne. Électorat de).							
Ducat de François	23	16	979	3	452	11	60 2/3
Carolin	18	16	771	9	720	25	74

(1) L'or à 24 carats est or fin ou pur sans alliage. L'or à 1000 millièmes est or pur sans alliage.

(2) La valeur de chaque pièce portée dans la colonne des francs et centimes, est la valeur d'or fin qu'elles ont.

21

TITRE, POIDS ET VALEUR DES MONNAIES D'OR.

DESIGNATION DES EMPIRES, ROYAUMES, DUCHÉS, etc. ET NOMS DES PIÈCES D'OR.	VALEUR EN					
	Titre ancien (1).		Titre nouv.	Poids nouveau		Francs, or fin (2).
	carat.	32.e de carat.	mill.	gram.	millig.	francs. / cent.es
DANEMARCK (Royaume de).						
Christian de Christian VII, de l'an 1775	21	24	906	6	638	20 — 65 1/2
Ducat courant *idem*, de 1785	21	4	880	3	080	9 — 31
Double ducat *idem*	23	24	990	6	904	23 — 47 1/2
ESPAGNE (Royaume d').						
Quadruple de Philippe V, de l'an 1729	21	28	911	26	928	84 — 25 4/25
— de Ferdinand VI, de 1750	21	26	909	26	928	84 — 66 2/3
— de Charles III, de 1770	21	26	909	26	928	84 — 66 2/3
— de Charles IV, de 1792	21	»	875	26	928	80 — 92
— du Pérou	21	24	906	27	087	84 — 28 1/3
— du Mexique	21	20	901	27	087	83 — 82
Pistole du Mexique	21	20	901	6	691	20 — 71 1/2
Double pistole de Philippe V, de 1731	22	»	917	13	491	42 — 49
1/2 pistole *idem*, de 1705	21	25	908	3	353	10 — 42 1/2
Double pistole de Charles IV, de 1795	20	28	870	13	491	40 — 31
Pistole de Charles III, de 1788	21	15	893	6	691	20 — 56 3/4
1/16 de quadruple *idem*, de 1786	21	8	885	1	698	5 — 16
FRANCE (Royaume de).						
Écu d'or au soleil, de Louis XI et XII	22	17	929	3	346	10 — 79
— *idem*, de François I.er	22	24	948	3	346	10 — 89 1/2
Louis de Louis XIII, de 1642	21	24	906	6	691	20 — 82
1/2 louis *idem*, de 1641	21	24	906	3	346	10 — 41 1/7
Louis de Louis XIV, de 1652, 1691, 1701 et 1704 . .	21	24	906	6	691	20 — 82
— de Louis XV, croix de Malte, de 1719 . .	21	24	906	9	772	30 — 40 2/3
1/2 louis de Louis XV, de 1717, dit *de Noailles* . .	21	20	906	6	108	19 — » 1/2
Louis de Louis XV, de 1721, aux deux LL . .	21	22	900	9	719	20 — 11
— *idem*, de 1724, dit *Mirliton* . .	21	20	901	6	479	20 — 05
— *idem*, de 1726, appelé *Louis Neuf* . .	21	19	900	8	072	24 — 95
— de Louis XVI, de 1774, dit *Vieux Louis* . .	21	20	911	8	126	25 — 14 1/2
— neuf de Louis XV, de 1768 . .	21	19	900	8	072	24 — 95
— de Louis XVI, depuis 1785 . .	21	19	900	7	648	23 — 64
Pièce de 40 francs de l'an 12, et autres jusqu'à 1814 .	21	19	900	12	900	39 — 87 1/3
— de 40 francs *idem*, *idem*	21	19	900	6	450	19 — 93 2/3
— de 40 francs de Louis XVIII	21	19	900	12	900	39 — 87 1/3
— de 20 francs *idem*	21	19	900	6	450	19 — 93 1/3
FRANCFORT (Allemagne).						
Ducat	23	16	979	3	452	11 — 60 2/3
GÊNES (Italie).						
Pièce de 96 livres, de l'an 1797, dite *Génovine* . .	21	28	911	25	229	78 — 93 1/2
— de 48 livres 1/2, de 1792, *idem*	21	28	911	12	429	38 — 89
— de 12 livres 1/8, de 1794, *idem*	21	28	911	3	133	9 — 81
Pistole de Gênes, de 1694, *idem*	21	24	906	6	691	20 — 82
Sequin de 1782	23	30	997	3	452	11 — 82
GENÈVE (République de).						
Triple pistole au soleil, de l'an 1771	22	»	917	16	889	53 — 19
Pistole de 40 florins, aux deux aigles, de 1724 . . .	21	24	906	6	691	20 — 82
— courante de 10 livres, de 1755	22	»	917	5	630	17 — 73

(1) L'or à 24 carats est or fin ou pur sans alliage. L'or à 1000 millièmes est or pur sans alliage.

(2) La valeur de chaque pièce portée dans la colonne des francs et centimes est la valeur d'or fin qu'elles ont.

TITRE, POIDS ET VALEUR DES MONNAIES D'OR.

DESIGNATION DES EMPIRES, ROYAUMES DUCHÉS, etc. ET NOMS DES PIÈCES D'OR.	VALEUR EN						
	Titre ancien (1).		Titre nouv.	Poids nouveau.		Francs, or fin (2).	
	carat	32.e de carat.	mill.	gram.	millig.	francs.	cent.es
HAMBOURG (Ville anséatique).							
Ducat de Charles VI, de l'an 1740	23	16	979	3	452	11	60 2/3
-- de Joseph II, de 1780	23	16	979	3	452	11	60 2/3
HANOVRE (Royaume d').							
Ducat de George I.er, de l'an 1712	23	30	997	3	452	11	82
Florin de George II, de 1752	18	24	781	3	239	8	68 3/4
HESSE-CASSEL (Allemagne. Principauté).							
Double pistole de Frédéric II, de l'an 1776	21	12	891	13	279	40	63 1/2
Pistole idem, de 1785	21	12	891	6	639	20	31 3/4
HESSE-D'ARMSTAD (Allem. Principauté).							
Carolin de l'an 1733	18	16	771	9	720	25	74
Ducat	23	24	990	3	452	11	73 7/10
HOLLANDE (Royaume des Pays-Bas).							
Ducat de l'an 1756	23	20	984	3	452	11	66 1/2
-- depuis 1801	23	18	982	3	452	11	64 1/5
Reyder de 14 florins, de 1750	22		917	9	931	31	27 2/3
1/2 reyder de 7 florins, de 1761	22		917	4	965	15	64
INDES ORIENTALES (Asie).							
Pièce de la compagnie anglaise, frappée à Bombay, 1765.	23	28	995	5	470	18	69 1/4
-- de la compagnie hollandaise, de 1768 . . .	23	11	973	1	699	5	67 3/4
Pagode à l'étoile	19	4	797	3	399	9	31 1/3
-- au croissant	19	12	807	3	399	9	42
Pagode	19	1	793	3	399	9	25 3/4
LUCERNE (Canton suisse).							
Ducat	23	16	979	3	452	11	60 2/3
Pistole de 1794	21	19	900	7	595	23	47 2/3
MALTE (Ile de la Méditerranée).							
Double Louis d'Emmanuël de Rohan, de l'an 1778 . .	20	12	849	16	412	47	85 1/2
Louis d'Emmanuël Pinto, de 1763	19	30	831	8	126	23	19
Double louis idem, de 1765	19	30	831	16	667	47	57
-- idem, de 1764	19	30	831	15	721	44	88
-- idem	19	30	831	15	721	44	87
MILAN (Italie).							
Pistole de Marie-Thérèse, de l'an 1778	21	24	906	6	479	20	16
Ducat de Joseph II, de 1784	23	16	979	3	452	11	60 2/5
MOGOL (Asie. Grand-).							
Roupies . . . . *Les roupies du Grand-Mogol, aux divers signes du zodiaque, sont toutes du même poids, et d'or pur.*	24		1000	10	889	37	40

(1) L'or à 24 carats est or fin ou pur sans alliage. L'or à 1000 millièmes est or pur sans alliage.
(2) La valeur de chaque pièce portée dans la colonne des francs et centimes est la valeur d'or fin qu'elles ont.

TITRE, POIDS ET VALEUR DES MONNAIES D'OR.

DESIGNATION DES EMPIRES, ROYAUMES, DUCHÉS, etc., ET NOMS DES PIÈCES D'OR.	VALEUR EN						
	Titre ancien (1).		Titre nouv.	Poids nouveau.		Francs, or fin (2).	
	carat.	32.e de carat.	mill.	gram.	millig.	francs.	cent.o
MONFORT (Allemagne. Château de)							
Ducat de Monfort, de l'an 1752	23	16	979	3	452	11	60 2/3
NAPLES et SICILE.							
L'once de Sicile, ou 3 ducats de don Carlos, de 1736 .	21	8	885	4	355	13	23 2/3
Double once de Naples, de Ferdinand IV, de 1769 . .	20	16	854	8	763	25	70
-- idem, de don Carlos, de 1749	21	"	875	8	763	26	33 2/3
-- idem, de Ferdinand IV, de 1767 .	20	10	856	8	763	25	46
NUREMBERG (Allemagne).							
Ducat carré	23	16	979	3	452	11	60 2/3
Double ducat rond de 1649	23	16	979	6	904	23	21 1/3
Ancien ducat rond de 1642	23	16	979	3	452	11	60 2/3
Autre ducat rond	23	16	979	3	452	11	60 2/3
PALATINAT (Allemagne).							
Carolin de Carles-Philippe, de l'an 1733	18	16	771	9	720	25	74
Ducat	23	16	979	3	452	11	60 2/3
PERSE (Asie).							
Pièce	23	30	997	10	995	37	65
Autre	19	11	806	1	912	5	29 1/4
POLOGNE (Royaume de).							
Ducat de Stanislas, de l'an 1791	23	16	979	3	452	11	60 2/3
-- de Frédéric, de 1702 et 1740 . . .	23	16	979	3	452	11	60 2/3
Polonaise d'Auguste III, de 1756	21	16	896	6	691	20	59
Double ducat idem, de 1733	23	16	979	6	904	23	21 1/3
PORTUGAL (Royaume de).							
Pièce de 5 lisbonines à la croix, de Jean V, de l'an 1725.	22	"	917	53	548	168	64 1/4
Lisbonine de Jean V, de 1727	22	"	917	10	569	33	28 1/2
1/4 de lisbonine idem, de 1712	22	"	917	2	336	7	35 2/3
Portugaise idem, de 1747	22	"	917	14	340	45	16
-- de Joseph I.er, de 1769	22	"	917	14	340	45	16
-- de Marie I.ere et Pierre III, de 1786	22	"	917	14	340	45	16
-- de Marie I.ere, de 1801	22	"	917	14	340	45	16
PRUSSE (Royaume de).							
Ducat de Frédéric-Guillaume II, de l'an 1732	23	16	979	3	452	11	60 2/3
Double frédéric idem, de 1750	21	22	904	13	279	41	22 2/3
-- idem, de 1751	21	22	904	13	279	41	22 2/3
-- idem, de 1775	21	22	904	13	279	41	22 2/3
Pistole ou frédéric de 1776	21	22	904	6	639	20	61 1/4
Frédéric de Frédéric-Guillaume, de 1796	21	20	901	6	639	20	54 1/3
-- de Frédéric-Guillaume III, de 1800	21	16	896	6	639	20	43
Ducat de Frédéric-Guillaume II, de 1782	23	20	979	3	452	11	60 2/3
RÉPUBLIQUE HELVÉTIQUE.							
Pièce de 16 francs de l'an 1800	21	20	901	7	648	23	66 2/3

(1) L'or à 24 carats est or fin ou pur sans alliage. L'or à 1000 millièmes est or pur sans alliage.

(2) La valeur de chaque pièce portée dans la colonne des francs et centimes est la valeur d'or fin qu'elles ont.

(165)

TITRE, POIDS ET VALEUR DES MONNAIES D'OR.

DÉSIGNATION DES EMPIRES, ROYAUMES, DUCHÉS, etc., ET NOMS DES PIÈCES D'OR.	VALEUR EN						
	Titre ancien (1).		Titre nouv.	Poids nouveau.		Francs, or fin (2).	
	carat.	32.e de carat.	mill.	gram.	millig.	francs.	cent.
RÉPUBLIQUE LIGURIENNE.							
Pièces nouvelles de 96 livres, de Gênes, de l'an 1798.	21	28	911	25	229	78	93 1/2
— de 100 livres de Gênes, dite Genovine. (3)	21	24	906	28	151	87	59 1/2
ROME ET BOLOGNE.							
Sequin de Rome, de Clément XII.	23	24	990	3	452	11	73
— idem, siège vacant, de 1740.	23	20	984	3	452	11	66 1/2
— idem, de Benoît XIV, de 1741.	23	20	984	3	452	11	66 1/2
— idem, de Clément XIII, de 1766.	23	24	990	3	452	11	73
— idem, de Clément XIV, de 1769.	23	28	995	3	452	11	79 2/3
— idem, de Pie VI, de 1783.	23	28	995	3	452	11	79 2/3
Pistole double de Bologne, de Pie VI, de 1787.	21	24	906	10	835	33	71 1/2
— idem, idem, de 1790.	21	24	906	5	417	16	86
— idem, de Pie VII.	21	28	911	5	417	16	95
RUSSIE (Empire de).							
Ducat de Catherine II, de 1763.	23	16	979	3	452	11	60 2/3
1/2 impériale de Catherine, de 1767.	22	»	917	6	479	20	40 1/2
Ducat de Paul Ier, de 1797.	23	16	979	3	452	11	60 2/3
Pièce de 5 roubles, idem, de 1798.	23	22	987	5	949	21	16 1/2
— de 10 roubles, d'Alexandre, de 1802.	23	23	988	12	109	41	10
Impériale d'Élisabeth.	22	»	917	16	412	51	68 3/4
Ducat idem.	23	10	971	3	452	11	51 1/5
Ducat de Pierre-le-Grand.	23	10	971	3	452	11	51 1/5
SALZBOURG (Allemagne).							
Ducat de Salzbourg, de l'an 1671.	23	16	979	3	452	11	60 2/3
— idem, de 1756.	23	16	979	3	452	11	60 2/3
— idem, de 1789.	23	16	979	3	452	11	60 2/3
Double ducat idem, de 1771.	23	16	979	6	904	23	21 3/10
SAVOIE ET PIÉMONT.							
Pistole vieille de Piémont, de l'an 1733.	21	24	906	6	532	20	32 1/2
Sequin à l'annonciade, de 1744.	23	24	990	3	452	11	73 7/10
Pistole vieille de Piémont, de 1766.	21	24	906	9	560	29	74 3/4
1/2 pistole vieille idem, de 1776.	21	24	906	4	780	14	87 1/3
Pistole neuve idem, de 1791.	21	24	906	9	629	28	09 1/2
1/2 pistole neuve idem, de 1800.	21	24	906	4	514	14	04 3/4
Pièce de Marengo de 20 francs, de l'an 9.	21	18	898	6	373	19	65 1/2
SAXE (Royaume de).							
Polonaise d'Auguste III, de l'an 1756.	21	16	896	6	691	20	59
Pistole de Xavier, de 1768.	21	16	896	6	638	20	42 2/3
Double pistole de Frédéric-Auguste, de 1779.	21	18	898	13	279	40	95
— idem, de 1794.	21	18	898	13	279	40	95
Ducat idem, de 1771.	23	16	979	3	452	11	60 2/3
SOLEURE (Canton suisse).							
Pièce de 16 livres de Soleure, de l'an 1787.	21	19	900	7	648	23	64

(1) L'or à 24 carats est or fin ou pur sans alliage. L'or à 1000 millièmes est or pur sans alliage.
(2) La valeur de chaque pièce portée dans la colonne des francs et centimes est la valeur d'or fin qu'elles ont.
(3) La valeur n'est pas désignée sur cette pièce ; elle a la même empreinte que celle de 96 livres.

TITRE, POIDS ET VALEUR DES MONNAIES D'OR.

DÉSIGNATION DES EMPIRES, ROYAUMES, DUCHÉS, etc. ET NOMS DES PIÈCES D'OR.	VALEUR EN					
	Titre ancien (1).	Titre nouv.	Poids nouveau.		Francs, or fin (2).	
	carat. / 32.e de carat	mill.	gram.	millig.	francs.	cent.es
SUÈDE (Royaume de).						
Double ducat de Charles XII, de l'an 1702	23 / 16	979	6	904	23	21 3/10
Ducat de Frédéric, de 1745	23 / 16	979	3	452	11	60 2/3
-- d'Adolphe-Frédéric, de 1761	23 / 16	979	3	452	11	60 2/3
-- de Gustave.	23 / 14	977	3	452	11	58 1/4
-- de Gustave-Adolphe.	23 / 14	977	3	452	11	58 1/4
TOSCANE (Italie).						
Pistole de Florence, de l'an 1711, et celle au rosier. .	21 / 16	896	6	851	21	08 1/5
Sequin idem, de 1725.	23 / 28	995	3	452	11	79 2/3
Pièce de 3 sequins, ou rousponne idem, de 1783. . .	23 / 28	995	10	355	35	38 1/2
TURQUIE et Puissances Barbaresques.						
Le titre et le poids des sequins de ces puissances varient à l'infini : comme ils ne peuvent être distingués par leur date ou l'empreinte, qui sont des caractères turcs, nous nous bornerons à faire savoir qu'il y a des sequins sondoukli de 340 parats ; des sequins de Constantinople de 200 parats ; des sequins zermahboud du Caire, en Egypte, de 180 parats ; des pièces d'or de 90 parats et de 50 parats. D'après le tarif fait en Egypte, en 1799, 28 parats font un franc. Le titre de ces différentes pièces varie de 750 millièmes à 990.						
VENISE (Italie).						
Sequin de Venise.	23 / 30	997	3	452	11	82
WURTEMBERG (Royaume de).						
Carolin de Charles-Alexandre, de l'an 1733, . . .	18 / 16	771	9	560	25	31 1/2
ZURICH (Canton Suisse).						
Ducat de Zurich, de l'an 1733.	23 / 19	983	3	452	11	65 1/2
Double ducat idem, de 1776.	23 / 18	982	6	904	23	29

(1) L'or à 24 carats est or fin ou pur sans alliage. L'or à 1000 millièmes est or pur sans alliage.

(2) La valeur de chaque pièce portée dans la colonne des francs et centimes, est la valeur d'or fin qu'elles ont.

ARTICLE II.

Rapport du titre et du poids ancien des Monnaies d'argent des Puissances des quatre parties du monde, avec le titre et le poids nouveau français, et leur valeur en francs argent fin (1).

MONNAIE D'ARGENT.

Le denier servait à exprimer le titre des monnaies ou bijoux d'argent. 24 grains faisaient un denier fin ; 12 deniers étaient le titre de l'argent fin. On disait : Telle pièce d'argent ou tel bijou est au titre de 10 deniers 9 grains, de 9 deniers 22 grains, de 7 deniers 18 grains, etc., etc.

D'après le nouveau système monétaire français, on exprime le titre des monnaies d'argent et bijoux comme les monnaies et bijoux d'or.

Le kilogramme d'argent fin, c'est-à-dire au titre de 1000 millièmes, vaut 218 fr. 88 c.

Conversions.

N.° 1. Pour convertir les deniers titre ancien en millièmes titre nouveau, multipliez les deniers titre ancien à convertir par le nombre 83,33334 et retranchez cinq chiffres sur la droite ; le produit sera des millièmes titre nouveau.

N.° 2. Pour convertir les millièmes titre nouveau en deniers titre ancien, multipliez les millièmes titre nouveau par 0,012 et retranchez trois chiffres sur la droite ; le produit sera des deniers titre ancien.

N.° 3. Pour convertir les grains titre ancien en millièmes titre nouveau, multipliez les grains titre ancien par 3,47222 et retranchez cinq chiffres sur la droite ; le produit sera des millièmes titre nouveau.

N.° 4. Pour convertir les millièmes en grains, multipliez les millièmes par 0,288 et retranchez trois chiffres sur la droite ; le produit sera des grains titre ancien.

QUESTION.

Quel est le titre nouveau d'une pièce ou d'un lingot d'argent au titre ancien de 10 deniers 9 grains ?

1.° On convertit les 10 deniers titre ancien en millièmes titre nouveau, en les multipliant par le nombre fixe du n.° 1 des conversions ; après avoir retranché cinq chiffres sur la droite, ainsi qu'il est prescrit, on a des millièmes titre nouveau.

2.° On convertit les 9 grains en millièmes, en les multipliant par le nombre fixe n.° 3 des conversions ; après avoir retranché cinq chiffres sur la droite, on a des millièmes titre nouveau ; ensuite on additionne les deux produits, et l'on a le titre nouveau de la pièce ou lingot d'argent au titre ancien de 10 deniers 9 grains.

---

(1) L'argent est regardé fin, lorsqu'il ne contient pas plus de 20 millièmes d'alliage (Loi du 5 brumaire an VI, art. 118.).

Opération figurée de la Question.

Nombre fixe , n.º 1 des conversions	83,33334
Deniers à convertir en millièmes	,10
Produit	833,33340
Nombre fixe , n.º 3 des conversions . . . :	3,47222
Grains à convertir en millièmes	9
Produit	31,24998
	mill
Ainsi , les 10 deniers , convertis en millièmes, font	833,33340
les 9 grains , *id.* *id.*	31 24998
Total	864,58338

Le titre nouveau de la pièce ou du lingot d'argent , au titre de 10 deniers 9 grains , est 864 millièmes 58/100.

TITRE, POIDS ET VALEUR DES MONNAIES D'ARGENT.

DÉSIGNATION DES EMPIRES, ROYAUMES, DUCHÉS, etc. ET NOMS DES PIÈCES D'ARGENT.	Titre ancien (1). den.	grains.	Titre nouv. milli.	Poids nouveau. gram.	millig.	Francs, argent fin (2). francs.	cent.ᵉˢ
AMÉRIQUE (Nouveau Monde).							
Dollar de l'an 1798	10	18	896	26	928	5	28
1/2 dollar	10	18	896	13	437	2	63 1/2
ANGLETERRE (Royaume d').							
Couronne de Charles II et autres , de 5 schelings . . .	11	»	917	29	955	6	01 1/5
Dollar écu de la banque de George III, de 1804 . . .	10	18	896	26	875	5	27
AUTRICHE (Empire d').							
Écu d'Empire ou rixdale de Marie-Thérèse, de 1780 . .	10	»	833	28	044	5	11
— idem , idem de François II, de 1804	10	»	833	28	044	5	11
Rixdale de Hongrie, de Marie-Thérèse, de 1780	10	»	833	28	044	5	11
Couronne de Brabant, idem de 1775	10	11	872	29	530	5	63 2/3
— idem , de François II, de 1797	10	11	872	29	530	5	63 2/3
Pièce de kreitzen, idem de 1803	7	»	584	6	691	»	85 1/2
BALE (Canton suisse).							
Écu de l'an 1756	10	6	854	25	814	4	82 1/2
Thaler de 1765	10	»	833	23	272	4	24 2/3
BAVIÈRE (Royaume de).							
Écu de convention	10	»	833	28	044	5	11
BERNE (Canton suisse).							
Écu de 4 livres, de 1795 et 1798	10	20	903	29	318	5	79 1/2
BRUNSWICK (Allemagne. Duché de).							
Écu de convention ou rixdaler de Charles, de 1737 . .	10	»	033	28	044	5	11
DANEMARCK (Royaume de).							
Rixdale espèce	10	12	875	29	»	5	55 1/2
Rixdale courante	10	»	833	26	769	4	88
ESPAGNE (Royaume d').							
Vieille piastre de 1735, de Phil. V, de 20 réaux de veillon.	10	21	906	26	875	5	33
1/2 idem, idem, idem, de 10 idem	10	21	906	13	437	2	66
1/5 idem, idem, idem, de 4 idem	9	20	819	5	736	1	03
Piastre aux deux globes, de Charles III, de 1761, de 20 id.	10	21	906	26	981	5	35
1/2 idem, idem, de 1761, de 10 idem	10	21	906	13	490	2	67
1/4 idem, idem, de 5 idem	10	21	906	6	691	1	32 1/4
Piastre aux colonnes, de Charles III, de 1781, de 20 id.	10	18	896	26	928	5	28
1/2 idem, idem, idem, de 10 idem	10	18	896	13	437	2	63 1/2
1/4 idem, idem, idem, de 5 idem	10	18	896	6	691	1	31 1/4
Piastre nouvelle sans colonnes, de 20 idem.	10	17	892	26	928	5	25 3/4
1/2 idem, idem, de 10 idem	10	17	892	13	437	2	62 1/3
1/5 idem, idem, de 4 idem	9	16	806	5	842	1	03
On voit que la piastre aux deux globes et celle aux colonnes se divisent par 1/4, et que les vieilles et neuves sans colonnes se divisent par 1/5.							

(1) L'argent à 12 deniers est argent fin ou pur sans alliage. L'argent à 1000 millièmes est argent pur sans alliage.

(2) La valeur de chaque pièce portée dans la colonne des francs et centimes est la valeur d'argent fin qu'elles ont.

22

TITRE, POIDS ET VALEUR DES MONNAIES D'ARGENT.

DESIGNATION DES EMPIRES, ROYAUMES, DUCHÉS, etc. ET NOMS DES PIÈCES D'ARGENT.	VALEUR EN					
	Titre ancien (1).		Titre nouv.	Poids nouveau.		Francs, argent fin (2).
	den.	grains.	mill.	gram.	millig.	francs. / cent.es
FRANCE (Royaume de).						
Écu de Louis XIV, de l'an 1652, *dit Écu blanc*	10	22	910	27	193	5 · 41 2/3
— *idem* de 1706, aux deux LL	10	22	910	27	193	5 · 41 2/3
— *idem* de 1711, aux trois couronnes	10	22	910	30	380	6 · 03
— de Louis XV, de 1716, aux armes de France	10	22	910	30	380	6 · 05
— *idem* de 1725, aux deux LL, *dit de 4 livres*	10	21	906	23	432	4 · 64 2/3
— *idem* de 1740, aux armes de France	10	20	903	29	318	5 · 79 1/2
— *idem* de 1766, *idem*	10	20	903	29	318	5 · 79 1/2
— de Louis XVI, de 1786, *idem*	10	20	903	29	318	5 · 79 1/2
— *idem* de 1792, règne de la loi	10	20	903	29	318	5 · 79 1/2
— de six livres de 1793, *idem*	10	20	903	29	318	5 · 79 1/2
Pièce de 5 francs de l'an 2 et autres	10	19	900	25	»	4 · 92 1/5
— *idem* de Louis XVIII	10	19	900	25	»	4 · 92 1/2

Les pièces de 2 francs, d'un franc, d'un demi-franc et d'un 1/4 de franc, sont au même titre que la pièce de 5 francs; le poids est en proportion : 5 pièces d'un franc ou 10 pièces d'un 1/2 franc, pèsent comme la pièce de 5 francs.

FRANCFORT (Allemagne).						
L'écu de Francfort	10	»	833	28	044	5 · 11
FRIBOURG (Canton suisse).						
1/4 d'écu de Fribourg, de l'an 1797	8	4	681	10	679	1 · 60 1/3
GÈNES (Italie).						
Croizat de l'an 1713	11	8	944	38	401	7 · 93 1/2
Écu de banque	10	23	913	20	821	6 · 16
— de Saint Jean-Baptiste	10	16	889	33	144	6 · 45
GENÈVE (République de).						
Écu de 3 livres aux aigles couronnés, de l'an 1723	10	2	840	27	087	4 · 98
Genevoise, prix du travail, de 1794	10	10	868	30	433	5 · 78
Gros au soleil, de 12 florins 9 sous, de 1796	10	10	868	30	433	5 · 78
GRISONS (Canton suisse).						
Pièce de 5 batz, de l'an 1807	7	23	663	4	568	» · 66 1/4
HAMBOURG (Ville anséatique).						
Rixdale espèce	10	18	896	29	320	5 · 75
— de banque	10	18	896	29	213	5 · 73
HANOVRE (Royaume d').						
24 mariengros ou 1 florin	11	22	993	13	666	2 · 83 1/5
Rixdale espèce	10	16	889	29	213	5 · 69
— à la croix de Saint-André	10	16	889	29	320	5 · 70 1/2
HESSE-CASSEL (Allemagne. Principauté).						
Écu de convention	10	»	833	28	044	5 · 11
Thaler	9	»	750	23	485	3 · 84 1/5

(1) L'argent à 12 deniers est argent fin ou pur sans alliage. L'argent à 1000 millièmes est argent pur sans alliage.

(2) La valeur de chaque pièce portée dans la colonne des francs et centimes, est la valeur d'argent fin qu'elles ont.

TITRE, POIDS ET VALEUR DES MONNAIES D'ARGENT.

DESIGNATION DES EMPIRES, ROYAUMES, DUCHÉS, etc., ET NOMS DES PIÈCES D'ARGENT.	VALEUR EN					
	Titre ancien (1)		Titre nouv.	Poids nouveau.		Francs, argent fin (2).
	den.	grains.	mill.	gram.	millig.	francs. cent.es
HOLLANDE (Royaume des Pays-Bas).						
Rixdale de l'an 1801	10	10	872	28	044	5 35 1/4
Pièce de 3 florins	11	»	917	31	550	6 33 1/4
Ducaton	11	6	934	32	506	6 64 1/2
MALTE (Ile de la Méditerranée).						
Once d'Emmanuël de Rohan, de l'an 1781	16	»	833	29	330	5 34 3/4
MILAN, PARME, VENISE et TOSCANE (Italie).						
Écus de Milan, de Marie-Thérèse, de 1780 et 1785 . .	10	17	892	23	166	4 52 1/4
— de Parme, de Ferdinand I.er, de 1792	10	20	903	25	600	5 06
Léopoldine de Toscane, de Léopold II, de 1790. . .	10	21	910	27	300	5 44 3/4
Écu idem, de 10 pauls, de Ferdinand III, de 1796 . .	10	20	903	27	300	5 39 1/2
— de Louis I.er roi d'Étrurie, de 1803	10	23	913	27	300	5 45 1/2
Ducat d'argent de Venise	9	19	816	22	617	4 04
Écu de la régence de Charles-Louis, de 1803	11	11	955	19	652	4 10 3/4
NAPLES et SICILE.						
Pièce de 12 carlins de Naples, de Ferdinand IV, de 1786.	10	18	896	25	495	5 »
— de la République Napolitaine, de 12 carlins, de l'an 7.	10	»	833	27	566	5 03 1/2
— de 12 tarins de Sicile	10	»	833	27	301	4 97 3/4
NEUCHATEL (Canton suisse).						
Écu de 21 batz, de Frédéric-Guillaume III, de 1799 . .	9	15	802	15	297	2 68 1/2
PALATINAT (Allemagne).						
Écu fin de Palatinat, de Charles, de l'an 1753	11	21	990	25	920	5 61 2/3
POLOGNE (Royaume de).						
Rixdale de Stanislas-Auguste, de l'an 1777	10	»	833	28	044	5 11
Thaler ou écu	8	6	688	24	061	3 62 1/3
PORTUGAL (Royaume de).						
Creuzade de 400 rez, de Jean V, de l'an 1750	10	19	899	14	605	2 87 1/3
Écu dit à la sphère	11	»	917	18	909	3 79 1/2
PRUSSE (Royaume de).						
Rixdale de Frédéric, de l'an 1764	9	»	750	21	988	3 61
— de Frédéric-Guillaume, de 1792	8	20	736	21	988	3 54 1/5
— de convention	10	»	833	28	044	5 11
1/3 de rixdale de Frédéric-Guillaume, de 1788 . . .	8	»	667	9	560	1 39
RÉPUBLIQUE HELVÉTIQUE.						
Écu de 40 batz, de l'an 1798	10	19	899	29	318	5 77
— de 4 francs, de 1801	10	20	903	29	318	5 79 1/2

(1) L'argent à 12 deniers est argent fin ou pur sans alliage. L'argent à 1000 millièmes est argent pur sans alliage.

(2) La valeur de chaque pièce portée dans la colonne des francs et centimes, est la valeur d'argent fin qu'elles ont.

TITRE, POIDS ET VALEUR DES MONNAIES D'ARGENT.

DÉSIGNATION DES EMPIRES, ROYAUMES, DUCHÉS, etc., ET NOMS DES PIÈCES D'ARGENT.	VALEUR EN					
	Titre ancien (1).		Titre nouv.	Poids nouveau.		Francs, argent fin (2).
	den.	grains.	mill.	gram.	millig.	francs. cent."
ROME ET BOLOGNE.						
Écu de Clément XI	10	22	910	31	896	6 35 1/4
-- de Clément XII, et Benoît XIV	11	»	917	26	452	5 31
-- de Pie VI	10	22	910	24	752	4 93
-- de Bologne, de 10 pauls	11	»	917	26	452	5 32
RUSSIE (Empire de).						
Rouble de Pierre-le-Grand	8	20	736	28	044	4 51 3/4
-- d'Anne, de 1733	9	12	792	25	494	4 42
-- idem, de 1739	9	14	799	26	131	4 57
-- de Cathérine, de 1773	9	»	750	25	017	4 10 2/3
-- d'Alexandre	10	12	875	20	927	4 ». 3/4
SAVOIE ET PIÉMONT.						
Écu de 6 livres, vieux	11	»	917	26	770	5 38
-- idem neuf	10	21	906	35	373	7 »
-- de 3 livres, de Victor, de 1777	10	21	906	17	687	3 50 3/4
SAXE (Royaume de).						
Écu de convention, de Frédéric-Auguste, de l'an 1772 .	10	»	833	28	044	5 11
-- idem, idem de 1802	10	»	833	28	044	5 11
SUÈDE (Royaume de).						
Écu ou rixdale de Gustave III, de l'an 1776	10	12	875	29	318	5 61 1/2
Carolin double	8	6	688	19	439	2 92 1/4
TURQUIE et les Puissances Barbaresques.						
Il y a des pièces de 10, de 20 parats ; des piastres de 40, de 60, de 80 et de 100 parats, toutes aux titres de 530 millièmes. D'après le tarif fait en Égypte en 1799 par les Français, les écus de 6 livres ont été tarifiés à 168 parats ; les pièces de 5 francs, à 150 parats, ainsi des autres pièces, à raison de 28 parats pour 1 franc.						
VAUD (Canton suisse).						
Pièce de 10 batz, de 1804	10	20	903	7	327	1 46 2/3
WURTEMBERG (Royaume de).						
Écu de convention	10	»	833	28	044	5 11
WURTZBOURG (Allemagne. Duché de).						
Rixdale	10	»	833	28	044	5 11
ZURICH (Canton Suisse).						
Écu de 1776, au lion armé d'une épée	10	6	854	26	556	4 96 1/3
-- de 1790, où est la ville de Zurich	10	4	847	25	282	4 68 2/3

(1) L'argent à 12 deniers est argent fin ou pur sans alliage. L'argent à 1000 millièmes est argent pur sans alliage.

(2) La valeur de chaque pièce portée dans la colonne des francs et centimes est la valeur d'argent fin qu'elles ont.

CHAPITRE XI.

ARTICLE PREMIER.

Cours des changes du royaume de France avec les principales places de l'Europe, en francs seulement.

NOMS DES VILLES.	PRIX INCERTAINS OU VARIABLES.	PRIX CERTAINS OU INVARIABLES.	OBSERVATIONS.
Anvers.....	Donne 55 3/4 deniers de gros.	Pour 3 francs	Ainsi que Gand, Bruxelles, etc.
Amsterdam...	Donne 57 3/8 den. gros couran.	3 francs.	
Idem......	Donne 54 5/8 den. gros b.°..	3 francs.	
Augsbourg...	Reçoit 2 francs 60 centimes..	1 florin courant.	
Bergame....	Donne 125 sous........	3 francs.	
Berlin.....	Reçoit 4 francs 81 centimes..	1 livre banco.	
Idem......	Donne 78 rixdales	300 francs.	
Bologne....	Donne 59 1/4 sous	3 francs.	
Breslaw....	....	....	Voyez Berlin.
Cologne....	Donne 78 1/2 rixdales	300 francs.	
Constantinople.	Reçoit 3 francs 9 centimes ..	1 piastre courante.	
Copenhague..	Donne 68 1/4 rixdales	300 francs.	
Dantzick....	Reçoit 3 francs 67 centimes..	1 rixdale.	
Espagne....	Reçoit 15 francs 25 centimes .	1 pistole de change.	
Idem......	Reçoit 3 francs 91 centimes..	1 piastre de change ..	C'est le cours de Lyon sur l'Espagne.
Francfort....	Donne 77 rixdales monnaie..	300 francs.	
Genève.....	Reçoit 162 francs.	100 livres courantes.	
Gênes.....	Reçoit 4 francs 77 centimes .	1 piastre hors de banque	
Hambourg...	Reçoit 189 francs 24 centimes.	100 marcs lubs banco.	
Idem......	Donne 25 1/4 sous lubs banco.	3 francs.........	C'est le cours de Bordeaux et Bayonne sur Hambourg et Altona.
Leipsick....	Donne 78 rixdales......	300 francs.	
Lisbonne....	Donne 486 rez......	3 francs.	
Livourne....	Reçoit 5 francs 2 centimes..	1 piastre de 8 réaux.	
Londres....	Reçoit 24 francs 56 centimes.	1 livre sterling.	
Milan.....	Donne 7 3/4 livres courantes.	6 francs.	
Naples.....	Reçoit 4 francs 38 centimes .	1 ducat.	
Palerme....	Donne 48 grains......	1 franc.	
Pétersbourg..	Reçoit 4 francs 60 centimes .	1 rouble.	
Rome.....	Reçoit 5 francs 16 centimes.	1 écu monnaie.	
Stockholm...	Donne 26 schellings.....	3 francs.	
Turin.....	Donne 51 sous........	3 francs.	
Venise.....	Donne 60 ducats banco ...	300 francs.	
Vienne.....	Reçoit 2 francs 60 centimes .	1 florin courant.	

ARTICLE II.

Pour faire un change direct ou immédiat , indirect ou médiat , ou enfin un arbitrage de banque , il est indispensable de connaître la division des monnaies ; comme il est également nécessaire de connaître le rapport des poids et mesures des pays étrangers, pour résoudre un arbitrage de marchandises dont les questions sont placées après les tableaux des poids et mesures , afin de pouvoir renvoyer à l'article.

Division des Monnaies de change des principales places de l'Europe par lettre alphabétique (1).

ANVERS , BRUXELLES , GAND , etc. (Royaume des Pays-Bas).

Les écritures , dans les comptoirs de ces places, se tiennent en florins , patars , et pénins.
Le change se fait en florins , patars , sous et deniers de gros argent de change.
Le florin de change vaut 7 florins courans.

Division des Monnaies.

La rixdale vaut 2 2/5 florins , ou 48 patars , ou 8 sous de gros , ou enfin 96 deniers de gros.
Le florin vaut 20 patars , ou 3 1/2 sous de gros , ou enfin 40 deniers de gros.
Le patars ou sou commun vaut 16 pénins , ou 40 deniers de gros.
La livre de gros vaut 20 sous de gros , ou 240 deniers de gros.
Le sou de gros , ou escalin, vaut 6 patars , ou 12 deniers de gros.
Le gros ou denier de gros vaut 8 pénins.

5 rixdales valent 12 florins.
3 florins valent 10 sous de gros.

(*Voyez Amsterdam* , pour les jours de grâce et l'usance).

AMSTERDAM (Royaume des Pays-Bas).

Les écritures , dans les comptoirs de cette place, se tiennent en florins , stiuvers et pénins.
Le change se fait en rixdales, florins et stiuvers , et en livres, sous et deniers de gros courant et banco.

Division des Monnaies.

La rixdale vaut 2 1/2 florins , ou 50 stiuvers , ou 8 1/3 sous de gros , ou enfin 100 deniers de gros.
Le florin vaut 20 stiuvers , ou 3 1/2 sous de gros , ou enfin 40 deniers de gros.
Le stiuver , ou sou commun , vaut 16 pénins , ou 2 deniers de gros.
La livre de gros vaut 20 sous de gros , ou 240 deniers de gros.
Le sou de gros , ou escalin , vaut 6 stiuvers ou 12 deniers de gros.

(1) On sait que la livre (numéraire) de tous les pays est idéale.

Le gros, ou denier de gros, vaut 8 pénins.

    2 rixdales valent 5 florins.

    3 rixdales valent 15 sous de gros.

    3 florins valent 10 sous de gros.

Nota. L'agio est de 3 à 5 p. °/₀ , argent de banque. Ainsi, 100 pièces argent de banque représentent 103 à 105 pièces argent courant.

AUGSBOURG (Royaume de Bavière, capitale du cercle de Souabe).

Les écritures, dans les comptoirs de cette place, se tiennent en florins et kreutzers. Le change se fait en rixdales et florins.

La rixdale vaut 1 1/2 florin, ou 90 kreutzers.

Le florin vaut 60 kreutzers.

Le kreutzer vaut 4 pénins.

L'argent de change vaut, à Augsbourg, 27 p. °/₀ de plus que l'argent courant.

    Ainsi, 100 rixdales de change représentent 127 rixdales courantes.

    200 rixdales de change représentent 381 florins courans.

    2 rixdales courantes représentent 3 florins courans.

BERGAME (Italie).

Les écritures, dans les comptoirs de cette place, se tiennent en livres, sous et deniers. Le change se fait en livres et sous.

Division des Monnaies.

La livre vaut 20 sous.

Le sou vaut 12 deniers.

BERLIN et BRESLAW (Royaume de Prusse).

Les écritures, dans les comptoirs de ces places, se tiennent en livres et gros banco. Le change se fait en livres banco.

Division des Monnaies.

La livre banco vaut 24 gros banco, ou 30 bons gros.

La rixdale courante vaut 24 bons gros.

Le florin vaut 16 bons gros.

Le bon gros vaut 12 deniers ou pénins.

    4 livres banco valent 5 rixdales.

    8 livres banco valent 15 florins.

BOLOGNE (Italie).

Les écritures , dans les comptoirs de cette place , se tiennent en livres ; sous et deniers. Le change se fait en écus et sous.

La livre vaut 20 sous.
Le sou vaut 12 deniers.
L'écu vaut 85 sous.

COLOGNE (Allemagne , électorat de).

Les écritures , dans les comptoirs de cette place, se tiennent en rixdales et albus. Le change se fait en rixdales.

Division des Monnaies.

La rixdale espèce vaut 80 albus.
La rixdale courante vaut 78 albus.
L'albus vaut 2 kreutzers ou 8 hellers.
Le kreutzer vaut 4 hellers ou 6 pénins.
Le heller vaut 1 1/2 pénin.
80 rixdales courantes valent 78 rixdales espèce.

CONSTANTINOPLE et SMYRNE (Turquie).

Les écritures , dans les comptoirs de ces places , se tiennent en piastres et aspres. Le change se fait en piastres et parats.

Division des Monnaies.

La piastre courante vaut 40 parats ou 120 aspres ; cependant on ne la compte sur les livres que pour 100 aspres.
Le parat vaut 3 aspres.

COPENHAGUE (Danemarck).

Les écritures , dans les comptoirs de cette place , se tiennent en rixdales , sous et deniers danois. Le change se fait en rixdales.

Division des Monnaies.

La rixdale vaut 3 marcs lubs , ou 6 marcs danois , ou enfin 96 sous danois.
Le marc lubs vaut 2 marcs danois ou 32 sous danois.
Le marc danois vaut 8 sous lubs ou 16 sous danois.
Le sou danois vaut 6 deniers lubs ou 12 deniers danois.

DANTZICK et KONISBERG (Royaume de Prusse).

Les écritures , dans les comptoirs de ces deux places , se tiennent en florins et gros , et en rixdales et gros. Le change se fait en rixdales et gros.

Division des Monnaies.

La rixdale vaut 3 florins , ou 15 marcs , ou enfin 90 gros . ⎫
Le florin vaut 5 marcs , ou 30 gros . . . . ⎬ Argent courant de la Petite-Pologne.
Le marc vaut 6 gros . . . . ⎭

ESPAGNE (Royaume d').

Les écritures , dans les comptoirs de ce royaume , se tiennent ; savoir : Cadix et Séville , en réaux de platte et quartos ; Madrid , Malaga et Bilbao , en réaux et maravedis de veillon ; Valence , en piastres , sous et deniers , et Barcelonne , en livres , sous et deniers catalans. *Le réal de platte et toutes les monnaies de change sont idéales.*
Le royaume d'Espagne fait le change en piastres , pistoles , ducats et maravedis de platte.

Division des Monnaies (1).

La piastre de change vaut 8 réaux de platte , ou 272 maravedis de platte , ou 10 réaux de Valence , ou enfin 28 sous catalans.
La pistole de change vaut 4 piastres de change , ou 32 réaux de platte , ou 1088 maravedis de platte , ou 40 réaux de Valence , ou enfin 5 3/5 livres catalanes.
La pistole d'or vaut 5 piastres de change , ou 40 réaux de platte , ou 1360 maravedis de platte , ou 50 réaux de Valence , ou enfin 7 livres catalanes.
Le ducat de change vaut 11 1/34 réaux de platte , ou 375 maravedis de platte , ou enfin 38 sous 7 4|17 deniers catalans.
Le ducat en marchandises vaut 11 réaux de platte , ou 374 maravedis de platte.
Le réal de platte vaut 16 quartos , ou 34 maravedis de platte.

4 pistoles d'or valent	5	pistoles de change.
28 livres catalanes valent	5	*idem.*
1875 réaux de Valence valent . . .	136	ducats de change.
525 livres catalanes valent	272	*idem.*
64 réaux de veillon valent . . .	34	réaux de platte.
1024 réaux de veillon valent	17	pistoles de change.
256 réaux de veillon valent . . .	17	piastres de change.

---

(1) La pistole d'or , la pistole de change , le ducat de change et la piastre se divisent en 20 sous , et le sou en 12 deniers. Le réal de veillon vaut 34 maravedis de veillon.

1280 réaux de veillon valent . . . . 17 pistoles d'or.
6000 réaux de veillon valent . . . 289 ducats de change.
170 réaux de platte valent . . . . 1 quadruple.
320 réaux de veillon valent . . . 1 *idem.*
42 1/2 réaux de platte valent . . 1 doublon.
80 réaux de veillon valent , . . . 1 *idem.*
10 5,8 réaux de platte valent . . 1 piastre effective, celle aux deux globes.
20 réaux de veillon valent . . . . 1 *idem.*   *idem.*
256 piastres fortes valent . . . . ., 85 pistoles de change.
64 piastres fortes valent . . . . . 85 piastres de change.
64 piastres fortes valent . . . . . 17 pistoles d'or.
300 piastres fortes valent . . . . . 289 ducats de change.

FRANCFORT-SUR-LE-MEIN (Allemagne en Vétéravie).

Les écritures, dans les comptoirs de cette place, se tiennent en rixdales et kreutzers, et en florins et kreutzers. Le change se fait en rixdales, florins et batz, en argent courant ou monnaie.

Division des Monnaies.

La rixdale vaut 1 1/2 florin, ou 22 1/2 batz, ou enfin 90 kreutzers.
Le florin vaut 15 batz ou 60 kreutzers.
Le batz vaut 4 kreutzers.
Le kreutzer vaut 4 pénins.

3 florins valent . . . . . 2 rixdales.
45 batz valent . . . . . . 2 *idem.*
165 florins d'empire valent . 92 *idem.*

GENES (Italie).

Les écritures, dans les comptoirs de cette place, se tiennent en livres, sous et deniers *fuori banco*, ou hors de banque. Le change se fait en piastres, livres et sous hors banque, et en écus.

Division des Monnaies.

La piastre hors de banque se divise en 20 sous, et le sou en 12 deniers ; elle vaut 5 livres banco, ou 5 3/4 livres hors de banque, ou enfin 115 sous.
L'écu vaut 4 livres banco, ou 4 3/5 hors de banque, ou enfin 92 sous.
Le croizat vaut 7 3/5 livres banco, ou 8 livres 14 sous 9 deniers 3/5 hors de banque.
L'écu d'or ne vaut que 10 livres 13 sous 11 deniers 29/62 hors de banque ; cependant on le compte pour 10 livres 14 sous, ou 214 sous dans les calculs.
La livre hors de banque, ainsi que la livre banco, se divisent en 20 sous, et le sou en 12 deniers.

100 livres banco valent . . . . . 115 livres hors de banque.
23 livres hors de banque valent 4 piastres.
4 piastres valent . . . . 5 écus.
115 écus d'or valent . . . . 214 piastres.
5 écus valent . . . . 23 livres hors de banque.
107 livres hors de banque valent . 10 écus d'or.
107 écus valent . . . . 46 *idem.*

GENÈVE (République de).

Les écritures, dans les comptoirs de cette place, se tiennent en livres, sous et deniers. Le change se fait en écus, livres et sous argent courant; 10 livres courantes valent 21 livres monnaie commune.

Division des Monnaies.

La livre courante vaut 20 sous courans.
Le sou courant vaut 12 deniers courans.
L'écu patagon ou courant vaut 3 livres courantes, ou 60 sous courans.

HAMBOURG (Ville anséatique). ALTONA (Danemarck).

Les écritures, dans les comptoirs de ces deux places, se tiennent en marcs, sous et deniers lubs. Le change se fait en rixdales, marcs, sous lubs, sous et deniers de gros.

Division des Monnaies.

La rixdale vaut 1 1/2 daler, ou 3 marcs lubs, ou 48 sous lubs, ou 8 sous de gros, ou enfin 96 deniers de gros.
Le daler vaut 2 marcs lubs, ou 2 2/3 sous de gros, ou enfin 3 deniers de gros.
Le sou lubs vaut 8 deniers lubs, ou 2 deniers de gros.
La livre de gros vaut 20 sous de gros.
Le sou de gros vaut 6 sous lubs, ou 12 den. de gros.
Le denier de gros vaut 6 deniers lubs.

3 dalers valent . . . . . 2 rixdales.
16 sous de gros valent . . 3 dalers.
8 sous de gros valent . . 3 marcs lubs.

Nota. 100 pièces argent de banque en valent 124 à 128 argent courant.

DRESDE et LEIPSICK (Royaume de Saxe).

Les écritures, dans les comptoirs de ces deux places, se tiennent en rixdales, bons gros et pénins. Le change se fait en rixdales, argent courant.

Division des Monnaies.

La rixdale vaut 1 1/2 florin , ou 24 bons gros.
Le florin vaut 16 bons gros.
3 florins font 2 rixdales.

Nota. Les trois foires renommées qu'il y a par an à Leipsick , durent quinze jours chacune. La première commence le 1.er janvier ; la seconde , le troisième dimanche après Pâques , et la troisième , le 30 septembre.

LISBONNE et PORTO (Royaume de Portugal).

Les écritures , dans les comptoirs de ces deux places , se tiennent en rez. Le change se fait en creuzades et rez.
La creuzade de change, qui est une espèce idéale , vaut 400 rez.

LIVOURNE (Italie , dans la Toscane).

Les écritures , dans les comptoirs de cette place , se tiennent en piastres , sous et deniers. Le change se fait en piastres et en sous bonne monnaie.

Division des Monnaies.

La piastre (espèce idéale) qu'on appelle piastre de 8 réaux, se divise en 20 sous , et le sou en 12 deniers , vaut 5 3/4 livres bonne monnaie , ou 115 sous ; elle vaut 6 livres monnaie longue , ou 9 jules.
Le jule vaut 13 1/3 sous bonne monnaie.
La livre monnaie longue et celle bonne monnaie se divisent en 20 sous , et le sou en 12 deniers. 24 livres monnaie longue valent 23 livres bonne monnaie.

LONDRES (Royaume d'Angleterre).

Les écritures , dans les comptoirs de cette place, se tiennent en livres , sous et deniers sterlings. Le change se fait en livres et deniers sterlings.

Division des Monnaies.

La livre sterling vaut 20 sous sterlings , ou 240 deniers sterlings.
Le sou ou schelling vaut 12 deniers sterling.

MILAN (Italie).

Les écritures , dans les comptoirs de cette place , se tiennent en livres , sous et deniers courans. Le change se fait en livres et sous courans , en sous impériaux et en écus.

Division des Monnaies.

La livre courante vaut 20 sous courans.
Le sou courant vaut 12 deniers courans.
La livre de change ou impériale se divise en 20 sous , et le sou en 12 deniers.
.Le philippe vaut 106 sous impériaux , ou 150 sous courans , ou enfin 7 livres 1/2 courantes.

    212 sous impériaux valent . . . . 15 livres courantes.
    1755 livres courantes valent . . . 212 écus.

Nota. L'écu de 117 sous impériaux est idéal.

NAPLES (Royaume de).

Les écritures , dans les comptoirs de cette place , se tiennent en ducats et grains. Le change se fait en ducats et grains.

Division des Monnaies.

Le ducat vaut 10 carlins , ou 100 grains.
Le carlin vaut 10 grains.

PALERME et MESSINE (Sicile).

Les écritures , dans les comptoirs de ces deux places , se tiennent en onces , tarins et grains.
Le change se fait en onces , écus , tarins , carlins et grains.

Division des Monnaies.

L'once vaut 30 tarins , ou 60 carlins , ou enfin 600 grains.
Le tarin vaut 2 carlins ou 20 grains.
Le carlin vaut 10 grains.
L'écu vaut 12 tarins , ou 24 carlins , ou enfin 240 grains.

PETERSBOURG (Russie).

Les écritures , dans les comptoirs de cette place , se tiennent en roubles et copecks. Le change se fait en roubles.

Division des Monnaies.

Le rouble vaut 10 grifs ou 100 copecks.
Le grif vaut 10 copecks.
Le copeck vaut 2 moscosques.

ROME (Italie).

Les écritures , dans les comptoirs de cette place , se tiennent en écus monnaie et bayocs.
Le change se fait en écus d'or stampo et en écus monnaie et bayocs.

Division des Monnaies.

L'écu monnaie romain vaut 10 jules , ou 100 bayocs.
Le jule vaut 10 bayocs.
Le bayoc vaut 5 quatrins.
L'écu d'or *dit* stampo vaut 15 jules 2 bayocs et 1 1/2 quatrin.

1523 écus monnaie valent 1000 écus d'or stampo , qui est une espèce idéale.

STOCKHOLM (Royaume de Suède).

Les écritures , dans les comptoirs de cette place , se tiennent en rixdales , schellings et deniers.
Le change se fait en rixdales et en schellings.

Division des Monnaies.

La rixdale vaut 48 schellings.
Le schelling vaut 12 deniers.
Le daler d'argent vaut 4 marcs d'argent ou 3 dalers de cuivre.
Le daler de cuivre vaut 4 marcs de cuivre , ou 32 sous . . } Ces monnaies sont idéales.
Le marc de cuivre vaut 8 sous . . . .

SUISSE.

Les écritures , dans les comptoirs de la Suisse , se tiennent en livres , sous et deniers , et en florins et kreutzers. Le change se fait en livres , sous et florins , argent de change , dont 90 pièces en valent 100 argent courant. Le change entre la France et la Suisse se fait à tant p. o/°.

Division des Monnaies.

La rixdale vaut 3 livres , ou 1 4/5 florin , ou enfin 108 kreutzers.
La livre vaut 20 sous ou 36 kreutzers.
Le sou vaut 12 deniers.
Le florin vaut 33 1/3 sous ou 60 kreutzers.
Le kreutzer vaut 5 pénins.

9 florins de change valent . . 5 rixdales de change.
3 florins de change valent . 5 livres de change.
5 livres tournois valent . . 2 florins de change.
200 francs valent . . . . . . 81 *idem*.
3 livres tournois valent . . 2 livres de change.
40 francs valent . . . . . . 27 *idem*.

TURIN (Piémont).

Les écritures , dans les comptoirs de cette place , se tiennent en livres , sous et deniers. Le change se fait en livres et sous.

Division des Monnaies.

La livre vaut 20 sous , et le sou 12 deniers.

VENISE (Italie).

Les écritures , dans les comptoirs de cette place , se tiennent en ducats et gros banco , et en ducats et gros courans. Le change se fait en ducats banco et ducats communs , et en livres et marchettis.

Division des Monnaies.

Le ducat banco vaut 24 gros banco , ou 124 marchettis , ou enfin 9 3/4 livres courantes.
Le ducat courant vaut 24 gros courans, ou 124 marchettis courans, ou enfin 6 1/5 livres courantes.
La livre piccioli se divise en 20 sous , et le sou en 12 deniers.
La livre de gros de banque se divise en 20 sous , et le sou en 12 deniers ou gros.
La livre de gros vaut 10 ducats banco , ou 96 livres courantes.

$$48 \text{ ducats courans valent} \ldots . \quad 31 \text{ ducats banco.}$$
$$48 \text{ livres courantes valent.} \ldots \quad 5 \quad idem.$$
$$31 \text{ livres courantes valent} \ldots \quad 5 \text{ ducats courans.}$$
$$480 \text{ ducats courans valent} \ldots . \quad 31 \text{ livres banco.}$$

VIENNE (Autriche). PRAGUE (Bohême). TRIESTE (Istrie autrichienne).

Les écritures , dans les comptoirs de ces trois places , se tiennent en florins et kreutzers. Le change se fait en rixdales , florins et kreutzers.

Division des Monnaies.

La rixdale vaut 1 1/2 florin , ou 90 kreutzers.
Le florin vaut 60 kreutzers.
Le kreutzer vaut 4 pénins.

~~~~~~

CHAPITRE XII.

Usances ou termes des paiemens , et jours de grâce des lettres de change des principales places de l'Europe , par lettre alphabétique.

ANVERS, AMSTERDAM, BRUXELLES, GAND, etc. (Royaume des Pays-Bas).

L'usance des lettres de change tirées de France et d'Angleterre sur Anvers , Amsterdam , Bruxelles , Gand , etc. , est de 30 jours de date ; pour celles de Dantzick , de 40 jours ; pour celles de Konisberg , de 41 jours ; pour celles d'Italie , d'Espagne et de Portugal , de 60 jours ; pour celles de Vienne , Francfort , Augsbourg et autres places de l'Allemagne , de 14 jours de vue.

Il y a 6 jours de grâce à Anvers ', Amsterdam , Bruxelles , Gand , etc. ; cependant , à défaut de paiement , on peut faire protester le quatrième jour après l'échéance.

AUGSBOURG (Souabe, Allemagne).

Après l'acceptation des lettres de change sur Augsbourg , l'usance est de 15 jours de vue. Celles à une usance doivent être acceptées à leur présentation , au lieu que celles à tant de jours de date et à plusieurs usances ne s'acceptent que 15 jours avant l'échéance.

Tous les mardis de chaque semaine , les lettres de change se paient en viremens ou compensations ; faute de le faire ledit jour , il faut payer le lendemain au comptant , ou en assignations les parties qui n'ont pu se compenser.

Il y a 8 jours de grâce pour les lettres de change qui échoient le mercredi , et un jour seulement pour celles qui échoient le mardi.

BALE et ZURICH (Suisse).

Les lettres sur ces deux places sont ordinairement à tant de jours de date ou de vue. Il n'y a pas de jour de grâce.

BERGAME (Italie).

L'usance des lettres sur cette place est de 20 jours de date pour celles de Venise et de Milan ; pour celles de Zurich , 15 jours après l'acceptation. Il n'y a pas de jour de grâce.

BERLIN (Prusse).

L'usance est de 14 jours de vue pour les lettres sur cette place ; il y a trois jours de grâce après l'échéance : on doit faire protester le troisième jour faute de paiement.

BOLOGNE (Italie).

L'usance est de 8 jours de vue après l'acceptation , pour les lettres sur cette place, non compris le jour de l'acceptation ni le jour de l'échéance. Il n'y a pas de jour de grâce.

BRESLAW (Prusse).

L'usance est de 14 jours après l'acceptation , pour les lettres sur cette place. Pour les lettres à usance, il y a 6 jours de grâce; mais on doit payer dans les vingt-quatre heures celles à vue, à plusieurs jours de vue ou à courts jours après l'échéance.

CADIX (Espagne).

L'usance est de 60 jours de date pour les lettres de l'étranger sur cette place. Si, après le sixième jour de grâce , on n'a pas reçu, on doit faire protester.

COLOGNE (Allemagne, électorat de).

L'usance est de 14 jours après l'acceptation , pour les lettres sur cette place. Pour les lettres à usance, il y a 6 jours de grâce ; mais on doit payer dans les vingt-quatre heures celles à vue, à plusieurs jours de vue ou à courts jours après l'échéance.

COPENHAGUE (Danemarck).

L'usance des lettres sur cette place est ordinairement à jour certain. Il y a 8 jours de grâce pour les lettres à usance ; mais on doit payer à leur présentation celles qui sont à vue.

DANTZICK (Prusse).

L'usance est de 14 jours après l'acceptation , pour les lettres sur cette place, non compris celui de l'acceptation , mais y compris les fêtes et dimanches.

Les lettres à une ou plusieurs usances jouissent de 10 jours de grâce ; elles doivent être payées le neuvième jour, si le dixième est une fête ou un dimanche ; celles au-dessous de 14 jours ne jouissent que de 3 jours de grâce. On doit payer , dans les vingt-quatre heures de leur présentation , celles à vue.

24

FRANCFORT-SUR-LE-MEIN (Allemagne).

L'usance est de 14 jours de vue, qui commencent le jour de l'acceptation ; pour les lettres sur cette place ; pour les lettres à usance et à courts jours de vue, il y a 4 jours de grâce, non compris les dimanches ou fêtes ; on doit faire protester le quatrième jour, avant deux heures après midi, faute de paiement. Il n'y a pas de jour de grâce pour les lettres à vue.

GÊNES (Italie).

L'usance des lettres sur Gênes est de 3 mois, compris la date, pour les lettres de Londres ; de deux mois pour les lettres d'Amsterdam ; de 60 jours de date pour les lettres de Madrid et Cadix ; de 3 mois pour les lettres de Lisbonne ; de 15 jours de vue pour les lettres de Rome et Venise ; de 22 jours de vue pour les lettres de Naples, et de 8 jours de vue pour les lettres de Milan et Livourne.

Pour faire les diligences sans que le porteur soit responsable, il y a 30 jours de grâce ; cependant il peut et il est même en droit, dès le premier jour de la demande, de faire protester, tant pour le paiement que pour l'acceptation : ordinairement, à défaut de paiement dans la semaine qui suit celle de l'échéance, on fait protester.

GENÈVE (République).

L'usance est de 30 jours, celui de la date compris, pour les lettres sur cette place. Après l'échéance, il y a 5 jours de grâce, non compris le dimanche.

HAMBOURG (Ville anséatique).

L'usance est d'un mois pour les lettres sur cette place. Il y a 12 jours de grâce ; les dimanches et fêtes compris ; si le douzième jour de grâce tombe un dimanche ou une fête, on doit payer ou faire protester le onzième jour.

KONISBERG (Prusse).

L'usance est de 14 jours après l'acceptation pour les lettres sur cette place, non compris le jour de l'acceptation, mais bien les fêtes et dimanches. Après l'échéance, il y a 6 jours de grâce.

LEIPSICK (Saxe).

L'usance est de 14 jours de vue, qui ne se comptent que du lendemain de l'acceptation pour les lettres sur cette place ; elles doivent être payées le quinzième jour, ou protestées, attendu qu'il n'y a pas de jour de grâce.

LISBONNE (Portugal).

L'usance est de 60 jours de date pour les lettres de France ; pour celles d'Amsterdam de 2 mois de date ; pour celles d'Italie , de 3 mois de date ; pour celles de Londres, de 30 jours de vue , et pour celles d'Espagne , 15 jours de vue. Pour les lettres acceptées , il y a 6 jours de grâce ; mais celles qui ne le sont pas doivent être protestées le jour de l'échéance , à défaut de paiement.

LIVOURNE (Italie).

L'usance est de 3 mois de date pour les lettres de Londres et Lisbonne ; pour celles d'Amsterdam , Hambourg, Madrid et Cadix, 2 mois de date ; pour celles de France, de 30 jours de date ; pour celles de Naples , Bergame et Venise , de 20 jours de date ; d'un mois de vue ou de 2 mois de date pour celles de Messine et Palerme ; pour celles de Rouen , de 10 jours de vue ou 15 jours de date ; et pour celles de Milan , la Suisse et Gênes , de 8 jours de vue.

LONDRES (Angleterre).

L'usance des lettres sur Londres est de 3 mois pour les lettres d'Italie ; pour celles d'Espagne et de Portugal , de 2 mois ; pour celles de France , d'Allemagne et de Hollande , de 30 jours , non compris le jour de la date.

Les lettres à courts jours de vue , à jour certain et à une ou plusieurs usances , doivent être payées le troisième jour de grâce , ou faire protester à défaut de paiement. Les lettres à vue doivent être protestées à leur présentation , si elles ne sont pas payées.

MADRID (Espagne).

L'usance des lettres sur Madrid est de 3 mois de date pour les lettres de Rome ; pour les lettres d'Amsterdam , 2 mois de date ; pour les lettres de France , Londres et Gênes, 60 jours de date , et , pour toutes les villes de l'intérieur de l'Espagne , de 8 jours de vue.

Il y a 14 jours de grâce pour les lettres tirées de Paris , d'Amsterdam , de Londres et Gênes ; les jours de grâce commencent le lendemain de l'échéance , on doit faire protester le quatorzième jour à défaut de paiement. Celles tirées de Rome , à défaut de paiement, doivent être protestées le jour de l'échéance. Il n'y a pas de jour de grâce.

Il y a 8 jours de grâce pour les lettres tirées de Valence , Cadix , Alicante , Séville et Barcelonne. Les lettres tirées de Bilbao ont 19 jours de grâce. Toutes celles à vue doivent être payées à leur présentation. Il n'y a aucun jour de grâce pour les lettres qu'on refuse d'accepter ; elles doivent être protestées le même jour , à défaut de paiement.

MILAN (Italie).

L'usance des lettres sur Milan est de 2 mois, après la date, pour les lettres d'Amsterdam ; pour les lettres de Venise , de 20 jours après la date ; pour celles de Livourne , d'Augsbourg et Rome , de 15 jours après l'acceptation ; pour celles de Gênes , de 8 jours après l'acceptation : on ne comprend pas les jours de la date des lettres , de l'acceptation , ni de l'échéance. Il n'y a pas de jour de grâce.

NAPLES (Royaume de).

L'usance est de 15 jours de vue pour les lettres sur cette place. Les lettres doivent être protestées le troisième jour de grâce , à défaut de paiement.

PALERME et MESSINE (Sicile).

L'usance est de 20 jours de vue , celui de l'acceptation compris , pour les lettres sur ces deux places; à défaut d'être payées le vingt-unième jour , elles doivent être protestées le vingt-deuxième.

Toutes les lettres à jour certain doivent être payées à l'échéance , et celles à vue à leur présentation. Il n'y a pas de jour de grâce.

PARIS et FRANCE.

L'usance est de 3o jours , qui courent du lendemain de la date de la lettre de change. Les mois sont tels qu'ils sont fixés par le calendrier grégorien.

Une lettre de change , payable en foire , est échue la veille du jour fixé pour la clôture de la foire ; ou le jour de la foire , si elle ne dure qu'un jour.

Si l'échéance d'une lettre de change est à un jour férié légal , elle est payable la veille.

Tous délais de grâce , de faveur , d'usage ou d'habitude locale , pour le paiement des lettres de change , sont abrogés.

PÉTERSBOURG (Russie).

L'usance est de 3o jours pour les lettres sur cette place.

Comme on écrit d'après le calendrier *julien* , il est essentiel de savoir que le 1.er d'un mois *julien* répond au 11 ou 12 d'un mois *grégorien* ; la différence est de onze jours pour les années ordinaires , et de douze pour les années bissextiles. Il n'y a pas de jour de grâce.

ROME (Italie).

L'usance des lettres tirées sur Rome , des villes qui ne sont pas dans les états du

Pape , est de 3 semaines après l'acceptation ; au lieu que , pour celles tirées des villes du Pape , elle n'est que de 2 semaines. Il n'y a pas de jour de grâce.

STOCKOLM (Suède).

Les lettres tirées sur Stockolm sont payables à jour certain ; après leur échéance , elles jouissent de 6 jours de grâce : elles doivent être protestées le sixième jour , à défaut de paiement.

TURIN (Piémont).

L'usance des lettres sur cette place est de 3 mois de date , pour les lettres de Londres ; pour les lettres d'Amsterdam , de 2 mois de date ; pour les lettres de Paris , Lyon , Bordeaux et autres places de France , 1 mois de date ; pour les lettres de Rome , de Venise et Livourne , 10 jours de vue ; pour les lettres de Vienne , Augsbourg et autres villes de l'Allemagne , de 15 jours de vue ; et pour les lettres de Milan , Genève et Gênes , 8 jours de vue. On compte le jour de la date des lettres pour un jour de l'échéance.

Le porteur , sans être en défaut , peut accorder 5 jours de grâce après l'échéance des lettres sur Turin ; comme il peut aussi faire protester le jour même de l'échéance.

VALENCE (Espagne).

Il y a 14 jours de grâce pour les lettres tirées de l'étranger sur cette place , au lieu qu'il n'y a que 8 jours de grâce pour celles tirées des villes de l'Espagne.

VENISE (Italie).

L'usance des lettres sur cette place est , pour les lettres de Paris , Amsterdam , Anvers , Hambourg , Madrid et Cadix , de 2 mois de date ; pour les lettres de Londres , de 3 mois de date ; pour les lettres de Rome , de 10 jours après l'acceptation ; pour les lettres de Milan , de 20 jours de date ; pour les lettres d'Augsbourg , Gênes , Francfort , Messine , Naples , Palerme et Vienne , de 15 jours après l'acceptation.

Les lettres de change qui doivent être de banque ouverte , jouissent de 6 jours de grâce après l'échéance , c'est-à-dire que les fêtes et les dimanches ne sont pas compris dans les 6 jours.

VIENNE (Autriche).

L'usance , après l'acceptation , est de 14 jours pour les lettres sur cette place. Les lettres payables au milieu ou à la fin d'un mois , à 8 jours , à tant de semaines de date , ainsi que les lettres à demi-usance , à une ou plusieurs usances , jouissent de 3 jours de grâce à commencer du lendemain de l'échéance ; mais il n'y a pas de jour de grâce pour celles payables à vue , à jour fixe et au-dessous de 8 jours de vue.

FIN.

TABLE ANALYTIQUE DES MATIÈRES.

(191)

FIN DE LA TABLE.

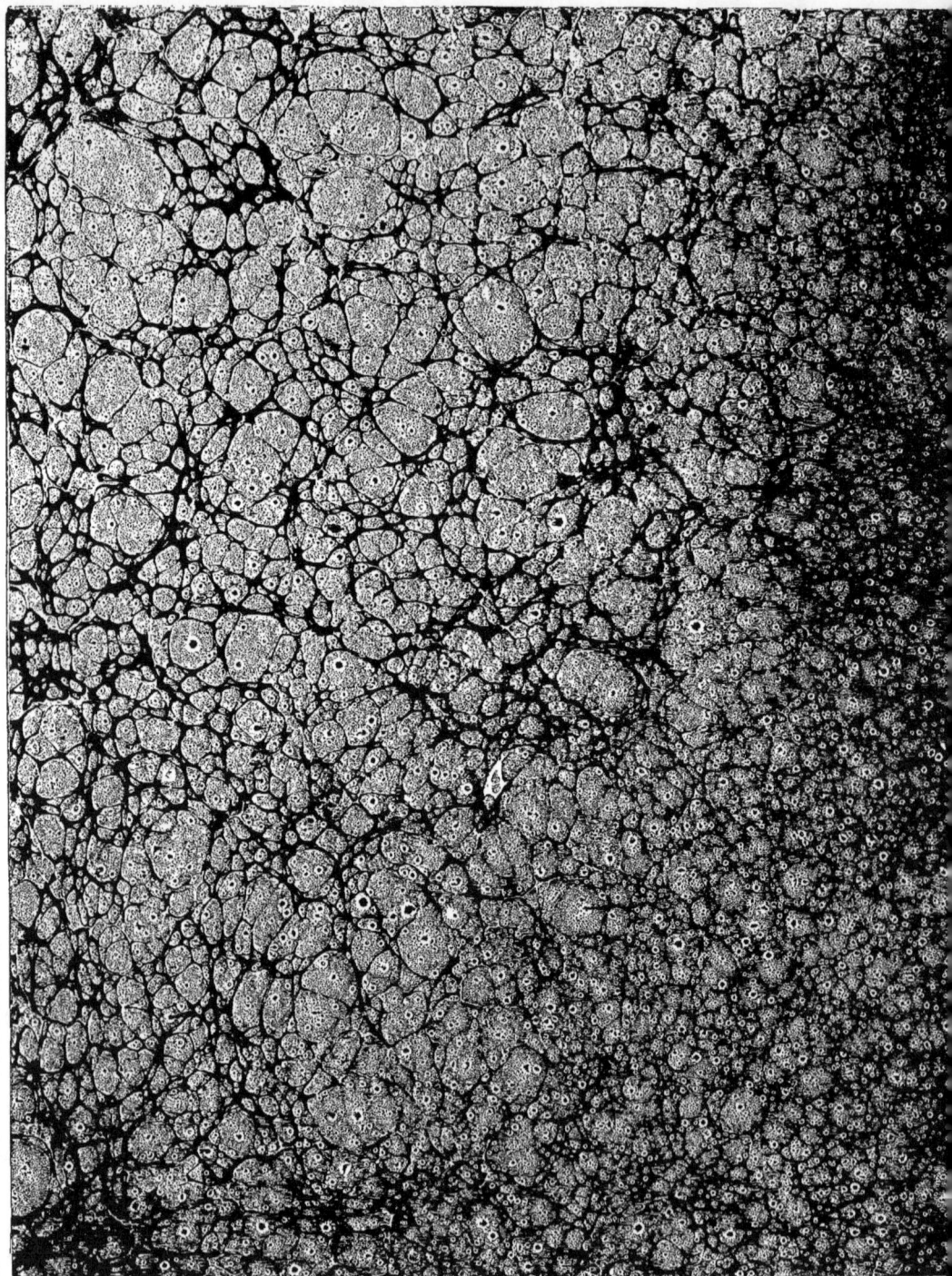

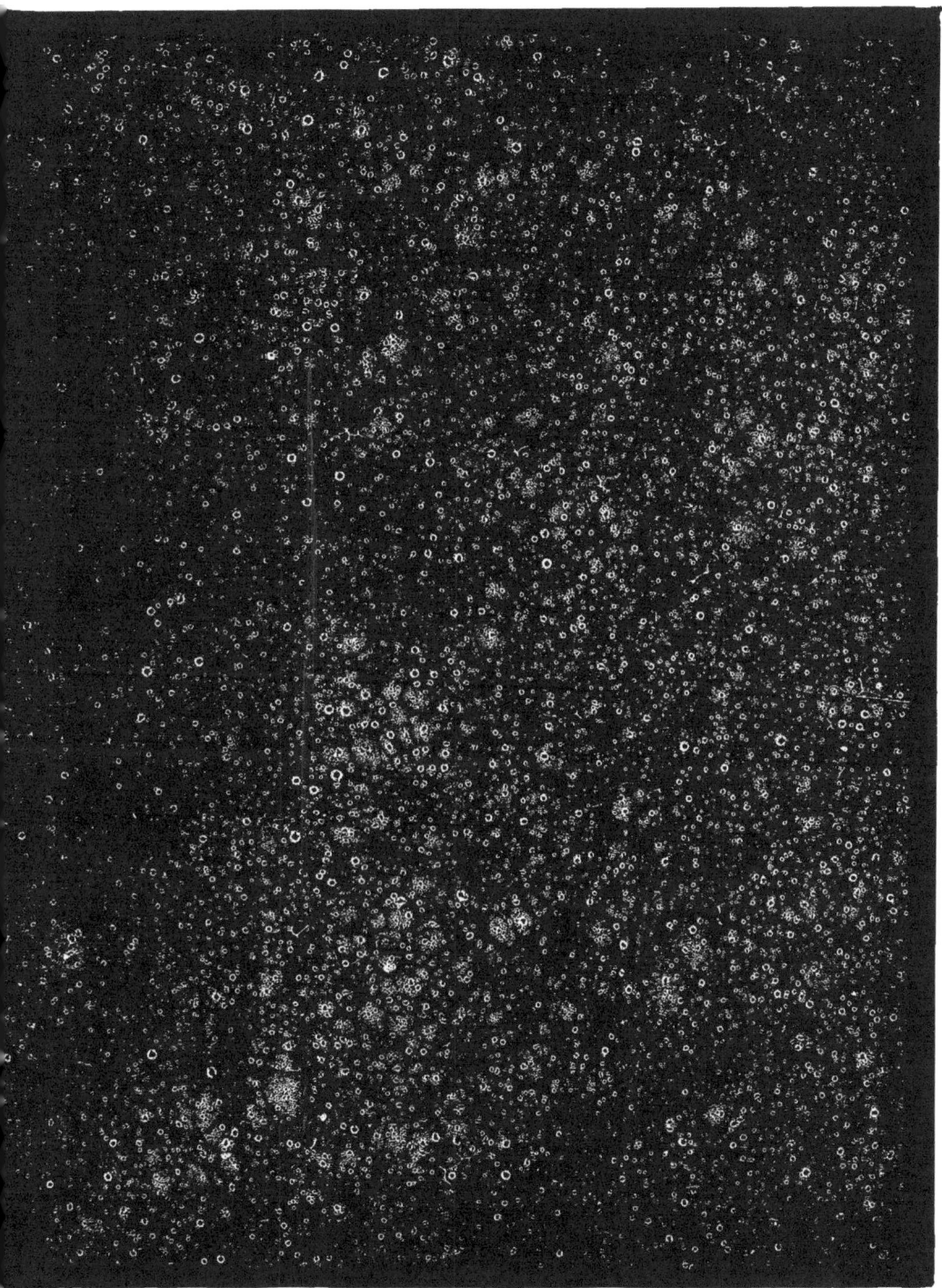

www.ingramcontent.com/pod-product-compliance
Lightning Source LLC
Chambersburg PA
CBHW070531200326
41519CB00013B/3013